CW00501743

RICHARD WILHELM (1873-1930)

HISTOIRE

DE LA

CIVILISATION CHINOISE

(1931)

OMNIA VERITAS

RICHARD WILHELM (1873-1930)

HISTOIRE
DE LA
CIVILISATION CHINOISE

1e édition Paris, 1931
Traduction française de G. Lepage

Publié par OMNIA VERITAS LTD

OMNIA VERITAS

www.omnia-veritas.com

CHAPITRE VI

CHAPITRE VII

CHAPITRE VIII

LES TEMPS MODERNES

CHAPITRE IX

CHAPITRE X

TABLEAU CHRONOLOGIQUE

BIBLIOGRAPHIE

PRÉFACE

Les ouvrages relatifs à l'Histoire de la Chine qui ont été publiés jusqu'à ce jour peuvent être classés en deux catégories. Les uns, qui, pour la plupart, suivent les annales chinoises, traitent assez sommairement l'histoire de Chine proprement dite pour arriver rapidement aux temps modernes et s'y arrêter plus longuement. Les autres étudient en détail les origines de la civilisation chinoise, sans tenir compte des différentes époques. Le présent ouvrage est un exposé complet du sujet. Il ne se borne pas à de sèches énumérations de dates, de guerres et de règnes, mais il montre aussi clairement que possible quels ont été les facteurs et les phases successives de l'évolution de la civilisation chinoise aux différentes époques, depuis l'antiquité jusqu'à l'intervention de l'Europe en Chine. A partir de ce moment, il ne manque pas d'ouvrages qui indiquent les modifications que les idées étrangères ont apportées à la civilisation chinoise.

Francfort-sur-le-Mein.
Richard WILHELM.

INTRODUCTION

LES SOURCES

I. — L'HISTORIOGRAPHIE CHINOISE

On a écrit un nombre considérable d'ouvrages historiques sur la Chine, mais il n'existe pas encore d'histoire de la civilisation chinoise. Toutefois ces ouvrages renferment une foule d'indications et de renseignements sur l'histoire de la civilisation, que l'on peut utiliser et développer, après, bien entendu, les avoir vérifiés et complétés d'après les sources existantes. Il convient donc de passer en revue rapidement les ouvrages historiques chinois pour nous rendre compte de ceux dont nous pourrons tirer parti.[1]

En Chine, comme partout ailleurs, la tradition historique a précédé l'histoire écrite. Par analogie avec les autres civilisations anciennes, on admet généralement que cette tradition a été tout d'abord orale et présentée sous forme de vers rimés qui se gravaient plus facilement dans la mémoire. Beaucoup de passages du *Tao-te-king* de Lao-tse et des commentaires ajoutés par K'oung-tse au *Livre des Changements* comportent des vers de ce genre et on peut tenir pour certain que la forme versifiée que ces auteurs emploient exclusivement pour développer un texte connu depuis longtemps a été le procédé le plus usité par la tradition avant l'invention de l'écriture.

---

[1] Cf. *Tchoung-kouo-li-che-yen-kiou-fa* de LIANG-K'I-TCH'AO, qui, paru en 1922, est le premier volume d'une Histoire de la civilisation chinoise.

On trouve dans le *Livre des Odes* (*Che-king*), qui a été rédigé sous sa forme actuelle par K'oung-tse, mais doit remonter à une date plus ancienne, beaucoup de renseignements relatifs à l'histoire et à la civilisation qui constituent un tableau de l'époque où les Odes ont été composées. La spontanéité des allusions et la naïveté des expressions font de cet ouvrage une source de tout premier ordre pour l'étude de l'histoire de la civilisation ancienne.

Mais même les notations historiques chinoises proprement dites remontent à une date très éloignée. Cela tient à ce qu'il a existé en Chine, depuis les temps les plus reculés, un fonctionnaire important, le scribe ou magicien des écrits.[2] Il enregistrait les événements et, en tant qu'astrologue et historien, il possédait et transmettait à la postérité, sous forme de tradition écrite, la science et la sagesse célestes et terrestres. Il était plus qu'un historien, il était le sage dont l'opinion faisait loi, mais qui avait aussi pour devoir de noter tous les faits marquants. On constate déjà l'existence de ces scribes à l'époque légendaire de Houang-ti et on trouve constamment dans l'antique tradition les noms de quelques-uns d'entre eux — y compris celui de Lao-tse — ainsi que ceux des divers fonctionnaires qui se partageaient l'enregistrement et la transmission. Chacun des États feudataires possédait, comme le souverain, ses scribes qui, en vertu de leur qualité de détenteurs des documents, ont eu jusqu'à l'époque des Han le pas sur les premiers ministres.

Leurs annales, dont un grand nombre[3] nous sont connues par leur titre, ont été presque toutes condamnées au feu par Ts'in Che-houang-ti et détruites. Quoique les conséquences de cet

---

2 Cf. O. FRANKE, *Der Ursprung der chinesischen Geschichtsschreibung*, dans les « Sitzungsberichten der preussischen Akademie der Wissenschaften »,1925, p. 276 seq., et A. FORKE, *Der Ursprung der Chinesen*, Hambourg, 1925, p. 35.

3 Cf. *Mong-tse*.

acte sur la littérature chinoise de l'antiquité aient été généralement exagérées, elles n'en ont pas moins été désastreuses pour les documents historiques des États qui disputaient à Ts'in la suprématie. Le tyran victorieux voulait faire disparaître les traces des événements qui s'étaient déroulés avant son arrivée au pouvoir et passer visà-vis de la postérité pour le surhomme avec lequel l'histoire avait commencé.[4] Cependant deux des anciens ouvrages ont échappé à la destruction. L'un est la *Chronique sur bambous* qui contient les archives administratives de l'État de Wei[5] et a été découvert dans le tombeau d'un ancien souverain de ce pays et l'autre *Le Printemps et l'Automne* ou Annales de la principauté de Lou, que K'oung-tse a pris comme base des jugements qu'il porte sur l'histoire et qu'il a remanié dans ce but. Ces deux ouvrages notent très brièvement les événements dans l'ordre chronologique et sans accorder plus d'importance aux faits politiques qu'aux phénomènes astronomiques et météorologiques. A côté de ces sortes d'annales, il existait aussi d'anciens documents qui se composaient des discours de personnages importants. L'Histoire des Han[6] dit à propos de ces deux sources historiques : « Les scribes enregistraient à gauche les discours et à droite les événements ». Les événements sont consignés dans *Le Printemps et l'Automne* et les discours dans les *Annales.*

Un de ces anciens livres documentaires, le *Chou-king,* ou *Livre des Annales,* est également un recueil d'anciens documents relatifs à l'histoire de la Chine. On prétend qu'il a été composé, ou au moins utilisé, par K'oung-tse pour instruire ses disciples.

---

4 C'est pourquoi il prit le nom de Ts'in Che-houang-ti qui signifie le Premier empereur des Ts'in.

5 La *Chronique sur bambous* (*Tchou-chou-ki-nien*) est d'antiquité authentique pour certaines parties seulement. Cf. les ouvrages de WANG-KOUO-WEI.

6 *Han-chou-yi-wen-tche.*

Il est difficile d'émettre une opinion au sujet de ce livre historique, qui, comme tous ceux de son genre, a été condamné au feu par Ts'in Che-houang-ti. Il est généralement admis que le texte original se composait de cent chapitres. Quand, après la chute des Ts'in, les Han restaurèrent les lettres, un lettré nommé Fou-cheng en rétablit vingt-huit chapitres. Plus tard, K'oung-an-kouo, descendant de K'oung-tse, découvrit un texte en caractères anciens qui comprenait seize chapitres de plus que le précédent. On croit que le texte de K'oung-an-kouo a été perdu dans la suite et que les vingt-cinq chapitres soi-disant anciens qui figurent dans le *Chou-king* actuel ont été composés sous les Tsin orientaux, d'après des restes de citations et d'autres matériaux. A la même époque, on a divisé quelques-uns des chapitres authentiques et ainsi obtenu les cinquante-huit chapitres qui constituent aujourd'hui le *Livre des Annales.*[7] Les parties authentiques reposent certainement sur d'anciennes traditions et contiennent des renseignements de tout premier ordre sur l'état de la civilisation dans la haute antiquité. Il ne faut toutefois utiliser ce livre qu'avec beaucoup de précaution, car même les parties les plus anciennes ont été transmises et probablement rétablies par K'oung-tse, non comme ouvrage historique, mais pour servir de manuel de science politique.

Outre ce livre classique, les récits de l'époque des Tcheou[8] sont susceptibles de fournir des renseignements intéressants, bien que certains passages aient été ultérieurement ajoutés au texte.

D'autres ouvrages anciens, sans être des histoires à proprement parler, contiennent cependant des renseignements précieux pour l'histoire de la civilisation, parce qu'ils permettent de jeter un coup d'œil sur les temps anciens. Il faut citer en premier lieu

---

7 Cf. les différentes études des lettrés de la dynastie des Ts'ing dans le *Houang-Ts'ing king-kiai.*

8 *Yi-tcheou-chou.*

le *Livre des Changements* dans lequel les oracles rendus par les diagrammes font allusion à des événements de l'époque, par exemple, au châtiment infligé au Kouei-fang (pays des démons), à la célébration du mariage des princesses royales suivant la coutume patriarcale et aux événements qui ont accompagné la fin de la dynastie des Yin et le début de celle des Tcheou. Un chapitre intitulé le Grand Commentaire[9] donne un tableau complet de l'évolution de la civilisation antique de Fou-hi à Yao et Choun, évolution que les diagrammes du *Livre des Changements* représentent comme une révélation.

Il convient de mentionner encore les ouvrages qui exposent les coutumes des Tcheou — quoiqu'on ignore les dates auxquelles ils ont été composés — ainsi que les nombreux écrits perdus qui sont cités par les écrivains contemporains de Ts'in Che-houang-ti et dont il ne reste que peu de chose.[10]

A la fin de la dynastie des Tcheou parurent les deux premiers ouvrages qui méritent vraiment le nom d'histoires : les ouvrages de *Tso-ki'ou*[11] et le *Che-pen.* Il semble que les premiers aient compris les *Discours des États* (*Kouo-yu*) d'où l'on a tiré plus tard le *Tso tchouan.* Ce dernier a été pris dans la suite pour un commentaire du *Tch'oun ts'iou* de K'oung-tse qu'aurait rédigé un disciple du Maître. Ce qui différencie l'œuvre de Tso-k'iou des

---

9 *Ta-tchouan* que l'on a coutume de désigner à tort sous le nom de *Hi-tse-tchouan.*

10 Par exemple le *Tso-tchouan* cite San-fen, Wou-tien, Pa-so, Kiou-kiou ; Tchouang-tse cite Kin-pan et Liou-t'ao ; Moung-tse, Tchouan ou Tche, etc... Dans le tombeau qui contenait la Chronique sur bambous on a découvert le Récit du Fils du ciel, Mou, qui est la description des voyages de celui-ci, et d'autres écrits dont l'authenticité est discutable.

11 Ainsi désigné par le *Che-ki,* quoi qu'il soit habituellement nommé *Tso-kiou-ming.* Grube a supposé que K'oung-tse était l'auteur du *-tchouan* (cf. W. Grube, *Geschichte der chinesischen Literatur,* 2e édit., 1909, pp. 68 sq.). O. Franke a fait justice de cette supposition dans ses *Beiträge zum konfuzianischen Dogma* où il reproduit l'opinion du lettré chinois K'ang-you-wei.

annales précédentes, c'est, tout d'abord, qu'au lieu d'être l'histoire d'une principauté particulière, il étudie toutes les principautés, comme l'exigeait alors l'extension toujours croissante de l'empire chinois. De plus, il ne limite pas son récit aux actes du souverain et de l'État, mais envisage aussi les conditions morales et sociales du peuple. Enfin, il présente l'histoire sous la forme d'un récit organique, au lieu d'employer le style de chronique de ses devanciers. A ce point de vue, son ouvrage a produit, environ 400 ans avant Jésus-Christ, une véritable révolution dans l'historiographie chinoise.

On est malheureusement moins bien renseigné sur le *Che-pen* qui a probablement disparu pendant les troubles qui ont marqué la chute des Tcheou. On sait cependant que le célèbre historien Se-ma-ts'ien, dont il sera question plus loin, s'en est servi comme d'une source principale pour se documenter, et, grâce à cette circonstance, nous sommes à peu près renseignés sur son contenu. Il donnait la liste des grands rois et des chefs d'États féodaux, les biographies des hommes illustres, les tables chronologiques, l'histoire des clans, des familles et des villes et des renseignements sur les monuments remarquables et sur les antiquités. Cette classification donnait une vue exacte de l'histoire qui permettait de comparer les différentes époques et, en outre, l'ouvrage tenait compte de l'état social, ce qui n'avait jamais été fait auparavant.

L'historiographie est entrée dans une phase nouvelle avec Se-ma-ts'ien qui a vécu[12] quatre cents ans environ après Tso-k'iou. Dans l'intervalle, la civilisation chinoise avait subi de grands changements. Un empire unifié avait remplacé les États féodaux et, dans le domaine intellectuel, le goût pour l'ancienne littérature s'était développé au détriment de l'activité créatrice. L'empire avait pris de l'extension et annexé de nouvelles colonies à l'ouest. C'est à ce moment que, continuant l'œuvre

---

12 A peu près de 140 à 80 av. J.-C.

de son père, Se-ma-ts'ien écrivit le *Che-ki* ou Mémoires historiques. Ce fut la fin des historiographies officielles. Historiographe officiel lui-même, Se-ma-ts'ien n'en a pas moins laissé une œuvre qui est celle d'un historien indépendant embrassant d'un coup d'œil les époques qu'il s'est proposé de traiter ; après avoir jugé impartialement les causes des fluctuations de l'histoire, il réunit en un tout ordonné les renseignements qu'il possède. K'oung-tse est le premier qui, sans situation officielle, ait donné à titre privé dans *Le Printemps et l'Automne,* une description historique. Il a voulu dans cet ouvrage porter un jugement sur la société et, dans ce but, il a sacrifié la réalité ; car il présente les faits, non tels qu'ils ont été, mais tels qu'ils auraient dû être. On ne comprend la morale cachée du texte que si on le compare aux événements réels auxquels il se rapporte. Se-ma-ts'ien est, comme il le reconnaît lui-même, le descendant spirituel de K'oung-tse au point de vue de la critique historique. Il est parvenu, toutefois, à faire avec de sèches notices une histoire pleine de vie dans laquelle la morale découle des événements eux-mêmes, sans qu'il les ait dénaturés. Et cela grâce à l'utilisation consciencieuse des travaux de ses prédécesseurs. Il ne s'est cependant pas borné à juxtaposer des textes ; mais il a donné une forme parfaite à un nombre infini de sujets divers. On comprend qu'il ait reçu le titre de Père de l'histoire chinoise. L'influence qu'il a exercée sur l'historiographie chinoise ressort du fait que, les Annales des Han ne mentionnent que 191 volumes d'ouvrages historiques avant Se-ma-ts'ien, tandis que, quelques siècles plus tard, sous la dynastie des Soui, on en comptait 16.585.[13]

La littérature historique a connu une très grande prospérité sous la dynastie des Tsin qui succéda à l'époque dite des Trois Royaumes et conserva le pouvoir jusqu'en 420 après J.-C. *L'Histoire des Trois Royaumes* est un des ouvrages historiques les

---

[13] Cf. *Han-chou yi-wen-tche, Tch'oun-tiou-Kie* (425 volumes dont 191 antérieurs à Se-ma-tsien), et *Soui-chou king-tsi-tche, Che-pou.*

plus importants qu'il ne faut pas confondre avec le roman qui porte le même titre et embrasse la même période, mais est d'une date beaucoup plus récente.

Pan-kou, le célèbre historiographe, auteur de l'*Histoire des Han,* inaugure une forme nouvelle de l'histoire. Pan-piao, son père, avait exprimé l'intention de poursuivre l'œuvre commencée par Se-ma-ts'ien et Pan-kou et composa son ouvrage, non en sa qualité d'historiographe officiel, mais de son initiative personnelle. Cependant son ouvrage se bornait à l'exposé de l'histoire de la dynastie des Han,[14] et c'est en cela que sa méthode diffère de celle de Se-ma-ts'ien. Les mémoires historiques de Se-ma-ts'ien envisageaient tous les faits importants sans exception et, par conséquent, les questions d'évolution sociale aussi bien que les événements politiques. L'ouvrage de Pan-kou, au contraire, était avant tout une histoire des empereurs. Comme il ne concernait qu'une dynastie, il avait l'avantage d'être plus clair. De là est venue la coutume d'écrire une histoire particulière pour chacune des dynasties. La collection officielle des *Vingt-quatre histoires* ne contient, en dehors des *Mémoires* de Se-ma-ts'ien, que des histoires dynastiques particulières. On peut juger par là que Pan-kou a exercé sur l'histoire chinoise une grosse influence. Mais on ne peut pas dire que cette dernière n'ait eu que d'heureux résultats. Le cours de l'histoire, considéré surtout au point de vue de l'évolution de la civilisation, ne dépend pas des divisions établies entre les différentes dynasties dont l'ascension et la chute sont souvent causées par le hasard. Quand les événements sont présentés sans liaison naturelle entre eux, ils sont incompréhensibles : on ne voit pas le terrain social sur lequel ils se déroulent et le mur dressé entre les dynasties cache les répercussions qu'ils peuvent avoir sur l'avenir. De plus, il n'est pas possible d'écrire l'histoire d'une dynastie sans

---

14 Pan-kou mourut en prison en 92. Sa sœur Pan-tchao, surnommée Ts'ao-ta-kou, a achevé l'œuvre de son frère.

témoigner de partialité. Les ennemis de la dynastie sont considérés comme des rebelles et l'horizon se rétrécit.

A partir des T'ang, un nouveau changement se produit dans la manière d'écrire l'histoire. Nous avons vu que depuis K'oung-tse la rédaction de l'histoire, qui avait été jusque là le privilège des historiographes officiels, était passée graduellement entre les mains d'auteurs indépendants qui avaient consciencieusement adopté un point de vue bien défini. L'exemple de K'oung-tse avait eu pour effet de donner aux historiens réputés le sentiment de la haute dignité que conférait le titre de juge des événements historiques. Même ceux d'entre eux qui occupaient provisoirement une charge d'historiographe ont écrit leurs ouvrages d'un point de vue personnel. C'est pourquoi ces ouvrages ont beaucoup de valeur et présentent un grand intérêt.

Il en fut tout autrement à partir des T'ang. L'empereur T'ai-tsoung de cette dynastie, qui avait de très hautes ambitions littéraires, interdit aux auteurs indépendants d'écrire l'histoire et chargea officiellement de ce soin une commission de fonctionnaires. Depuis lors, ce sont toujours des lettrés désignés par l'empereur qui ont écrit l'histoire de chaque dynastie après sa chute. Cette mesure qui avait pour but de supprimer tout point de vue subjectif et de favoriser l'objectivité a obtenu le résultat désiré. Mais l'objectivité a tué tout sentiment de responsabilité personnelle, et avec lui la vie et l'esprit ont disparu peu à peu de ces histoires qui sont devenues impersonnelles et ennuyeuses. Et alors même que des lettrés renommés faisaient partie de ces commissions ils n'étaient que des numéros parmi les autres membres. Liang-k'i-tch'ao a comparé cette manière d'écrire l'histoire à la façon dont un grand nombre d'ouvriers peintres décorent un mur. Le résultat obtenu est un travail de décorateurs, et non une œuvre d'art. Quelques maîtres renommés tels que Wou-yang-siou, le poète et homme d'État de la dynastie des Soung et l'auteur de l'*Histoire des Cinq Dynasties* (907-960), ont seuls donné à leurs ouvrages un cachet personnel. On peut dire que les premiers historiographes chargés d'écrire l'histoire de la Chine lui ont donné une vie nouvelle, tandis que ceux de l'époque plus récente n'ont réussi qu'à la transformer en une discipline inerte et rigide.

Les histoires dynastiques présentaient toutes la même disposition. Elles comprenaient un texte principal en gros caractères, accompagné de remarques en petits caractères qui développaient et expliquaient les faits. On écrivait également l'histoire sous forme d'annales. Ce genre de récit, très concis, était usité quand les Chinois ont commencé à écrire leur histoire. Après avoir été abandonné pendant quelque temps, il a été de nouveau employé, mais sous une forme plus développée, plus en rapport avec les progrès de la littérature historique. Le *Tso tchouan* est généralement regardé comme le modèle du genre. Mais la forme actuelle de cet ouvrage date, comme on en a la certitude, du moment où l'on a vu en lui un commentaire du *Tch'oun ts'iou.* L'ouvrage le plus ancien qui nous ait été conservé sous cette forme est la révision des *Annales des Han* par Siun-yue.[15] Rédigé dans le style concis et l'ordre chronologique particuliers aux annales, il rapportait les événements par années et, dans un commentaire en caractères plus petits, donnait des détails sur les faits importants. Cette méthode présentait l'avantage de permettre de développer le texte principal et de traiter les problèmes sociaux et ceux de la civilisation dans les commentaires. Elle n'avait qu'un défaut : en divisant le récit par années, elle interrompait le cours continu des événements et, par suite, rendait inévitables les répétitions et les erreurs chronologiques. Ces inconvénients sont inséparables de la méthode qui consiste à écrire l'histoire en suivant la chronologie, au lieu de la diviser par règnes de souverains. Néanmoins Siun-yue a trouvé beaucoup

---

15 Siun-yue (148-209). L'ouvrage a été composé par ordre de l'empereur et a pour titre Han-ki.

d'imitateurs et les histoires d'un grand nombre de dynasties ont été écrites dans son style de chronique amplifié. Cependant on a toujours conservé la coutume d'écrire un ouvrage pour chaque dynastie. Tous les travaux tout il sera question dans le présent livre sont des histoires dynastiques.

Se-ma-kouang[16] est le premier historien qui ait eu le courage d'écrire une histoire universelle. Il possédait, comme l'autre Se-ma, des connaissances très étendues et avait l'esprit scientifique. Il n'est pas étonnant, dans ces conditions, que son ouvrage, qui embrasse la période comprise entre 403 avant J.-C. et 959 après J.-C., soit une des histoires chinoises les plus estimées. Il met en œuvre une foule de matériaux jusqu'alors inutilisés et donne à son récit, exposé sous forme d'annales, beaucoup de vie et de profondeur. Il a écrit son Histoire sous sa responsabilité personnelle. Pour lui l'histoire n'était pas seulement une science qu'il est utile de connaître ; elle était un miroir animé qui, employé judicieusement, fournissait au souverain les moyens de gouverner selon la justice. Le « Miroir des princes », comme on pourrait appeler son ouvrage, est devenu le fondement non seulement de l'historiographie, mais encore de la politique. Désireux d'imiter la façon dont K'oung-tse avait écrit son histoire universelle, Tchou-hi[17] a mis en évidence ces deux points de vue dans sa refonte de l'ouvrage de Se-ma-kouang.

Un ouvrage beaucoup plus important, parce qu'il inaugure une ère nouvelle de la science historique de la Chine, est les *Origines*

---

[16] Se-ma-kouang (1019-1086) a longtemps occupé des fonctions officielles sous les Soung. Il rentra dans la vie privée quand il vit que la Cour appliquait les réformes proposées par Wang-an-che dont il était l'ennemi. Il écrivit alors le *Tse-Tche t'oung-kien* (Miroir historique de l'art de gouverner).

[17] Tchou-hi (1130-1200) est l'écrivain confuciiste le plus fécond des Soung. Il a provoqué une sorte de réforme piétiste du confuciisme. Sa refonte du *T'oung-kien* porte le nom de *Tse-tche-t'oung-kien-kan-mou*.

et conséquences des faits relatés dans le Miroir historique de Yuan-tch'ou.[18] Il est aussi peu indépendant que l'ouvrage de Siun-yue et tire ses matériaux du chef-d'œuvre de Se-ma-kouang. Mais tandis que Siun-yue a donné à l'histoire des Han une forme d'annales, Yuan-tch'ou a réparti les événements en 239 catégories où ils sont classés chronologiquement. Il a ainsi fait une encyclopédie historique qui a été souvent imitée depuis. Comme il n'a employé que les matériaux contenus dans l'ouvrage qu'il avait sous la main, il ne traite que de politique et d'administration, sans faire allusion à la civilisation ou à l'état social. La classification qu'il a adoptée n'est pas toujours heureuse, et il est souvent difficile de trouver ce que l'on cherche dans ces multiples catégories. Néanmoins son travail a servi de modèle et a trouvé de nombreux imitateurs.

Outre les encyclopédies politiques de ce genre qui traitaient des événements historiques, il faut mentionner une autre catégorie d'ouvrages qui décrivent les institutions et les systèmes sociaux. Il faut citer parmi eux les *Institutions générales,* composées par Tou yeou[19] sous les T'ang et qui font connaître l'origine, le fonctionnement et l'histoire des différentes institutions d'État, depuis Houang-ti jusqu'à l'époque des T'ang. Ma-touan-lin[20] l'a imité dans ses *Recherches sur l'antiquité* qui ont joui d'une grande renommée jusqu'à nos jours, bien que ce travail ne vaille pas celui du Tou-yeou.

---

[18] *T'oung-kien -ki-che-pen-mo.*

[19] Tou-yeou mort en 812. Son ouvrage intitulé *T'oung-tien* se subdivise en économie politique, systèmes d'examens, fonctions, rites, musique, discipline militaire, géographie, défense du pays.

[20] Ma-touan-lin vivait au XIIIe siècle, à la fin de la dynastie des Soung et au début de celle des Yuan. Quand cette dernière fut maîtresse de la Chine, il rentra dans la vie privée et écrivit son ouvrage.

Sous les Souei, Tcheng-ts'iao[21] a écrit les *Annales historiques* qui embrassent la période s'étendant de Fou-hi à la dynastie des T'ang. Il est généralement inférieur à Se-ma-ts'ien, son éminent prédécesseur, mais ses vingt abrégés ont toujours de la valeur.

Les trois derniers ouvrages que nous avons cités ont reçu plus tard le nom d'encyclopédies générales. On a ajouté ensuite un supplément à chacun d'eux et, comme la dynastie mandchoue a prescrit la composition de trois autres ouvrages généraux concernant les institutions politiques et sociales, il y eut en tout neuf encyclopédies générales.

Il faut citer aussi les grandes collections encyclopédiques qui sont des ouvrages de références historiques et sociales de grand style et, parmi elles, le *Young-lo ta-tien* ou *Grandes institutions de la période Young-lo.* Commencé au début des Ming, l'ouvrage prit de telles proportions qu'on ne put l'imprimer. Il n'y a jamais eu qu'un seul exemplaire manuscrit dont la majeure partie fut brûlée pendant le soulèvement des Boxers, mais on réussit à sauver quelques volumes qui sont dispersés maintenant aux quatre coins du monde. Mentionnons également l'encyclopédie illustrée *T'ou-chou-tsi-tch'eng* qui a paru durant la période Kang-hi et dont différentes éditions se trouvent dans toutes les bibliothèques sinologiques de quelque importance.

En dehors des quatre genres d'ouvrages historiques que nous venons d'indiquer, les ouvrages commentés, qui suivent la succession des faits, les annales, les ouvrages encyclopédiques et les documents gouvernementaux, il existe encore des travaux historiques particuliers. Les uns constituent surtout des matériaux utilisables pour la composition d'ouvrages d'histoire générale, tandis que les autres ne concernent qu'une partie du pays et une période déterminée. Les premiers comprennent surtout des monographies (histoires locales ou renseignements

---

[21] Tcheng-ts'iao (1108-1166) termina le *T'oung-tche* en 1149.

sur les constructions), des notices sur les personnages historiques (femmes remarquables, lettrés éminents), l'histoire des familles ou des biographies, des itinéraires et enfin les récits des événements extraordinaires et des phénomènes naturels (comme par exemple, le *Livre des montagnes et des mers* qui est une sorte de roman ou de description des voyages du roi Mou), des entretiens et des aphorismes. Les ouvrages de la seconde catégorie sont également des histoires, mais dans un sens plus étroit, parce qu'ils sont composés de matériaux choisis dans un but spécial et qu'ils concernent une partie déterminée du pays. Ils comprennent principalement les monographies des provinces, des préfectures et des sous-préfectures, qui sont, surtout en Chine, des mines de renseignements pour l'histoire de la société et de la civilisation, et ont été en grande partie composées par des lettrés célèbres.

Il était inévitable que des sciences auxiliaires prissent naissance à côté de l'histoire. L'une d'elles s'est attachée à l'étude des rapports qui existent entre les faits de l'histoire et a abouti à la création de la science de l'antiquité. L'autre s'occupe de la critique et de l'examen critique des questions douteuses. La critique historique étudiait de son point de vue particulier, d'une part, les ouvrages historiques existants et, d'autre part, l'histoire même, afin de déterminer les causes et les conséquences des faits. Elle a donné naissance, au cours du temps, aux ouvrages spéciaux de recherches historiques. Et ceux-ci n'ont pas toujours su résister à la tentation de sacrifier le fond sérieux à la forme élégante, surtout quand la dissertation historique eut été exigée aux examens officiels. Il ne faut pas oublier, d'ailleurs, que ce sont précisément les ouvrages les plus estimés qui se livrent à l'appréciation critique des faits historiques.

Peu d'ouvrages sont consacrés à la critique de la science historique comme telle. Trois d'entre eux méritent cependant une mention spéciale. Ce sont ceux de Lieou-tche-ki de l'époque des T'ang, auteur du *Coup d'œil général sur les ouvrages historiques*[22] ; de Tcheng-ts'iao, de l'époque des Soung, auteur de plusieurs ouvrages de critique d'histoire et, enfin, de Tchang-hio-tch'eng, de l'époque des Ts'ing, auteur du *Jugement général sur la littérature et l'histoire.*

Époques	Ouvrages	Nombre d'ouvrages	Nombre de volumes
Han	Hao chou yi wen tche	11	425
Soui	Soui chou king tsi tche	817	13264
T'ang	Kiou yang chou king tsi tche	884	17946
Soung	Soung che y wen tche	2147	43109
Soung	T'oung tche yi wen lue, (Tcheng-ts'iao)	2301	37613*
Yuan	Wen hien t'oung k'ao, King tsi k'ao (Ma-touan-lin)	1036	24096
Ming	Ming che yi wen the	1316	30051**
Ts'ing	Se k'ou chou mou	2174	37049

* Non compris les tableaux généalogiques.

** Il n'est fait état que des ouvrages de l'époque des Ming.

Les critiques et les jugements formulés dans ces ouvrages ont une valeur telle que si l'on reconnaît en Tso-k'iou, Se-ma-ts'ien, Pan-kou, Siun-yue, Tou-you, Se-ma-kouang et Yuan-tch'ou les fondateurs de l'histoire chinoise, il faut voir en Liou-tche-ki, Tcheng-tsiao et Tchang-hio-tch'eng ceux de la science historique chinoise.

Pour avoir une idée de la quantité d'ouvrages d'histoire qui existent en Chine et de l'accroissement de leur nombre avec les années, il suffit de jeter un coup d'œil sur le tableau ci-dessus qui, établi d'après l'ouvrage de Liang-ki-tch'ao cité plus haut, donne la liste des ouvrages relatifs aux différentes époques. On constatera en même temps qu'un grand nombre d'ouvrages sont perdus.

---

22 *Che t'oung.*

II. — LES SOURCES DIRECTES

1. — Les sources directes auxquelles une histoire de la civilisation peut puiser sont en Chine essentiellement différentes de ce qu'elles sont en Occident. Cela tient principalement à ce que les grandes plaines du pays ont été pendant des millénaires le théâtre de luttes continuelles. L'histoire ne s'est jamais retirée de ce terrain, en effaçant la tradition et en ne laissant que des ruines à la curiosité de la future science historique.

Cette situation particulière comporte des avantages et des inconvénients. Le premier des avantages est la continuité de la tradition. Il est impossible aujourd'hui d'avoir une idée de ce qu'ont été les civilisations sumérienne et mexicaine dans les pays où elles florissaient. L'ancien organisme social n'existe plus et, si les habitants de ces contrées se rattachent encore, au point de vue racial, aux hommes qui ont vécu sous ces anciennes civilisations, il ne reste plus de traces de la vie d'autrefois. D'autres civilisations et d'autres mœurs ont remplacé les anciennes. La tradition est rompue et, pour rétablir le passé, il faut que la science rassemble adroitement ce qu'il en reste de la même façon dont elle procède à la reconstitution d'un saurien au moyen de ses os pétrifiés. En Chine il en est tout autrement. Les mœurs et les usages des Chinois modernes nous aident à comprendre l'antiquité. Il est certain qu'en Chine les mœurs et les civilisations se sont modifiées avec les époques. Mais, de même que les époques géologiques laissent des traces qui permettent aux spécialistes de déduire leur âge, de mine il s'est conservé en Chine pendant des milliers d'années des coutumes et des habitudes à travers lesquelles il est possible de comprendre le passé. C'est ainsi, par exemple, que le caractère composé chinois désignant les noms de famille contient la clé « femme », d'où l'on conclut — ainsi qu'en se basant sur d'autres apparences — que la civilisation chinoise, dont la forme moderne est essentiellement patriarcale, a dû être matriarcale à l'origine.

Une des particularités les plus remarquables de la civilisation chinoise à ce point de vue est que toutes les époques ont laissé des traces dans les coutumes du peuple et que la civilisation de l'antiquité chinoise s'est conservée à peu près intacte. C'est ce qui a fait la force de la tradition chinoise. La Chine, il est vrai, connaissait l'écriture de longue date et l'employait pour enregistrer les événements historiques. Mais ce n'a été longtemps qu'un expédient, une aide pour la mémoire et que la tradition orale développait. Il est à noter que le style de K'oung-tse est très concis (cf. le *Tch'oun-ts'iou* et les commentaires du *Yi-king*) et que le Maître donne oralement les explications que le sujet nécessite. Cet usage a amené la Chine et les autres pays de civilisations orientales à voir dans la tradition quelque chose de stable et d'authentique. Un exemple frappant de la sûreté de la tradition est fourni par Fou-cheng qui, sous le règne de l'empereur Wen-ti, des Han, dicta de mémoire les huit chapitres du *Livre des Annales* qui avait été brûlé quelques dizaines d'années auparavant par ordre de Ts'in Che-houang-ti. D'autres livres importants ont été également transmis dans leur sens original par la tradition orale.

La stabilité d'une civilisation conservée par la mémoire se révèle aussi dans d'autres domaines. Comme on le verra plus loin, les constructions en bois et en tuiles que les Chinois ont l'habitude de ne jamais réparer, ne durent pas pendant des siècles. Aussi la Chine n'a-t-elle pas l'avantage de posséder des restes de temples antérieurs à l'ère chrétienne. On peut tenir pour certain, cependant, que, malgré la fragilité du bois, les constructions de l'antiquité ne différaient pas essentiellement de celles des temps modernes. Les découvertes que l'on peut faire dans les tombeaux confirment cette opinion. Le cœur vivant de la civilisation est réellement plus durable que la pierre et l'airain. On le constate en Chine, car il permet aujourd'hui encore de comprendre la civilisation la plus ancienne de ce pays. Nous disons : « aujourd'hui encore », car nul ne sait combien de temps le cœur battra. Il ne faut pas se dissimuler, en effet, que les civilisations de l'Europe et de l'Amérique qui ont été introduites en Chine décomposent rapidement le noyau de la civilisation du pays. Le machinisme importé par l'Europe agit comme un poison corrosif sur l'antique civilisation, si profondément enracinée dans le sol. Les écoles où l'on enseignait les coutumes d'autrefois sont depuis longtemps européanisées et on rencontre toujours en plus grand nombre des Chinois lettrés qui ont rompu avec la vieille civilisation et la comprennent bien moins que certains étrangers. C'est pourquoi il semble que le moment soit venu d'écrire un résumé de l'histoire de la civilisation chinoise.

2. — Si la force de la tradition présente un grand avantage, puisqu'elle a permis à la Chine de vivre d'une vie historique intense, elle a eu, par contre, l'inconvénient de ne laisser subsister que relativement peu de monuments de l'antiquité. Tandis que les civilisations disparues ont laissé des monuments en ruines qui ont fourni plus tard des matériaux précieux pour l'étude de l'histoire, la vie mouvementée de la Chine ne lui a pas donné l'occasion de conserver des dépôts historiques de ce genre. Quelques monuments très importants ont cependant résisté aux attaques des siècles. La Grande Muraille a été construite au IIIe siècle avant J.-C. par Tsin Che-houang-ti pour réunir entre eux des postes fortifiés et jusqu'alors isolés. Réparée et prolongée au XVe siècle, elle suit les sommets des chaînes de montagnes qui séparent la Chine des steppes du Nord et reste encore un des monuments imposants de l'antiquité. Les palais et les murs de Péking, que les Mandchoux ont occupé lors de leur conquête de la Chine, ont été édifiés entre 1405 et 1420 et montrent aujourd'hui encore ce que pouvait produire une civilisation aussi forte que celle des Ming. Il existe aussi des monuments isolés qui ont résisté au temps et aux événements, des pagodes surtout. Celle de Tien-ming-se, aux environs de Péking, remonte certainement au VIe siècle. Il faut citer les grottes de Yun-kang, près de Ta-t'oung fou, dont

les temples ont été construits de 455 à 499, et les grottes plus récentes de Loung-men dont le style plus moderne que celui des précédentes révèle indiscutablement une influence étrangère.

Nous pourrions énumérer encore d'autres monuments existants, mais le total en est insignifiant pour un pays de civilisation aussi ancienne que la Chine. K'oung-tse se plaint de n'avoir plus trouvé de monuments pour vérifier ce qu'il savait de l'état de la civilisation cinq cents ans avant son époque. Que dirait-il aujourd'hui ! Les sanctuaires les plus vénérés ont subi le même destin. Se-ma-ts'ien raconte encore la visite qu'il a faite à K'iu-fou, le lieu de naissance de K'oung-tse, où il vit tous les objets qui rappelaient le Maître. Là aussi le temps a fait son œuvre. Il est possible bien que peu probable — que la tombe soit intacte, mais les monuments et les bâtiments sont beaucoup plus récents.

3. — Il ne faut pas nier, toutefois, que des fouilles scientifiquement conduites ne puissent mettre au jour beaucoup de matériaux insoupçonnés. D'ailleurs, des découvertes plus ou moins fructueuses ont déjà été faites par hasard ; mais il n'y a jamais eu d'exploitation scientifique de la fouille : il y a quelques années on a découvert à Kou-lou-hien (province du Tche-li), une ancienne ville qui avait été submergée par le Fleuve Jaune en 1108. Malheureusement, aucune personne qualifiée ne veilla à ce que les fouilles fussent exécutées méthodiquement, de sorte que les objets découverts qui présentaient un intérêt artistique ou archéologique furent acquis par des antiquaires.

Outre cette ville, il en est d'autres qui ont été ensevelies par le Fleuve Jaune ou dans d'autres circonstances. On peut espérer que les objets intéressants qu'elles contiennent seront récupérés, puisque l'Université de Péking comprend un institut sinologique qui a pour but de réunir tous les matériaux qui intéressent la science. J'ai vu moi même au Chan-toung les murs d'une ville détruite et près de Ts'ing-tcheou fou des restes d'anciennes portes et de murs. On trouve beaucoup de restes de ce genre ailleurs. Dans ces endroits qui attirent l'attention, de même que dans les anciens tombeaux réputés, on ne trouve plus grand chose, parce que les « connaisseurs » de toutes les époques ont pris soin de les visiter. Déjà K'oung-tse a eu l'occasion de dire que les objets de prix que l'on mettait dans les tombeaux attiraient les profanateurs et ce genre de vol a dû être pratiqué en Chine à une époque assez ancienne.[23]

4. — En dehors des produits des grandes fouilles, il convient de mentionner les objets particuliers que des lettrés ou des amateurs conservent par amour de l'antiquité ou par goût artistique. Malheureusement ce n'est que tout récemment que la Chine a créé des musées publics et une conservation des antiquités et des monuments historiques.

On sait que la peinture murale était florissante sous les T'ang. Les principaux chefs-d'œuvre des artistes de l'époque sont toujours des fresques. Mais on mentionne des peintures murales dès le début de l'histoire, à l'époque des Tcheou, et même auparavant. On raconte par exemple que, s'étant rendu à la capitale de l'empire, K'oung-tse éprouva une profonde impression à la vue des peintures qui décoraient les murs du Grand Temple. Il n'est pas étonnant qu'il ne reste rien des anciennes fresques des Tcheou : elles ont disparu avec les édifices dans lesquels elles se trouvaient. Les découvertes qui ont été faites à Toun-houang et à Kao-tch'ang, que nous discuterons ailleurs, prouvent que les fresques étaient très répandues à une époque assez ancienne. Quoiqu'il ne s'agisse naturellement que des productions d'un art provincial assez grossier, ces tableaux n'en ont pas moins une grande valeur, à cause de la lumière qu'ils projettent sur la civilisation de l'époque.

---

[23] Comme il se pratiquait dans l'Ancienne Égypte.

Contrairement à ces peintures, les fresques du T'ai-miao (Temple du T'ai-chan) de T'ai-an-fou, dont deux représentent le départ du dieu, sont moins significatives ; car on se demande si la tradition qui fait remonter leur origine à l'époque des T'ang est exacte. Dans l'affirmative même, il est certain que les peintures ont été retouchées plus récemment. On voit ces temps-ci sur les marchés d'Europe des morceaux de fresques qui proviennent soi-disant du T'ai-miao. Ils sont, en grande majorité, de composition plus moderne et datent au plus de la dynastie des Ming. En admettant même qu'ils soient d'une antiquité authentique, ils ne présentent aucun intérêt, car seuls les objets qui portent une date exacte ont de la valeur pour l'histoire de la civilisation chinoise. Dans tous les cas, il n'y a pas grand parti à tirer de morceaux fragmentaires de ce genre. Ici encore l'influence étrangère est un danger permanent pour les monuments historiques de la Chine.

5. — Indépendamment des fresques il y a encore des peintures sur papier et sur soie. Les histoires européennes de l'art ont répandu l'idée que la peinture chinoise avait atteint son apogée sous la dynastie des Soung. Il en est résulté une demande continue de ces peintures et de celles des T'ang[24] sur le marché artistique. Mais les acheteurs risquent d'être déçus. Il n'est pas croyable qu'il y ait encore en Chine des peintures des T'ang, et les vraies peintures des Soung sont infiniment plus rares que ne le croient ordinairement les heureux collectionneurs qui s'imaginent en posséder toute une série. Néanmoins les anciennes peintures présentent une grande valeur pour l'étude de la civilisation, même si elles sont des copies, à condition qu'on sache d'après quel peintre elles ont été faites. Car, pour juger les conditions sociales, il faut posséder des

[24] Les fouilles qui ont été pratiquées en Asie centrale, sur les frontières occidentales de la Chine, ont fourni un appoint qui a été le bienvenu, car, outre d'antiques manuscrits, elles ont mis au jour de très anciennes fresques qui remontent aux T'ang.

renseignements exacts sur les vêtements, les mœurs et les usages qui étaient courants à des époques déterminées et on les retrouve naturellement sur les copies quand elles ont été exécutées avec intelligence. Toutefois, on se méfiera des peintures du début des Soung qui sont signées du nom d'un peintre quelconque d'autrefois et représentent, entre autres, des tables et des chaises.[25] Dans les temples du Japon, il existe des peintures chinoises très anciennes et qui ont une valeur toute pour l'étude des mœurs. Ce sont certainement des peintures qui n'étaient pas réputées en Chine, soit parce qu'elles provenaient d'écoles dont la tendance n'était pas en faveur, soit parce que leurs auteurs étaient peu connus. Mais les arts ont tellement souffert en Chine des désastres causés par les guerres et par la nature que les moindres objets conservés au Japon prennent une valeur inestimable. Il est vrai que le dernier tremblement de terre survenu à Tokio a malheureusement eu des conséquences irrémédiables. En Chine même, on peut tirer profit de l'examen des collections rassemblées par les anciens empereurs et qui sont exposées aujourd'hui au Musée de Péking. Commencées par les souverains des Ming et enrichies par les empereurs mandchoux, elles contiennent des pièces historiques d'un puissant intérêt. A mentionner seulement la série des portraits des empereurs des diverses dynasties qui sont, en grande partie, du moins jusqu'à l'époque des Soung, des documents d'une authenticité incontestable. Ils sont placés dans la partie de l'ancien palais impérial appelée Tse-kouang-ko. Il est à souhaiter que l'institution des musées chinois qui en est encore à ses débuts se développe rapidement. C'est le seul moyen de rassembler, de conserver et de classer les objets historiques de valeur qui existent encore.

6. — Les événements dont la peinture a subi les conséquences ont été plus préjudiciables encore aux objets d'un usage

---

25 À cette époque les chaises étaient inconnues en Chine. On s'asseyait sur des nattes, comme on le fait au Japon aujourd'hui encore.

habituel, tels que les vêtements, les meubles, etc... qui n'offraient pas d'intérêt pour les collectionneurs. Les étoffes anciennes de l'époque K'ien-loung sont devenues très rares et les costumes officiels que les mandarins des Ts'ing portaient encore il n'y a guère plus d'une dizaine d'années disparaissent peu à peu du marché. De temps en temps, cependant, on en voit encore et l'on a pu récemment se procurer d'anciens vêtements de la dynastie des Ming qui avaient séjourné durant des siècles dans les coffres de la garde-robe impériale. Ce sont surtout les acteurs qui, dans leurs manières de se costumer, ont conservé le goût de l'antique, et ils revêtaient quelquefois des costumes d'une ancienneté authentique dans les pièces qu'ils jouaient à l'occasion de certaines fêtes, surtout à Péking et à K'iu-fou où demeuraient les descendants de K'oung-tse.

7. — Les objets en bronze ont mieux résisté que les autres. Dès l'époque des Han il est question à plusieurs reprises d'antiques vases rituels en bronze, découverts dans les montagnes ou les fleuves. Mais quand les grands trépieds de la dynastie des Tcheou, qui étaient le palladium de l'empire, eurent disparu totalement pendant les troubles qui précédèrent l'accession au pouvoir des Ts'in, on cessa de s'intéresser aux antiquités de ce genre. Il s'ensuit que le style des bronzes des Han conserve les traditions des Tcheou, tout en s'inspirant d'idées originales, de sorte qu'il est généralement facile de distinguer les bronzes d'une époque de ceux de l'autre. Les collectionneurs ne commencèrent à s'intéresser aux bronzes anciens que sous les Soung. L'empereur Houei-tsoung, qui était très artiste, possédait une superbe collection de bronzes anciens dont il a fait établir un catalogue méthodique qui porte le titre de Po-kou-t'ou. Cet ouvrage qui marque les débuts de l'étude des bronzes anciens fut suivi de plusieurs autres. Puis l'attention se porta sur d'autres sujets. Toutefois c'est à cette époque que l'on a commencé à contrefaire les bronzes antiques pour répondre aux demandes des nombreux amateurs. Les empereurs mandchoux, surtout Young-tcheng et K'ien-loung, ont ranimé le goût des bronzes anciens et ont constitué une collection

complète de bronzes que l'on peut voit aujourd'hui au musée de Péking. Nous parlerons plus loin de l'intérêt que présentent pour l'histoire les inscriptions portées par les bronzes. Pour le moment nous dirons seulement que le lettré Wang-kouo-wei estime que ces collections ont une très grande valeur pour l'étude des différentes époques de la société.

En plus des vases à sacrifices, il existe encore toute sorte d'armes de bronze et le hasard en fait toujours découvrir de nouvelles. On possède ainsi des haches, des pointes de lance et de flèche, ainsi que des lames de sabre, etc., des temps anciens, des mécanismes d'arbalète et des ustensiles de cuisine des époques des Han et des Tsin qui sont généralement attribués, sans aucune garantie d'ailleurs, à l'époque du général Tchou-koliang, ainsi que les magnifiques tambours métalliques qui semblent bien avoir été importés de l'extrême sud.

On possède tous les poids et les mesures depuis l'époque des Ts'in et l'on connaît par conséquent les unités qui étaient en vigueur sous les diverses dynasties. Il faut mentionner aussi les cachets, les signes de légitimation — qui étaient constitués dans l'antiquité par les moitiés d'un petit tigre qui s'adaptaient exactement l'une à l'autre, et sous les T'ang et les Soung par les deux moitiés d'un poisson — et les sceaux pour lettres. Ceux-ci sont en argile et les empreintes qu'ils avaient reçues sont encore visibles en partie. On les employait pour sceller les bandes de cuir ou d'étoffe qui entouraient les planchettes de bambou sur lesquelles on écrivait alors. Les miroirs métalliques prêtent à des observations intéressantes. On en découvre assez fréquemment à partir des époques des Ts'in et des Han, dans les tombeaux où ils servaient principalement aux opérations de sorcellerie. Ils furent employés à des usages plus pratiques sous les T'ang et les Soung, comme on a pu l'établir, mais ils n'en conservèrent pas moins longtemps encore certaines propriétés magiques. Les reliefs qui décorent le revers des miroirs ont beaucoup d'importance au point de vue historique. Ils montrent non seulement l'art des différentes époques, mais aussi les influences étrangères — par exemple l'introduction de la vigne et d'animaux nouveaux sous les T'ang — et la diversité des dessins exprime les changements que les idées ont subis au cours des siècles. Les miroirs ont été en usage jusqu'aux dynasties des Yuan et des Ming. Ils ont été remplacés sous les Mandchoux par d'autres objets qui révèlent de plus en plus l'influence de l'Europe.

Les monnaies sont également intéressantes pour l'histoire de la civilisation. En Chine, les pièces de monnaie en cuivre ont été fondues (et non frappées) depuis la fin de la dynastie des Tcheou. Elles ont toujours été employées sous cette forme jusqu'aux premières années du XXe siècle. Les monnaies les plus anciennes ont des formes qui rappellent les objets d'échange qu'elles ont remplacés (pelles, peignes, couteaux, etc ...). Ce n'est que plus tard qu'on leur a donné la forme de pièces rondes, percées au centre d'un trou carré, destiné au passage d'une ficelle qui servait à les réunir. La composition du métal, la forme et les dimensions des monnaies donnent une idée exacte de l'état des finances du pays au moment où elles ont été fondues.[26]

Les divers objets de bronze sont des matériaux précieux pour l'étude de l'histoire de la civilisation chinoise. La Chine a porté de bonne heure la fabrication du bronze à un degré de perfection qu'elle a maintenu longtemps. Le fer n'a été adopté que plus tard, mais pour certains usages il n'a jamais remplacé le bronze. Malgré tout, il est difficile de se procurer des objets anciens. La majorité des bronzes chinois anciens que l'on voit sur le marché ne sont pas antérieurs au XIXe siècle. Liang-k'i-tch'ao prétend qu'il ne reste pas aujourd'hui 2 % de la totalité des bronzes qui existaient à l'époque des Soung. Le bronze

---

[26] On a fait également usage de monnaie de papier à différentes époques. Il arrive quelquefois de trouver d'anciens billets de banque à l'intérieur des idoles.

possède cependant une résistance qui lui permet de supporter sans grand dommage un séjour prolongé dans la terre. Mais quand il a été la proie du feu, soit dans un incendie, soit dans une fonte générale, il est irrémédiablement perdu pour toujours. D'après l'archéologue P'an-tsou-yin, la disparition des bronzes anciens est due principalement aux six causes suivantes[27] :

1° Fonte par ordre de Ts'in Che-houang-ti des armes et des ustensiles appartenant aux temples pour en couler des statues.

2° A la fin de la dynastie des Han postérieurs, fonte, par ordre de Toung-tche, de tous les objets de bronze (vases rituels, cloches, etc.) qui se trouvaient dans les deux capitales Lo-yang et Tch'ang-an.

3° Pendant les neuvième et onzième années de la période K'ai-houang (581-601) des Souei, fonte d'objets de bronze antiques.

4° En la 2e année de la période Hien-te (955) de la dynastie des Tcheou postérieurs, il fut donné cinquante jours au peuple pour fondre les statues et tous les objets de bronze et remettre le métal aux fonctionnaires.

5° En la 3e année de la période Tcheng-loung (1158) de la dynastie des Kin, fonte de tous les objets de bronze recueillis pendant la conquête des territoires des Liao et des Soung.

6° Pendant les 6e (1136) et 28e (1158) années de la période Chao-hing de la dynastie des Soung, il fut prescrit aux habitants de livrer tous les objets de bronze qui étaient en leur possession, pour être transformés en pièces de monnaie. Exception était faite pour quinze cents pièces de la collection impériale.

---

27 Cf. l'introduction à son ouvrage *Pan-kou-lou-yi-k'i-kiuan-che.*

Cette liste ne tient pas compte des pertes moindres qui résultent de l'incendie, du vol, etc., pas plus, du reste, que de la destruction totale des anciennes monnaies chinoises qui a eu lieu pendant la grande guerre[28] et de l'exportation à l'étranger des pièces historiques les plus intéressantes.

8. — Les pierres sont intimement liées à la vie des peuples et le jade a toujours joué un grand rôle en Chine. Il a survécu à l'âge de pierre et la préférence que les Chinois lui accordent encore aujourd'hui sur les autres pierres précieuses reste incompréhensible pour bien des collectionneurs européens. Dans l'antiquité, certains objets utilisés dans les sacrifices étaient en jade et les formes archaïques de ceux que l'on rencontre encore assez souvent sont extrêmement intéressantes au point de vue historique. Ils ne montrent pas seulement la façon dont les Chinois travaillaient cette pierre dure et cassante, mais ils prouvent aussi que le pays était en relations avec les contrées qui produisaient le jade dès l'époque préhistorique Or, on ne trouve pas de jade dans la vallée moyenne du Fleuve Jaune qui, d'après certains savants, fut le berceau de la civilisation chinoise. Il faut donc nécessairement, déduire de la présence de cette pierre précieuse en Chine à une époque très reculée qu'il existait à ce moment des relations assez suivies entre ce pays et les contrées occidentales.

A l'époque où le jade, généralement réservé au culte des dieux et des ancêtres et à la fabrication d'objets d'usage pour la

---

[28] A Tsing-tao, par exemple, les Japonais ont fait travailler leur fonderie à plein rendement pendant des années pour fondre les quantités considérables de monnaies de bronze qu'ils achetaient à vil prix dans le pays ; ils ont ensuite revendu avec gros bénéfices le métal aux alliés qui en faisaient du matériel de guerre. Les Japonais ont ainsi détruit les anciennes pièces de monnaie dans toute la région soumise à leur influence. Il en est résulté pour la Chine, non seulement une perte de métal, mais encore un renchérissennut du prix de la vie.

famille régnante, était considéré comme une pierre précieuse admirable et rare, la sculpture sur pierre existait déjà.

Nous parlerons ailleurs des anciennes inscriptions sur pierre. On a cru longtemps que les tambours de pierre que l'on voit aujourd'hui dans le temple de Confucius dataient de la dynastie des Tcheou et comptaient parmi les monuments de pierre les plus anciens. Mais une étude plus attentive a modifié cette opinion et les tambours ne seraient pas antérieurs à l'époque des Ts'in. Il existe d'autres monuments de cette dynastie, mais ceux de l'époque des Han sont beaucoup plus nombreux. Les plus célèbres parmi ces derniers sont les tombeaux en relief du Chantoung. Leurs décors en relief ont une grande valeur au point de vue historique. Les sculptures de Kia-siang, dans la même province, sont plus connues. On en a volé quelques-unes qui se trouvent maintenant dans des musées étrangers. Les pièces restantes sont toujours en partie à Kia-siang, en partie à Tsi-nanfou.[29]

Avec l'abandon de cette technique commence la sculpture proprement dite dont les spécimens les plus célèbres se trouvent dans les grottes de Yun-kang et de Loung-men. Il est curieux de constater que ces statues sont pour la plupart l'œuvre des dynasties nordiques des Wei et des Ts'i. On voit des sculptures de l'époque des Souei — en dehors de celles de Loung-men — surtout au Ts'ien-fou-chan, au Yun-men-chan et au Yu-han-chan dans le Chantoung, et des sculptures de l'époque de T'ang sur le Siuan-wei-chan et sur le Nan-hiang-t'ang-chan de la province du Tche-li.[30] Les chevaux

29 Cf. CHAVANNES, *Sculptures sur pierre en Chine,* Paris, 1893. Il est à remarquer que la plupart des bas-reliefs sur pierre se trouvent au Chantoung ; les autres, presque exclusivement au Se-tch'ouan. Ce genre de sculpture a cessé peu à peu d'être employé sous les Wei et sous les Tsin. Il en a été fait beaucoup de contrefaçons à une époque récente.

30 Il a paru récemment deux ouvrages généraux relatifs à la sculpture sur pierre en Chine : SIREN, *Chinese Sculpture,* Londres, 1925, 4 volumes, et

du tombeau de l'empereur T'ai-tsoung à Tchao-ling datent également de l'époque des T'ang, tandis que les statues des Lohan de Ling-yen sont de l'époque des Soung. Sous la dynastie des Ming et celle des Mandchoux, la sculpture s'est développée graduellement et son dernier chef-d'œuvre a été la décoration de l'ancien Palais d'Été près de Péking, où se révélait l'influence de l'art baroque de l'Europe. Ajoutons en passant qu'en détruisant le palais, les Européens du XIXe siècle ont montré aux Chinois comment ils entendaient la civilisation.

9. — Étant donné le degré de perfection auquel la poterie chinoise est très tôt parvenue, on comprend la contribution particulière que l'art du potier a apportée à l'histoire de la civilisation. La poterie remonte au début de l'histoire et l'origine de la porcelaine paraît être plus ancienne qu'on ne l'a cru longtemps. A la suite de découvertes récentes, faites dans les tombeaux, on a été amené à croire que les T'ang savaient décorer la porcelaine. Or, c'est précisément quand il s'agit de matières fragiles comme la porcelaine qu'il ne faut se prononcer qu'avec la plus grande circonspection les porcelaines anciennes qui ont subsisté jusqu'à notre époque constituent une infime partie de ce qui existait autrefois. Et quoique les fouilles aient remédié dans une certaine mesure à leur rareté, il ne faut pas oublier qu'il y a toujours eu, et principalement pendant les derniers siècles, des imitations et des contrefaçons, surtout de porcelaines. Sous le règne de K'ang-hi la contrefaçon et l'imitation[31] des porcelaines des Ming ont pris un grand essor. Sous celui de Young-tcheng les potiers sont revenus à la couverte monochrome des Soung, tout en continuant à

SEGALEN-GILBERT DE VOISINS-LARTIGUE, *Mission archéologique en Chine*, Librairie orientaliste Paul Geuthner, Paris.

[31] La contrefaçon diffère de l'imitation en ce qu'elle reproduit également le cachet qui indique la date de la fabrication. C'est ainsi que beaucoup de porcelaines blanc-bleutées de K'ang-hi portent le cachet des Ming et sont infiniment supérieures à leur modèle.

fabriquer les séries polychromes auxquelles ils ont ajouté le rouge foncé. Dans les périodes suivantes on ne voit plus que des imitations. Au milieu du XIXe siècle la production révélait des défectuosités et un manque de goût si accusés qu'il a fallu modifier les procédés de fabrication pour que la porcelaine retrouvât à la fin du siècle une partie de ses qualités. Quant aux anciennes pièces, les étrangers amateurs de porcelaine les ont classées dans leurs collections et il est plus difficile aujourd'hui de se procurer une pièce authentiquement ancienne à Péking que sur les marchés des autres nations.

A côté de la porcelaine, les tuiles et les briques sont, par leur forme et leur composition (dimensions grandes ou petites, matière bonne ou mauvaise), des indices certains des conditions économiques et sociales de l'époque à laquelle elles appartiennent. Elles portent souvent une date et, en outre, des ornements souvent caractéristiques qui sont précieux pour l'histoire de l'art. Les collectionneurs d'Europe, heureusement, ne se sont pas encore beaucoup occupés de ces matériaux.[32]

La céramique funéraire est d'une grande importance au point de vue de l'histoire de la civilisation. Protégés par la crainte religieuse qu'inspirent les tombes, ces objets d'argile étaient généralement restés intacts ; ils n'ont été exhumés qu'au moment où la construction des chemins de fer a entraîné la destruction de nombreuses sépultures. Reproduisant tous les objets de la vie journalière que l'on plaçait près du mort pour qu'il pût les utiliser dans la vie future, ils donnent sur les coutumes de l'époque des indications précieuses, mais qu'il est bon de n'accepter qu'avec prudence. L'antiquité employait

---

[32] Il faut reconnaître, toutefois, que les motifs d'ornementation des toitures attirent l'attention des collectionneurs depuis quelque temps. C'est ainsi qu'il arrive souvent à Péking qu'un des visiteurs du Palais d'été emporte comme souvenir une des tuiles ouvragées du toit (que le guide a le soin de remplacer pour qu'un autre visiteur puisse l'emporter à son tour).

probablement le bois pour représenter ces ustensiles et Mong-tse juge cette coutume contraire aux rites antiques qui prescrivaient de placer dans la tombe des symboles, à l'exclusion des représentations réelles d'objets de la vie journalière. A part quelques jades, il ne reste rien de ce qui avait été placé dans les tombeaux. Des découvertes occasionnelles de bronzes, comme ceux de l'époque des Tcheou qui ont été dernièrement mis au jour au Ho-nan et sont conservés pour la plupart dans un musée de Péking, indiquent malgré tout que l'on plaçait dans les tombeaux des objets de valeur dont on usait dans la vie journalière. La coutume de placer à côté du mort des reproductions en argile d'hommes ou d'animaux et d'objets date probablement des Han. Les formes presque artistiques que ces reproductions ont prises sous les Han sont dues en partie à l'influence hellénique qui se manifestait déjà à cette époque dans la plastique bouddhique. On retrouve ces formes beaucoup plus tard, de sorte qu'elles ne peuvent caractériser la plastique des T'ang. Il est à présumer que c'est à l'époque des Ts'ing que les images en papier qu'on brûlait sur la tombe ont été substituées à celles d'argile. On trouve aussi dans les tombeaux modernes des ustensiles de dimensions réduites, des miroirs et des pièces de monnaie en zinc.

Les objets qui proviennent des tombeaux sont très intéressants, en ce qu'ils nous font participer à la vie journalière de la population dont les défunts faisaient partie ; il faut cependant toujours avoir soin de s'assurer de leur authenticité. A ce point de vue, il est infiniment regrettable que la plupart des marchands d'antiquité ne puissent jamais dire ni où ni par qui ont été découverts les objets que l'on peut se procurer chez eux. On trouve naturellement à Péking, et surtout au Japon, des fabriques prospères qui sont toujours en mesure de fournir « des objets des T'ang ».

Nous dirons aussi quelques mots des découvertes relatives à la préhistoire et notamment de celles faites par J. G. Anderson au cours de ces dernières années et se rapportant à l'âge de la pierre : il s'agit de pics, de haches, de couteaux, de biseaux, de pointes de flèches et, en outre, de creusets, de vases et d'anneaux. On ne saurait cependant songer à faire remonter ces objets à un âge de pierre *chinois.* Il y avait encore, au temps de Confucius, des tribus barbares qui se servaient de flèches armées de pointes en pierre et l'on raconte qu'un oiseau étant tombé le corps percé d'une flèche, Confucius déduisit de l'examen de la pointe l'endroit d'où elle avait été tirée. Je me suis procuré au Chantoung central des pointes de flèche en pierre qui proviennent très probablement d'une des tribus aborigènes qui étaient sous l'influence de la civilisation chinoise. Mais en Chine où souvent les choses se passent autrement qu'ailleurs — en suivant deux horizontales au lieu de rester sur une même verticale — la civilisation de l'âge de bronze des Chinois plus avancés a pu se développer parallèlement à celle de l'âge de pierre d'une tribu primitive. Néanmoins, les découvertes ont fait apparaître des concordances et des différences caractéristiques qui permettent de croire que la civilisation « chinoise » est née à une époque très reculée — environ au troisième millénaire avant Jésus-Christ — des relations qui unissaient deux nations de degrés de civilisation très différents et établies, la plus cultivée à l'ouest et la plus primitive à l'est.[33]

10. — Les inscriptions sur pierre et sur métal ont naturellement, elles aussi, une très grande importance. Les Chinois ont érigé de très bonne heure des stèles de pierre sur lesquelles ils gravaient des caractères. Les premières datent des Ts'in et des Han. Ces inscriptions étaient faites pour les motifs les plus divers. Ainsi, les écrits canoniques du confuciisme ont été gravés sur stèles à plusieurs reprises, et les plus anciennes de ces inscriptions ont évidemment une grande valeur pour la

---

[33] Cf. O. FRANKE, *Die prähistorichen Funde in Nordchina und die älteste chinesische Geschichte* dans les « Mitteilungen des Seminars für orientalische Sprachen ». Berlin, 1926, I, p. 99 seq.

critique des textes. Le bouddhisme a fait également usage des stèles. De plus, de très bonne heure, au plus tard à l'époque des Souei,[34] les bouddhistes ont fait graver sur les statues religieuses les noms des pieux donateurs qui avaient contribué à leur érection et souvent des indications intéressantes relativement aux sommes dépensées.

Les éloges posthumes des personnages remarquables qui sont gravés sur stèle rentrent dans la catégorie des inscriptions. En général, ils ne présentent pas une grande valeur. Quand il s'agit d'un homme illustre, ce sont les ouvrages d'histoire qui donnent des renseignements circonstanciés sur sa vie. De plus, le style eulogique qui est habituellement de règle dans la rédaction de ces documents est peu fait pour fixer le souvenir des événements purement historiques. La plupart de ces inscriptions visent avant tout à la forme littéraire et souvent dénaturent les faits. Cependant, elles peuvent être un moyen de contrôle à l'occasion.

Les conventions relatives aux frontières et les chartes de fondation, les unes et les autres également gravées sur pierre, sont beaucoup plus intéressantes que les inscriptions précédentes. Les premières, qui existent, depuis les Han, dans toutes les parties de l'Empire, sont un précieux complément des histoires officielles qui souvent passent sous silence ces sujets. Ces inscriptions lapidaires ont permis de conserver et déchiffrer des écritures qui, sans elles, auraient été ignorées et ont fourni des notions nouvelles sur la vie de l'Asie Centrale dans l'antiquité. Parmi les chartes de fondation, il faut citer l'inscription sinosyriaque de 781, qui relate la fondation de l'Eglise nestorienne de Si-an fou, et la stèle de K'ai-fong fou qui

---

34 Les sculptures de Yun-Kang ont été longtemps méprisées par les Chinois, parce qu'elles ne portent pas d'inscription, tandis que les bas reliefs de Kia-siang qui remontent aux Han ont toujours été très estimés, parce qu'ils sont datés et portent une grande inscription.

porte la date de 1511 et a trait au développement de la population juive en Chine.[35] Une stèle de l'époque mongole reproduit un décret impérial qui exempte des taxes les ho-chang (bouddhistes), les ye-li-ko-wen (catholiques), les sien-cheng (taoïstes) et les ta-che-man (musulmans).[36]

Il serait trop long d'énumérer toutes les catégories dans lesquelles rentrent tous ces textes. Ils méritent d'être étudiés, surtout ceux que nous avons laissés de côté, parce qu'ils étaient purement littéraires.

Certains objets anciens en bronze portent également des inscriptions dont l'intérêt ne réside pas tant dans les dates qu'elles fixent que dans la forme des caractères. On a toujours cherché l'origine de la civilisation dans la forme et la composition de ces anciens caractères. Il y a quelques années on a exhumé des os qui, d'après un examen minutieux, doivent provenir du temps des Yin. Ces reliques du passé, qui comprennent des écailles de tortue et des os d'animaux, servaient à la divination et portaient des inscriptions d'un genre particulier et d'un très grand intérêt au point de vue de l'histoire de la civilisation.[37]

11. — Il nous reste à parler des sources les plus nombreuses et aussi les plus accessibles, c'est-à-dire des écrits et des livres des temps anciens et modernes.

---

[35] L'histoire nous apprend qu'il y avait à K'ai-fong vers le milieu du XIXe siècle deux stèles rappelant, l'une la synagogue qui avait été construite en 1164 et l'autre, la réparation de l'édifice en 1464. On ne parle plus des stèles depuis cette époque et Liang-k'i-tch'ao en conclut qu'elles ont été détruites.

[36] Cf. dans *Yu-che*, vol. III, le Cheng-tche p'ai du Yu miao à T'ai-an fou.

[37] Cf. F. A. CHALFANT, *Early Chinese Writing,* « Memoirs of Carnegie Museum », vol. IV, n° 1, Septembre 1906, et surtout l'étude détaillée de Lo-tchen-yu. Les os proviennent de Siao-toun près An-yang hien (Ho-nan).

Nous ne reviendrons pas sur ce que nous avons dit à propos des ouvrages historiques et de la science de l'histoire en Chine. Il est naturel qu'une histoire de la civilisation prenne d'abord ses éléments de base dans cette masse de documents historiques. Il ne faut pas oublier cependant qu'ils sont des ouvrages de seconde main et qu'ils ont souvent été écrits dans un but spécial. Depuis que Confucius a écrit le *Tch'oun-ts'iou,* l'idée que l'histoire universelle était le tribunal du monde a séduit les historiens de diverses époques. Lorsque l'histoire ainsi comprise ne flattait pas les grands, elle n'en dénaturait pas moins les faits pour en tirer des conclusions conformes à la morale du temps. Ce ne sont pas toujours les œuvres littéraires les plus estimées qui fournissent les meilleurs renseignements. Par contre, des écrivains inconnus citent souvent dans leurs naïfs récits des faits authentiques.

On sait, d'ailleurs, que les anciens ouvrages historiques ont beaucoup souffert. On admet d'ordinaire en Chine que la condamnation au feu de tous les livres existants, prononcée par Ts'in Che-houang-ti, est la cause de la transmission défectueuse de la littérature de l'antiquité. Il est certain que les œuvres historiques ont été l'aliment principal de l'holocauste de 213 avant Jésus-Christ, conseillé par Li-se. Mais l'empereur n'a jamais eu l'idée d'anéantir l'ancienne littérature, bien au contraire, puisqu'il avait chargé des lettrés officiels de l'enseigner. La littérature et les arts ont souffert davantage, à la chute de la dynastie des Ts'in, de l'incendie de Hien-yang, capitale de l'empire, qui dévora les palais et les bibliothèques, et ensuite de l'indifférence que témoigna à leur égard le nouvel occupant du trône. Plus tard, la dynastie des Han s'est beaucoup occupée de l'ancienne littérature et a recherché et publié ce qui restait du passé. Bien qu'elle ait fait état de livres qui étaient, les uns d'une authenticité douteuse, les autres évidemment retouchés, elle a restauré dans une certaine mesure la littérature ancienne. Mais l'incendie qui détruisit les palais, en l'an 23, à la chute de l'usurpateur Wang-man, fut une nouvelle catastrophe pour les lettres. Les Han postérieurs les restaurèrent de nouveau : en collectionnant des ouvrages anciens, ils réussirent à constituer un véritable trésor. Mais lorsque le général Toung-tchouo, qui régnait sous le nom du dernier empereur de la dynastie, transporta en toute hâte la capitale à l'ouest (Tchang-an), la précipitation fut telle que les employés du palais se servirent de la soie des livres et de celles des peintures pour faire des sacs et des rideaux. Et lorsque l'ennemi occupa la nouvelle capitale, les livres et les objets de prix qui s'y trouvaient furent la proie des flammes. A deux reprises encore de grandes collections de livres furent détruites : d'abord sous la dynastie des Wei, puis lorsque le dernier empereur des Liang périt dans les flammes avec les livres de prix dont il s'était entouré.[38] La littérature chinoise ne s'est jamais relevée de ces catastrophes. Elles ne sont pas les seules. La destruction, pendant le soulèvement des Boxers, du manuscrit unique de l'œuvre monumentale appelée *Young-lo ta-tien,* que nous avons cité plus haut, a été une perte irréparable pour la Chine.

Dans l'antiquité où les exemplaires d'un ouvrage étaient manuscrits et, par conséquent, en nombre relativement restreint, les catastrophes ont été évidemment plus graves qu'elles ne le furent plus tard quand l'imprimerie eut permis de tirer un livre à un grand nombre d'exemplaires. A ce point de vue, la manie de réunir un grand nombre de livres au même endroit, dont beaucoup d'empereurs étaient possédés, a eu les conséquences les plus funestes : tous les livres étaient détruits en même temps.

12. — Les manuscrits et les actes officiels sont également des matériaux que l'histoire peut utiliser. Pour les Chinois la calligraphie est un art et les manuscrits sont très appréciés des

---

38 Le récit de ces catastrophes se trouve dans le Mémoire sur les Niou-houng de la période K'ai-houang (cité dans le *Wen-hien t'oung-k'ao,* entre autres).

collectionneurs. C'est grâce à cela qu'il existe encore des manuscrits qui datent des Soung et même des T'ang. Toutefois leur caractère purement artistique diminue beaucoup la valeur qu'ils présentent pour l'histoire. De plus, les rongeurs, les intempéries, le manque de soin des possesseurs ignorants et les incendies ont fait bien des vides dans l'assortiment d'autrefois.

Il serait particulièrement intéressant de pouvoir consulter les actes officiels de l'antiquité. Mais il ne faut guère compter trouver mieux que les inscriptions sur pierre et sur bronze dont nous avons parlé. En Chine, on n'a jamais conservé les actes avec beaucoup de soins. La preuve en est fournie par Confucius qui, dit-on, n'aurait jugé dignes de passer à la postérité qu'une centaine seulement des 3.200 écrits de l'antiquité qui existaient encore de son temps. Si l'on ajoute foi à la *Chronique sur bambous,* le célèbre philosophe aurait même altéré et idéalisé l'histoire de l'antiquité. Car les meurtres et les effusions de sang des temps anciens, enregistrés dans la *Chronique sur bambous,* diffèrent essentiellement de la sagesse tranquille des princes et des ministres que le *Chou-King* célèbre aujourd'hui. Cet ouvrage ne rapporte pas les faits comme ils se sont passés. Les fouilles dont nous avons parlé l'ont démontré en révélant que les conditions réelles du pays étaient tout à fait différentes de l'état idéal que dépeint le *Chou-king.*

On escompterait en vain de nouvelles découvertes d'actes officiels susceptibles de donner des renseignements sur l'histoire. Ces documents ont fourni les éléments de toutes les histoires officielles depuis la dynastie des Han et il était d'usage de les détruire dès que la rédaction de l'histoire à laquelle ils avaient servi était terminée. Seuls ceux de la dynastie des Ts'ing existent encore. Une partie en a disparu au cours des troubles de ces dernières années. Le reste est conservé à Péking, à l'Institut sinologique de l'Université impériale qui est sur le point d'en publier une étude scientifique.

Eu réalité, toute la littérature chinoise, ou du moins une grande partie de celle-ci, est une mine inépuisable pour l'histoire de la civilisation. Les livres canoniques, les ouvrages de philosophie et de mathématiques, les traités de médecine, de botanique et de géographie ; les poésies d'un K'iu-yuan, d'un Tou-fou, d'un Po-kiu-yi contiennent des allusions et des détails qui ont autant de valeur que les descriptions que renferment les drames, les romans et les contes de la littérature populaire. Et non seulement les œuvres littéraires, mais aussi les notes journalières, les lettres, les comptes de ménage, les mémoires et les journaux de voyage contiennent une foule de matériaux utilisables.

Sous ce rapport, depuis la découverte retentissante (sous les Ts'in) du fameux tombeau de Ki d'où furent exhumés la *Chronique sur bambous,* ainsi que d'autres écrits, jamais les fouilles n'ont produit de résultats comparables à ceux qui ont été obtenus de nos jours. Au cours de leurs expéditions dans les contrées occidentales de la Chine, au Sin-kiang, au Kan-sou, et surtout à Toun-houang, Stein, Sven Hedin, Grünwedel, Le Coq, Pelliot, etc., ont recueilli un nombre considérable de documents se rapportant à l'époque des dynasties des Han et des T'ang et dont l'élaboration éclairera d'une lumière nouvelle non seulement les événements dont l'Asie Centrale a été le théâtre, mais également l'état de la société chinoise de ce temps.[39]

Des ouvrages étrangers relatifs à la Chine auraient pu être d'une aide précieuse en permettant de développer ou de rectifier les documents originaires de ce pays. Malheureusement il n'y en a jamais eu pendant l'antiquité. Le premier ouvrage de ce genre date de l'époque mongole. C'est le récit de Marco-Polo, que

---

[39] L'étude scientifique des documents a été entreprise : en Chine par Wang-Kouo-Hei et Lo-t'chen-yu et, en Europe, par É. Chavannes et F. Hermann, sans compter les explorateurs.

d'autres ont suivi plus tard. Les pèlerins chinois Fa-hien et Hiuan-tsang ont laissé des relations — auxquelles il faut ajouter celle de Houi-tchao qui, perdue à la fin des T'ang, a été retrouvée à Toun-houang remplies de renseignements précieux sur l'histoire de la civilisation indienne à cette époque et qui nous font regretter davantage de ne pouvoir lire dans un ouvrage indien l'histoire de l'introduction du bouddhisme en Chine.

Les mémoires des Jésuites de Péking, qui ont été très répandus en Europe et ont exercé une grosse influence sur la société européenne, peuvent être consultés pour ce qui concerne les dynasties des Ming et des Ts'ing. Il est malheureusement impossible d'en dire autant des ouvrages relatifs à la Chine qui ont été publiés en Europe au XIXe siècle. Leur nombre n'est pas une garantie de leur valeur historique. C'est seulement depuis qu'elle est devenue une science que la sinologie a commencé à exploiter rationnellement les documents chinois qui concernent la société et a accompli une œuvre admirable. Mais l'histoire générale de la civilisation chinoise n'a pas encore été écrite.

CHAPITRE PREMIER

LES TEMPS PRIMITIFS

La civilisation chinoise a fait l'objet de longues discussions. Les uns ont prétendu qu'elle était autochtone, les autres qu'elle avait été importée par les habitants. La querelle était vaine, car on sait aujourd'hui qu'une civilisation n'est pas un objet d'exportation tout fait qui se laisse transplanter tel quel d'un pays dans un autre. D'autre part, la conception d'une civilisation autochtone semble insoutenable. Les civilisations, comme tout ce qui vit, naissent d'un croisement de races et de leurs âmes. Et la haute civilisation des Chinois est, elle aussi, le produit d'un croisement de plusieurs civilisations primitives.

Les fouilles pratiquées, d'une part, dans l'extrême ouest du Kan-sou le long de la grande route stratégique de l'Asie Centrale, et, d'autre part, en Mandchourie sur les frontières maritimes orientales de la Chine révèlent que deux grandes civilisations différentes existaient déjà au début de l'âge de pierre. L'une s'étendait vers l'ouest, jusqu'à la Russie méridionale et aux territoires baltes, et par suite était continentale. L'autre, au contraire, était maritime comme l'indiquent la parenté que l'on constate entre les céramiques mandchouriennes dans lesquelles se trouvent incorporés des échantillons de tissus et les trouvailles qui ont été faites au Japon.

Ceci concorde assez bien avec la théorie d'après laquelle le cours moyen du Fleuve Jaune a été le berceau de la civilisation primitive des Chinois. La grande plaine, au climat essentiellement continental et dont le sol est formé d'énormes masses de lœss dans lequel les cours d'eau ont souvent creusé de profondes vallées, est la patrie des anciens Chinois. Ils étaient probablement venus de l'ouest en suivant les cours d'eau. La plupart des crêtes des collines qui séparaient les terrains bas cultivables étaient couvertes de forêts ou de fourrés impénétrables contre lesquels les nouveaux venus durent employer le feu. Il n'est donc pas étonnant que le « laboureur divin » qui, d'après la légende, aurait appris aux hommes à cultiver la terre soit en même temps le dieu du feu.[40] On ne sait si, à l'arrivée des Chinois, le pays était déjà occupé, mais il semble qu'ils eurent bientôt à lutter contre d'autres tribus. Plusieurs hypothèses ont été émises au sujet de ces tribus.

D'après les unes, celles-ci seraient venues des bords de la mer, et la preuve en serait qu'elles avaient pour totems des animaux et des monstres marins qui pouvaient être l'indice d'une civilisation maritime, mais aussi des animaux ailés.[41] Toutes ces tribus, que l'histoire a désignées sous le nom de Miao, ont été peu à peu repoussées au sud et au sud-ouest de la Chine. Leurs descendants vivent aujourd'hui encore dans ces régions et forment les tribus semi-barbares des provinces du sud. En tout cas, ces tribus qui n'ont pu s'opposer à l'avance des Chinois n'étaient pas plus nomades que ceux-ci. Les nomades qui occupaient la région nord-ouest constituent un troisième élément qui n'a joué un rôle dans l'histoire de la Chine que beaucoup plus tard. Il semble que les Miao aient été tout d'abord rejetés dans le bassin du Yang-tse, tandis que les Chinois occupaient la région du Fleuve Jaune. C'est le commencement d'une opposition entre deux civilisations, opposition qui devait avoir les effets les plus heureux dans l'avenir.

---

[40] Chen-noung ou Yen-ti signifie « souverain flambant ».

[41] Koun, père de Yu, banni sur le mont ailé, a été, d'après la légende, un de ces êtres mythiques. Il en est de même des quatre grands « criminels » qui ont été supprimés par les « saints souverains ».

Les éléments dont la fusion a donné plus tard la civilisation chinoise semblent provenir de deux sociétés différentes qui vivaient, l'une sous le régime matriarcal et l'autre sous le régime patriarcal. D'après la tradition, le matriarcat a été la première forme de l'autorité familiale et a engendré le désordre. On lit à ce sujet dans le *Pai-hou-t'oung* qui est un ouvrage de l'époque des Han :

« Dans les temps primitifs il n'y avait ni règles morales, ni règles sociales. Les hommes connaissaient leur mère et ignoraient leur père. Ils se mettaient en quête de nourriture quand ils avaient faim et, une fois rassasiés, ils jetaient les restes. Ils mangeaient la chair des animaux avec la peau et les poils, buvaient leur sang et se couvraient de leurs dépouilles et de roseaux ».

A une époque postérieure, on trouve encore des traces indiquant que le matriarcat n'était pas inconnu dans la Chine antique. Il en est de même aujourd'hui où le caractère chinois qui représente les noms de famille est formé avec le caractère radical servant à désigner la « femme »,[42] et il en était de même des noms de clan les plus anciens. Certaines coutumes matrimoniales actuelles laissent croire que, dans l'antiquité, le mariage faisait de l'homme un membre de la famille de la femme. A la maison, la femme règne en maîtresse souveraine aujourd'hui encore. Pendant que l'homme vaque à ses occupations extérieures, cultive les champs et assure la subsistance de la famille, la femme file et tisse les vêtements à la maison et y remplit un rôle bien défini. On constate ici une des particularités fondamentales de la civilisation chinoise. Elle consiste en ce que jamais une coutume ne disparaît complètement ; elle se maintient indéfiniment, à la faveur de quelques modifications.

---

[42] *Sing* composé de « femme » et de « naître ».

Si, d'un côté, l'on a de fortes raisons de croire à l'existence d'un régime matriarcal — qui aurait été répandu par les Miao dans le sud et le sud-ouest où l'on en retrouve encore des traces — de l'autre, on trouve des traces très nettes non seulement d'associations d'hommes, mais aussi de familles patriarcales. Ces traces aboutissent aux tribus qui occupaient le nord et l'ouest et, en réalité, le régime patriarcal, arrivé à son développement complet, a été introduit en Chine vers l'an 1000 avant Jésus-Christ par les tribus Tcheou, venues de l'ouest. L'opération n'a pas été soudaine. La transformation et la séparation des civilisations océanique et continentale se sont opérées lentement et graduellement.

Dans un appendice du *Livre des Changements* se trouve décrite la façon dont les hommes ont été initiés à l'usage des premiers produits de la civilisation.[43] Il est difficile de dater cette esquisse d'histoire de la civilisation. Elle est intéressante pour deux raisons. D'abord, elle distingue une période initiale pendant laquelle les hommes qui se nourrissaient des produits de la chasse et de la pêche se tournent peu à peu vers l'agriculture. Il n'est pas question d'époque nomade — ce qui est conforme aux indices que l'on possède.[44] Elle expose ensuite les progrès qui ont été accomplis pendant l'étape suivante de la civilisation. En second lieu, les objets dont l'homme bénéficie ne sont pas les produits de son ingéniosité ; ils proviennent tous du cosmos primordial et sont des objets religieux, ainsi que l'exposent les hexagrammes du *Livre des Changements.* La civilisation a donc une origine religieuse. Voici notamment ce qu'on lit à ce sujet :

« Lorsqu'au premier commencement Pao-hi gouvernait le monde, il leva d'abord les yeux au ciel et contempla les étoiles,

---

[43] Cf. J. GING, *Das Buch der Wandlungen,* traduit et annoté par Richard Wilhelm, Iéna, 1924, vol. I, p. 251, seq.

[44] Par exemple, jusqu'à nos jours, la Chine n'employait pas le lait de vache et ne mangeait pas la chair du bœuf.

puis il abaissa ses regards et vit ce qui se passait sur la terre. Il examina la parure des animaux et des oiseaux et leur adaptation aux divers endroits. Il se mit à réfléchir immédiatement en lui, médiatement dans les choses. Il inventa alors les huit signes (hexagrammes) pour se mettre en rapport avec les forces primordiales des dieux lumineux et classer tous les êtres.

Pao-hi ou Fou-hi signifie le chasseur ou celui qui a inventé la cuisson des aliments. Les ouvrages chinois reconnaissent habituellement en lui le fondateur de leur civilisation. Il n'est pas un personnage, il représente une époque. Il est dit encore à son sujet :

« Il fit, au moyen de cordes nouées, des filets et des nasses pour chasser et pêcher. Il avait puisé cette idée dans le diagramme *li* (ce qui s'attache).

Ce diagramme représente l'oiseau (océanique ?) du soleil. Il signifie également ce qui s'attache (comme le feu s'attache au bois qui brûle). Par conséquent, le filet n'est pas une invention destinée spécialement à des usages pratiques ; c'est un objet sacrificatoire qui a été utilisé ensuite à des fins profanes. Puis, le récit poursuit :

« Quand Pao-hi fut mort, Chen-noung le laboureur divin lui succéda. Il tailla un (bloc de) bois dont il fit une charrue et courba des (morceaux de) bois dont il fit les bras et fit comprendre à tous les hommes de ce monde les avantages que présentait la charrue pour ouvrir la terre. Il avait puisé cette idée dans le diagramme *Yi* (la nourriture).

Le laboureur divin est précisément le dieu du feu qui détruit les fourrés par le feu, pour avoir des terres arables, et ensuite emploie comme instrument aratoire la charrue avec laquelle on accomplissait dans les premiers âges le rite sacré de l'ouverture de la terre. Le diagramme *Yi* est composé en bas de « fils aîné » (*tchen,* excitation) et en haut, de fille aînée (*soun,* pénétration).

« Il fait ouvrir le marché quand le soleil est au zénith, il réunit ainsi tous les hommes et rassemble leurs marchandises en un même point. Ils y font des échanges, puis s'en retournent, et chaque chose est à sa place. Il avait puisé cette idée dans le diagramme *Yi* (couper avec les dents).

Le soleil en haut et le mouvement en bas signifient la réunion sacrée pour le sacrifice qui se faisait alors sur les marchés, centres d'échange primitifs des marchandises.

Puis vient la description du premier degré d'une civilisation plus évoluée et caractérisée par les noms des empereurs Houang-ti, Yao et Choun. Houang-ti, ou l'empereur jaune, est appelé dans la littérature chinoise le duc des cent clans (*po sing*) des tribus du peuple Hia.[45] Il déclara la guerre aux Miaos et on a dit que ses clans dont les totems étaient le tigre, la panthère, l'ours et l'ours gris combattaient montés sur des chars.[46] Les Miaos, qui étaient restés sur place, furent probablement employés comme travailleurs, car la population est quelquefois classée en neuf tribus du souverain, cent clans et des myriades d'hommes aux cheveux noirs.[47]

Le *Livre des Changements* attribue aux trois empereurs Houang-ti, Yao et Chouen les mesures suivantes qui correspondent bien à ce qui précède :

« Houang-ti, Yao et Chouen couvrirent les parties supérieure et inférieure du corps et l'ordre régna dans le monde. Ils puisèrent cette idée dans les diagrammes *k'oun* (principe créateur) et *k'ien* (principe réceptif).

---

[45] Hia doit être le nom sous lequel on désignait les premières tribus chinoises pour les distinguer des Miao.

[46] Hiuan-yuan, autre nom de l'Empereur, signifie : Char.

[47] Li-min, c'est-à-dire, çudras indiens.

« Ils creusèrent des troncs d'arbre pour faire des barques et durcirent au feu des bois qui servirent de rames. Les barques et les rames eurent l'avantage de faciliter les communications. Ils puisèrent cette idée dans le diagramme *hiuan* (la dispersion : bois sur eau).

« Ils dressèrent le bœuf (au joug) et attelèrent le cheval. On put ainsi transporter les fardeaux pesants (sur des chariots à bœufs) et se rendre au loin (dans des voitures traînées par des chevaux) et tout le monde en profita. Ils puisèrent cette idée dans le diagramme *soui* (la succession, composé en bas du mouvement, en haut de la gaieté).

Une étude attentive permet de découvrir une transmission de coutumes sacrées dans l'invention, ou mieux, dans l'usage profane des barques et des chars. La barque était originairement la barque du soleil que la fête de la barque du dragon rappelle chaque année au commencement de l'été, et la roue, qui avait peut-être jadis trente rais correspondants au nombre de jours du mois, était la roue du soleil[48] : L'introduction dans la vie journalière de ces objets qui avaient jusqu'alors été réservés à des usages sacrés eut pour conséquence la création des transports par eau et par terre. Il existait deux sortes de chars : le char à bœufs, lent et pesant, et le char de guerre, rapide et armé. Contrairement aux nomades, leurs voisins, les Chinois n'utilisaient pas le cheval comme monture. La coutume de monter à cheval leur fut apportée plus tard par les tribus turques.

Le *Livre des Changements* poursuit :

« Contre les voleurs ils établirent l'usage des doubles portes et des veilleurs de nuit munis de claquettes.

---

[48] Cf. Lao-tsé, *Taoteking*, section II.

Ils puisèrent cette idée dans le diagramme *yu* (enthousiasme).

La musique des corybantes qui, dans l'obscurité du temple, provoquait l'émotion de l'homme, — le diagramme est composé de « émotion » et « abandon » — est devenue dans la vie courante un moyen de protection policière. On entend encore de nos jours résonner les claquettes quand les gardiens de nuit font leur ronde dans les rues.

Le paragraphe suivant contient une description analogue :

« Ils taillèrent un pilon de bois et creusèrent dans la terre un trou qui servit de mortier. Le pilon et le mortier furent ensuite employés par tous les hommes. Ils (les trois empereurs) puisèrent cette idée dans le diagramme *siao kouo* (prépondérance du petit).

Il s'agit là, évidemment, d'un ancien rite en rapport avec la végétation, et de nature phallique. La terre qui était originairement le principe féminin, ou la pierre creusée, reçoit encore ici le pilon de bois qui pénètre en elle par un mouvement de haut en bas. Les Chinois ont longtemps employé cet instrument, ainsi que le mortier, pour piler le grain qu'ils n'ont commencé à moudre que beaucoup plus tard.

La description parle ensuite de l'habitation en ces termes :

« Dans l'antiquité, les hommes demeuraient dans les cavernes et vivaient dans les forêts. Les sages des époques suivantes y substituèrent des maison composées d'une poutre de faîte et d'un toit comme protection contre le vent et la pluie. Ils puisèrent cette idée dans le diagramme *ta tchouang* (puissance du grand).

La période où les hommes ont vécu dans les cavernes et dans les nids (construction sur pilotis) est personnifiée dans la légende par Yu-tch'ao (habitant des nids) et Soui-jen (l'homme qui fora le bois et en tira du feu). La maison que représente le caractère *ta-tchouang* (composé, en haut, du bois, l'excitation et, en bas, du ciel) est le temple, et par suite un endroit obscur et clos d'où émane la ferveur religieuse. Il semble d'ailleurs qu'on puisse reconnaître la tendance chthonique de la religion chinoise dans le culte rendu à la divinité dans un endroit clos et obscur où sont reçus les oracles et dans le sombre bosquet sacré qui s'élevait au-dessus de la fosse renfermant l'autel de la terre. La maison est née de l'adaptation de l'édifice sacré aux besoins de l'homme.

Le texte parle ensuite des sépultures en ces termes :

« Dans la haute antiquité on déposait les morts dans un endroit écarté et on les couvrait de broussailles, mais on n'élevait pas de tertre et ne plantait pas d'arbres. Il n'y avait pas de durée fixée pour le deuil. Plus tard, les sages répandirent l'usage de cercueils et de caveaux. Ils puisèrent cette idée dans le diagramme *ta kouo* (prépondérance du grand).

Dans la communauté matriarcale on constate habituellement une profonde horreur de la mort. C'est pourquoi le cadavre est couvert et dérobé aux regards ; on jette des broussailles, on entasse des pierres sur lui et on l'abandonne. Dans la communauté patriarcale, par contre, le mort est le génie protecteur dont la vigilance entoure ses descendants et qui renaît en quelque sorte dans son petit-fils ; celui que l'on vénère et auquel on fournit une demeure. On lui rend en somme un culte divin. Le lien qui unit le patriarcat au culte des ancêtres est évidemment très étroit. Il était donc inévitable que les mœurs se fussent modifiées à la suite des progrès constants que la vie patriarcale faisait dans la Chine de l'antiquité. C'est le Grand, le Paternel qui acquiert la prépondérance.

Le texte dit finalement à propos de l'écriture :

« Dans la haute antiquité, on se servait de cordes nouées pour gouverner le pays. Les sages des époques postérieures les remplacèrent par des documents écrits qui servirent à diriger les fonctionnaires et à surveiller le peuple. Ils puisèrent cette idée dans le diagramme *kouai* (pénétration).

Il s'agit ici de l'ancienne méthode des quipos (écriture nouée) bien connue également au Mexique et qui, d'après Lao-tse, aurait été employée jadis en Chine. Le prêtre, d'autre part, savait tracer des caractères symboliques doués d'un pouvoir magique. Le Grand Astrologue des époques postérieures est un souvenir, une survivance de ces magiciens. Les caractères magiques constituèrent peu à peu l'écriture qui servait à noter les événements terrestres. Avec le temps, le Grand Astrologue fut chargé d'enregistrer les faits historiques et les décrets du souverain. Depuis que l'écriture sert à des usages profanes, elle n'a jamais perdu en Chine sa puissance magique. Les papiers qui portent les caractères écrits ne doivent être ni jetés ni salis. Déposés dans des boîtes spéciales, ils sont incinérés de temps à autre. L'écriture chinoise n'a jamais été aussi mécanique que l'écriture alphabétique européenne qui est composée de signes conventionnels n'ayant qu'une valeur phonétique, alors que les caractères chinois reproduisent immédiatement l'image et l'idée.

On n'est pas d'accord sur la date de l'invention de l'écriture. Des savants sont même allés jusqu'à soutenir qu'elle était peu antérieure à Confucius. Cette opinion est contredite par les faits, car les fouilles du Ho-nan ont mis au jour des ossements inscrits qui datent presque de mille ans avant Confucius et montrent que l'écriture était déjà assez développée à cette époque. La tradition chinoise fait remonter l'invention de l'écriture à Houang-ti, c'est-à-dire au XVIe siècle. Les cycles des dix troncs célestes et des douze rameaux terrestres dont la combinaison a formé le cycle sexagésimal devaient être connus alors. Et comme ces caractères cycliques sont fréquemment reproduits sur les ossements, on ne peut rejeter purement et simplement ce point de la tradition chinoise. Il est très possible que ces temps anciens aient connu une écriture figurative. Puisque le monde ne nous apparaît plus divisé en compartiments étanches comme c'était le cas autrefois, rien ne nous empêche d'admettre que la Chine, où l'on a découvert des céramiques de l'époque néolithique, analogues à celles de la Russie occidentale, ait possédé, environ 2.500 ans avant Jésus-Christ, les rudiments d'une écriture figurative et des caractères symboliques, d'autant que nous savons que l'écriture existait déjà dans d'autres pays.

Quoiqu'il en soit, tout ce que nous savons de la Chine antique se réduit à des idées générales sur les conditions d'existence, les coutumes et les bénéfices sociaux qu'elle a retirés de la civilisation primitive. Nous serons donc tenus à la plus grande prudence quand nous aurons à faire usage des renseignements de sources modernes.

L'époque de Houang-ti n'est pas la seule qui ait été jugée de façon très diverses, car les savants ne sont pas d'accord sur les règnes de Yao, Choun et Yu qui ont vécu, suivant l'opinion générale, au XXIIe siècle avant Jésus-Christ.

Aussi vaut-il mieux ne pas tenir compte de ce que l'histoire a noté relativement aux règnes de chacun des souverains. Nous savons que les traditions à leur sujet qui, conservées dans le *Livre des Annales,* les citent comme les modèles des sages souverains de l'Antiquité, ont été retouchées par l'école confucienne. Or, étant donné le caractère de l'historiographie confucienne, elles ne sont donc plus pour nous des documents historiques. Nous connaissons encore moins l'origine des informations que donne la *Chronique sur bambous.*

Mais un renseignement très utile, parce qu'il nous donne une idée de l'état social de ce temps, est celui relatif à l'institution d'un roi-prêtre d'une religion astrale, qui, intermédiaire entre le dieu résidant au Pôle nord et les hommes, se sacrifie pour eux et leur procure la tranquillité. On trouve, en outre, dans cette religion le nombre magique quatre qui existe aussi dans d'autres caltes d'origine solaire. Ce sont là des éléments à l'aide desquels il est possible de se faire une idée de ce qu'était la vie religieuse à l'époque préhistorique.

Le calendrier astral et les rites sacrés, qui assuraient l'ordre dans le monde et la succession régulière des saisons permettant de régler les occupations des hommes, parlent nettement en faveur d'une religion astrale primitive et correspondent parfaitement à la civilisation d'un peuple agricole primitif.

Aux côtés de l'empereur se tenaient les quatre astronomes des familles Hi et Houo. Chacun d'eux était chargé de l'observation d'une des quatre régions du ciel. Ils déterminaient par le calcul les quatre saisons solaires et examinaient si les hommes et les animaux se comportaient comme elles l'exigeaient.

« Il (l'empereur Yao) ordonna aux (astronomes) Hi et Houo d'observer humblement le ciel solaire, de calculer et de représenter la marche du soleil, de la lune, des étoiles et des constellations du zodiaque et de faire connaître ensuite aux hommes les époques des divers travaux.

« Il chargea particulièrement le second des Hi d'aller s'établir à Yu-y, dans l'endroit qui a été appelé la Vallée lumineuse, d'y saluer respectueusement le soleil levant et de fixer convenablement les travaux de l'est (du printemps). Le jour atteint alors sa durée moyenne. La constellation est celle de l'oiseau (Niao).[49] Il devient possible d'établir avec exactitude le

---

[49] Cette constellation, ou mieux le centre du quart du zodiaque, a été identifiée par le moine bouddhiste Tchang yi-hing (713 756) avec le cœur de l'hydre qui, à cette époque, passait du méridien au coucher du soleil. En tenant compte de la précession des équinoxes, on obtient approximativement l'an 2250 avant J.-C. qui cadre assez bien avec les données chinoises. Le fait prouve que celles ci sont dignes de foi.

milieu du printemps. Alors les hommes s'éveillent, les oiseaux et les animaux s'accouplent pour se reproduire.

« Puis, il chargea particulièrement le troisième des Hi d'aller s'établir dans le Nan-kiao, d'y régler convenablement l'ordre des travaux du sud (de l'été) et d'y traiter respectueusement le soleil. Lorsque le jour atteint sa plus longue durée, et que la constellation Houo (le feu) passe au méridien au coucher du soleil, c'est précisément le milieu de l'été. Alors les hommes sont de plus en plus dispersés ; les oiseaux et les animaux muent.

« Il chargea particulièrement le second des Houo d'aller s'établir[50] à l'occident, dans le lieu qui a été appelé la Vallée Obscure, d'y traiter avec respect le soleil couchant et de régler convenablement l'ordre des travaux de l'ouest (d'automne). Lorsque la nuit atteint sa durée moyenne et que la constellation Hiu (le trou) passe au méridien au coucher du soleil, c'est précisément le milieu de l'automne. Alors les hommes sont à l'aise et joyeux. Le plumage des oiseaux et le poil des quadrupèdes sont renouvelés et brillants.

« Puis, il chargea particulièrement le troisième des Ho d'aller s'établir au nord, dans l'endroit qui a été appelé la Ville Ténébreuse, et d'y régler après mûr examen les changements qu'amène l'hiver. Lorsque le jour atteint sa plus courte durée, et que la constellation Mao (les pléiades) passe au méridien au

[50] Les endroits où s'établissent les frères Hi et Ho ne sont certainement pas les extrémités du monde comme le prétendent les commentaires : ils se trouvent devant les quatre portes. À Péking, les quatre autels astraux sont érigés aujourd'hui encore devant les quatre portes : l'autel du soleil devant la porte de l'est, celui du ciel devant la porte sud, celui de la lune devant la porte de l'ouest et l'autel de la terre devant la porte nord. Les places occupées ici par la terre (au nord), le ciel (au sud), le soleil (à l'est), et la lune (à l'ouest), correspondent à l'ordre suivant lequel des huit trigrammes sont placés dans la théorie du *Sien-t'ien* (ciel primordial).

coucher du soleil, c'est précisément le milieu de l'hiver. Les hommes sont enfermés dans leur demeure. Le plumage des oiseaux et le poil des quadrupèdes sont moelleux et épais.

L'année solaire est divisée ici en quatre saisons qui correspondent aux quatre points cardinaux. D'autres sources indiquent les images et les couleurs attribuées à ces quatre quarts de cercle. C'est ainsi que le dragon vert[51] est attribué à l'est, l'oiseau rouge au sud, le tigre blanc à l'ouest et le sombre (noir) guerrier (la tortue) au nord. On a ajouté plus tard le centre auquel la couleur jaune a été réservée.

Il est intéressant de rapprocher cette division d'une autre division en huit parties, certainement très ancienne, faite d'après les huit diagrammes du *Livre des Changements* et tenant compte des régions intermédiaires du ciel. Dans cette dernière, il y a également correspondance entre les saisons et les points cardinaux. Mais les phases successives par lesquelles la vie de l'homme passe chaque année sont exposées dans une formule magique :

« Dieu[52] se manifeste dans le signe de l'excitation (est, printemps). Il accomplit tout dans le signe de la douceur (sud-est). Il donne aux créatures le moyen de se voir dans le signe de la lumière (sud, été). Il les fait travailler dans le signe du principe réceptif (sud-ouest). Il les réjouit dans le signe de la gaieté (ouest, automne). Il lutte contre elles dans le signe du principe créateur (nord-ouest). Il les récompense de leur peine dans le signe de l'abîme (nord, hiver). Il leur donne la perfection dans le signe du repos (nord-est).

---

[51] À cette époque les Chinois n'avaient pas encore différencié le bleu et le vert. Le caractère s'ing représentait la couleur du ciel et également celle des bourgeons des plantes.

[52] Cf. *I king*, livre II, chap. II

Dans ce passage, l'année est mise en concordance avec le jour. L'auteur montre l'harmonie qui existait dans les anciens temps entre la nature et la vie humaine. Le printemps fait sentir son action, tout germe et bourgeonne dans la nature. C'est le matin de l'année. L'excitation, c'est la force électrique de tonnerre) qui donne une activité nouvelle à la vie. Puis souffle une brise légère qui facilite la croissance dans le règne végétal. Le signe de la douceur comprend également le vent qui fait fondre la glace formée pendant l'hiver et le bois qui est d'une grande utilité. Tous les êtres prennent forme. Puis, quand l'été, point culminant de l'année, a été atteint, les êtres se regardent. La claire lumière qui resplendit dehors attire les hommes qui s'empressent de quitter leurs demeures pour aller coopérer en plein air aux travaux des champs. Les fruits ont mûri sous l'action du principe réceptif. C'est le moment de la récolte, époque des services réciproques. Les hommes sont dans les champs et les femmes leur portent leur nourriture. Puis, le signe de la gaieté ramène la mi-automne et la joie de la récolte. C'est ensuite le temps rigoureux de la fin d'automne. Le jugement est dans l'air, le tigre blanc règne dans le ciel. Le signe du principe créateur combat ses créatures. Quiconque ne peut résister doit périr. L'hiver survient ensuite dans le signe de l'abîme. Les granges sont pleines. Les hommes rentrent chez eux et, pendant qu'ils se reposent, les femmes travaillent. C'est le signe du repos, qui, matérialisé dans la montagne, marque la limite qui sépare la vie de la mort et le moment où la semence est confiée à la terre pour germer.

La croyance religieuse, d'après laquelle la montagne sacrée est l'endroit où l'être quitte la vie, pour y rentrer ensuite sous une autre forme, remonte vraisemblablement à une très haute antiquité. Elle est l'origine du culte rendu autrefois à certaines montagnes et, à une époque plus tardive, au T'ai chan du Chan-toung.

L'étroite solidarité entre l'ordre cosmique et la vie de l'homme que l'on constate ici est caractéristique de cette civilisation solaire. On retrouve ces croyances religieuses, sous une forme beaucoup plus primitive toutefois, parmi les populations d'Afrique. Ce qui ne transparaît en Chine que comme le vestige d'un passé lointain se trouve réalisé brutalement en Afrique. Ici le dieu-prêtre est roi ; mais un roi qui est offert en sacrifice suivant un rite religieux. C'est aussi sur l'idée de sacrifice que repose en Chine l'institution des rois-prêtres. Il n'y a pas alors de succession héréditaire. L'ancien souverain présente, c'est-à-dire offre en sacrifice à la divinité le nouveau souverain, puis se retire.

Cette divinité est appelée l'ancêtre. En outre, il existe d'autres divinités qui sont désignées par le caractère chinois *tsoung* qui signifie : quelque chose qui se révèle ou se manifeste dans l'obscurité mystérieuse du temple. Ces divinités sont évidemment des êtres chthoniques.

L'immolation d'animaux, qui a remplacé le sacrifice du roi-dieu, remonte à une très haute antiquité. L'ancien rite s'est cependant conservé. C'est ainsi qu'en cas de sécheresse, le souverain se coupait une mèche de cheveux, l'attachait sur le front du taureau noir qui allait être immolé et, au moment du sacrifice, priait son noble père et souverain de faire retomber sur la tête du petit enfant qu'il était les fautes du peuple pour mettre fin à la calamité.

L'histoire incertaine de cette époque n'en laisse pas moins voir que, malgré l'état primitif des peuples, le monde avait acquis un certain degré de civilisation. Le caractère chinois *Ti* (deus), dont la tradition se sert pour désigner les anciens rois-prêtres, est significatif. On a voulu conclure de l'emploi de ce terme qu'ils (étaient originellement des dieux dont la tradition a fait plus tard des souverains sacrés. Cette déduction est des plus improbables. Indépendamment du fait que Yao et Choun ont été idéalisés et représentés plus tard sous des traits humains, le terme *ti* (dieu) convient parfaitement au roi-prêtre qui est en même temps dieu et victime. Il ne faut cependant pas croire qu'il s'agissait à cette époque d'une sorte d'une sorte de monarchie universelle. Il est probable que la dignité de roi-prêtre ne conférait aucune autorité à qui en était revêtu. Il exerçait un pouvoir religieux, mais seulement en tant que régulateur du temps. Son influence dépendait de l'humeur des clans qui s'étaient attachés à lui et vivaient en se conformant aux époques et aux saisons qu'il avait fixées. Le souverain était assisté dans l'exercice du pouvoir par les « quatre montagnes » et les « douze pasteurs ». Il ressort clairement du *Livre des Annales,* où il est souvent question de l'autorité divine de ces souverains, que ceux-ci n'exerçaient que l'autorité politique que ces princes (*heou*) leur reconnaissaient.

A en juger d'après le même livre, la religion, la civilisation et la politique auraient fait de grands progrès pendant les règnes de Yao, de Choun et de Yu. Il est nécessaire d'étudier la question de près, car il est à craindre que beaucoup d'additions modernes n'aient été faites aux légendes de cette époque ancienne. Ce qui est toutefois certain, c'est que le roi-prêtre n'avait pas encore de capitale. Il allait d'un endroit à l'autre, partout où il jugeait sa présence nécessaire. On a pris plus tard ces déplacements pour des tournées régulières au cours desquelles le souverain inspectait ses domaines et recueillait les hommages de ses feudataires. Mais c'est là un essai de systématisation postérieur. Les déplacements irréguliers des rois-prêtres paraissent, au contraire, être particuliers aux temps primitifs.

D'ailleurs, les tribus Hia qui formaient les cent clans des Chinois n'étaient pas les seuls occupants du pays. Comme les hauteurs étaient couvertes en grande partie de fourrés impénétrables, les Chinois étaient établis sur les bords des cours d'eau. Les Miaos au teint bronzé occupèrent les terrains libres entre ceux-ci, tandis que des tribus étrangères s'étendaient autour du pays. Ces dernières comprenaient : à l'est, les Yi (le caractère chinois qui les désigne est composé des éléments : grand et arc) ; au nord-est, les Ti (composé de chien et de feu),[53] et au sud, les Man (qui élevaient le ver à soie) et les Miao (qui (cultivaient le riz).

L'unité des Chinois était assurée par une communauté de religion, de division du temps et de principes de civilisation. Elle se trouvait renforcée de temps à autre par la communauté de leurs intérêts économiques et militaires.

Il est à remarquer que le nombre quatre qui avait eu les préférences de Yao a été remplacé par Choun, qu'on suppose originaire de l'est, par plusieurs autres : le nombre six (les six puissances extrêmes), le nombre douze (les douze provinces gouvernées par douze pasteurs) et aussi le nombre cinq (les cinq symboles de jade, les cinq forces morales, les cinq instruments, les cinq préceptes, les cinq châtiments, les cinq exils, et les inspections quinquennales : quatre voyages annuels du souverain dans les quatre régions de l'empire, et une réunion des feudataires des quatre régions à l'endroit fixé par le souverain). On peut conclure de ces modifications que Choun introduisit de nouveaux éléments dans la civilisation première des Chinois. D'autres indices, d'ailleurs, montrent que Choun a marqué celle-ci de son cachet personnel. Son amour filial, qui l'a rendu célèbre, et le nombre (neuf) de ses ministres sont des caractéristiques d'une société vivant sous le régime patriarcal. Les neuf ministres étaient :

1° Le Se-k'oung, ou Chancelier, dont le titulaire était Yu ;

2° Le Hou-tsi ou Ministre du millet (K'i) ;

3° Le Se-t'ou ou Directeur des écoles (Sie) ;

4° Le Che ou Grand Justicier (Kao-yao) ;

---

53 Wieger en conclut qu'ils étaient des nomades renommés pour leurs chiens et leur feux de veille.

5° Le Koung-koung ou Grand Ingénieur (Chouei) ;

6° Le Yu ou Grand Forestier (Yi) ;

7° Le Tch'e ou Grand Cérémoniaire (Pai-yi) ;

8° Le Tien-yue ou Grand Musicien (K'ouei) ;

9° La Na-yen ou Grand Intermédiaire (Loung).

Les catégories numérales de Choun diffèrent, d'une part, des catégories solaires primitives de Yao et, d'autre part, du système de Yu qui a pris pour base le cycle quinaire, pour revenir ensuite au procédé de Yao quand il a divisé l'empire en neuf provinces (au lieu des douze de Choun).

Le système religieux qui est exposé dans le *Livre des Annales* s'accorde bien avec la civilisation primitive que d'autres indices laissent supposer. A côté de l'ancêtre glorifié (*Wen-tsou*), auquel est présenté le descendant, on vénère sept directeurs qui représentent probablement les sept étoiles de la Grande Ourse. C'est là, au Pôle nord du ciel, qu'était la résidence du dieu suprême auquel on faisait le sacrifice *lei*. La cérémonie avait lieu probablement sur une colline ronde, au milieu de la nuit du dernier jour de l'année — forme première de ce qui fut plus tard le sacrifice au ciel. On offrait également des libations aux six *tsoung* (qui se manifestent dans l'obscurité). Et, sur la Terre, on offrait des sacrifices *wang* (visible au loin) aux montagnes, comme le T'ai-chan à l'est, et aux fleuves sacrés. On vénérait, en outre, les diverses divinités locales du ciel et de la terre. Au sacrifice se rattache l'emploi d'emblèmes sacrés faits du jade (yu) importé des régions lointaines du sud-ouest. Ces objets qui symbolisaient peut-être les six divinités que l'on adorait alors sont :

1° L'anneau plat, de couleur bleue, appelé *pi*, et de douze pouces de diamètre, qui représentait le ciel ; 2° le cube jaune, percé d'un évidement cylindrique, appelé *tsoung*, qui représentait la terre ; 3° le *tchang*, de couleur rouge, représentait le sud dont la constellation est l'oiseau rouge (*tchou niao*) : sa partie supérieure se terminait en pointe et sa partie inférieure était percée d'un trou ; 4° le *hou* blanc représentait l'ouest dont la constellation est le tigre blanc (*pai hou*) ; 5° le *houang* noir représentait le nord dont la constellation est *Siuan wou,* la tortue. Il avait la forme d'un demi-cercle et était quelquefois décoré ; 6° le *houei* vert représentait l'est. Il était carré du bas et sa partie supérieure se terminait en pointe. La constellation de l'est était le dragon bleu (ou vert) *ts'ing houng.*

On ne donnerait pas une idée complète de l'antiquité, si or ne mentionnait pas la place qu'y tenait la musique. Les neuf chants de Chao étaient si expressifs que, après les avoir entendus dans la principauté de Ts'i, Confucius les étudia et ne toucha pas à la viande pendant trois mois. La musique est quelque chose d'essentiellement magique dans ces anciens temps. Les notes qu'un lien mystérieux unit aux phénomènes de la nature, le rythme qui entraîne et transporte et les danses mimées qui ont toutes une signification cosmique, donnent à l'homme l'impression d'une force supérieure qui exerce une action directe sur les événements de ce monde.

Le Grand Musicien K'ouei (dragon-serpent) célèbre la musique dans le chant caractéristique suivant :

« Je frappe la pierre sonore légèrement ou fort et j'accompagne le chant en jouant doucement de la harpe ou de la cithare. Alors les pères et les ancêtres viennent prendre part au festin royal. Tous les princes montrent leur vertu par leur mutuelle courtoisie. Dans la partie inférieure de la salle, les flûtes et les tambourins unissent leurs accords quand le signal est donné par la crécelle ; ils s'arrêtent au signal donné par la claquette. Dans les intervalles de chant les flûtes de Pan et les cloches se font entendre. Les oiseaux et les animaux s'approchent en foule et le phénix plane en mesure aux accents de la musique sacrée.

Une curieuse légende raconte que le roi Yao éprouva Choun, qui était de basse extraction — et, par conséquent n'appartenait pas au clan du roi-prêtre[54] — en commençant par le marier, c'est-à-dire en lui faisant épouser à la fois ses deux filles. La description faite de ce mariage montre qu'il s'agissait de quelque chose d'intermédiaire entre le régime matriarcal sous lequel le gendre était admis dans le clan de la femme et le régime patriarcal postérieur où la fiancée entrait dans la famille de l'homme. Dans le cas où il se trouvait, Choun devenait, pour ainsi dire, le chef de la famille Yao, puisque, d'après la légende, le roi lui avait donné ses fils en même temps que ses filles. L'usage de cette forme intermédiaire de mariage subsista longtemps et, quand un ordre de succession eut été établi, ce furent tout d'abord les frères qui en profitèrent aux dépens des descendants directs — disposition qui a été considérée plus tard en Chine comme un crime politique. Le *Livre des Changements* loue hautement Yi (T'ang), fondateur de la dynastie Chang, parce qu'il avait donné ses filles en mariage. Le caractère chinois (kouei) employé pour exprimer l'idée « donner en mariage » a le sens littéral de renvoyer et correspond probablement à ce qui se passait après le mariage. Après que le fiancé (aidé dans les temps anciens par ses amis) s'était emparé (*ts'iu*) de sa fiancée — ce qui indique qu'autrefois l'homme enlevait celle qui allait être sa femme (et marque peut-être la transition entre les deux systèmes, matriarcal et patriarcal, de mariage) — la jeune femme retournait trois mois plus tard chez ses parents. C'est à ce moment que le mariage pouvait être rompu sans grandes formalités s'il avait déçu les espoirs des parents. Mais il était de règle que ceux-ci renvoyaient la femme — dans l'antiquité, après la naissance de son premier enfant,

---

[54] Choun est, d'après la légende, le fils de Kou-sao (le vieillard aveugle ; les aveugles ont été plus tard des musiciens, et ceci s'accorde très bien avec les dispositions musicales de Choun). C'est probablement ce qui fait dire à la *Chronique sur bambous* que, sous le règne de Yao, le prince de Kou-sao fut l'hôte de l'Empereur, c'est-à-dire, lui fit sa soumission (12e année de Yao).

plus tard après un séjour d'une certaine durée — chez le mari. La femme faisait dès lors définitivement partie de la famille de celui-ci. Toutefois le frère a été longtemps le défenseur désigné de sa sœur quand celle-ci était maltraitée par son mari.[55] L'idée est d'origine matriarcale.

Un phénomène naturel a dû se produire dans ces temps anciens qui aurait contribué au rapprochement des différentes tribus chinoises et des immigrants. La grande plaine de la Chine du nord, sillonnée de vallées où les occupants s'étaient établis de préférence, est, géographiquement parlant, le delta du Fleuve Jaune. A sa sortie des montagnes, le fleuve pénètre en flots tumultueux dans les grandes plaines de lœss et entraîne dans son cours supérieur des masses de limon de couleur jaunâtre qui probablement lui ont fait donner le nom de Fleuve Jaune. Quand la vitesse du courant diminue, le limon se dépose et le lit du fleuve s'élève. Ce n'est plus alors qu'une question de temps — même aujourd'hui, malgré la construction de digues de protection — pour qu'il déborde à l'époque des hautes eaux et inonde la plaine entière. C'est ainsi qu'il s'est déplacé au milieu du XIXe siècle et, au lieu de se jeter dans la mer au sud du Chan-toung, il est venu déboucher au nord de la presqu'île. A l'époque mongole, il s'est déplacé en sens inverse. Il constitue une menace constante pour les habitants. Elle a dû être particulièrement inquiétante pour les premiers Chinois qui se sont établis dans la plaine, alors que rien n'avait été fait pour régulariser le cours des fleuves qui l'arrosent et qui, presque à sec en hiver, grossissent d'une façon incroyable en été, pendant la saison des pluies.

Les tourmentes atmosphériques y eurent également leur part, car les annales parlent souvent avec une respectueuse admiration du calme et de l'intrépidité de Yu pendant les orages

---

55 Originairement, les frères étaient chefs de famille pour tout ce qui concernait les questions extérieures.

effroyables qui interrompaient les sacrifices qu'il offrait au ciel. Bref, une inondation épouvantable désola le pays pendant un an. Les diverses tentatives que l'on fit pour mettre un terme au désastre échouèrent. Finalement l'énergie du peuple eut raison des éléments et réussit à soustraire au déluge la région d'expansion des tribus chinoises. Les eaux furent canalisées et l'empire recouvra la tranquillité. La légende a attribué ce succès au grand Yu, le héros du clan Hia. Le *Livre des Annales* décrit ses hauts faits sous une forme naïve qui rappelle les légendes bibliques

« Le Roi (Choun) dit :

— Venez, Yu. Vous aussi devez avoir d'excellents avis à me donner.

Yu salua fit dit :

— Oh ! Roi, que pourrais-je dire ? Je ne songe chaque jour qu'à m'appliquer à travailler.

Kao-yao reprit :

— Et de quelle manière ?

Yu répondit :

— Les eaux s'élevaient jusqu'au ciel. Mugissantes, elles enveloppaient les montagnes et couvraient les collines. Les hommes étaient effrayés et périssaient dans cette mer. Je m'ouvris des chemins en abattant les arbres sur les collines, je donnai au peuple le moyen d'avoir de la nourriture carnée. J'ouvris un passage aux neuf fleuves et ils se déversèrent dans les quatre mers. Je creusai (dans les champs) des canaux communiquant avec les fleuves. Je procurai au peuple, outre la chair des animaux, la nourriture difficile à cultiver.[56] J'engageai le peuple à faire des échanges : le superflu et le déficit se compensèrent. Tout le monde eut de quoi se nourrir. C'est ainsi que la paix régna de nouveau sur le monde.

Kao Yao dit :

— Oh, vraiment ! Nous suivrons tes paroles...

Yu dit :

— Quand j'ai épousé une femme de T'ou-chan, je suis resté quatre jours près d'elle. Lorsque je suis revenu, mon fils pleurait, mais je ne me suis pas occupé de lui. Le seul but de mes pensées et de mes soins était le travail. Je rétablis les limites de toutes les provinces. J'établis des pasteurs dans les régions qui s'étendent depuis les provinces jusqu'à la mer. J'ai mis des chefs partout, en récompensant ceux qui étaient à la hauteur de leur tâche, seuls les Miao se sont obstinés à ne pas travailler. Pensez-y sérieusement, ô Roi.

Nous allons jeter un coup d'œil sur la société rurale de l'antiquité telle qu'elle est exposée assez exactement dans le *Che-king,* quoique les chants qui le composent aient été certainement altérés et retouchés par les princes feudataires qui les ont rassemblés. Cet ouvrage est rempli de traits de la vie d'autrefois que l'on retrouve sans grandes modifications à l'époque moderne.

Comme nous l'avons dit plus haut, les Chinois n'étaient pas les seuls occupants du cours moyen du Fleuve Jaune. Ils formaient des groupements disséminés — comprenant peut-être aussi des Miaos qui n'avaient pas émigré — mais n'en constituaient pas moins une grande famille. Le centre du groupement était le

56 Les grains.

village, qui s'étendait autour du puits. Les habitations étaient creusées dans le lœss, quand les formes de terrain le permettaient, ou bâties en pisé. Elles étaient orientées vers le sud ; la porte s'ouvrait à l'est et la fenêtre à l'ouest. La partie supérieure était percée d'une large ouverture qui livrait passage à la fumée du foyer et à l'eau de pluie qu'on recueillait. Le *tchoung-liou,* (influence moyenne), qui est le nom donné à l'ouverture, rappelle assez bien l'impluvium des Romains. Dans le coin sud-ouest, le moins éclairé, on conservait les semences ; là aussi on allait dormir sur des nattes posées sur le sol. C'était aussi l'endroit réservé à Ao, le dieu principal de l'habitation. Tsao, le dieu du foyer, se tenait à l'endroit où les membres de la famille se réunissaient. Bien qu'on ne le vénérât pas autant que Ao, il était plus accessible que celui-ci et son intervention était très efficace.

La maison était le domaine de la femme. L'épouse y régnait en souveraine, tandis que le mari exerçait son autorité sur la vie extérieure. Les femmes filaient et tissaient durant l'hiver et se consacraient à l'élevage des vers à soie au printemps. Il est probable qu'au début la soie était employée surtout dans le sud et que le nord utilisait le chanvre, le jute et la pueraria (ko).

Les périodes principales d'activité étaient l'hiver pour les femmes et la saison chaude pour les hommes. Ces derniers se dispersaient alors dans les champs situés au delà des plantations de mûriers qui entouraient le village. Ils demeuraient dans des huttes bâties sur place et y passaient la nuit pour protéger leurs récoltes. Les femmes ne venaient aux champs que pour apporter aux maris leur nourriture.

La communauté villageoise était une communauté familiale. Les membres en étaient classés par générations, et il y avait une séparation nette entre la génération des pères et celle des fils. En outre, la différence de nature qui existait entre les travaux des hommes et ceux des femmes et le fait que les uns et les autres avaient lieu à des époques différentes avaient créé une opposition entre les deux sexes. Il faut peut-être voir là un écho éloigné de l'ancien matriarcat qui tendait de plus en plus à disparaître. Alors que jadis les fils abandonnaient le village familial, pour aller se marier dans d'autres familles, tandis que les femmes, qui avaient pour chefs leurs frères, assuraient la transmission héréditaire du nom de famille, le mariage patriarcal commence, à l'époque dont nous nous occupons, à jouer un rôle de plus en plus important. Ce qui contribuait encore à accentuer l'opposition entre les deux sexes, c'étaient les maisons dans lesquelles les hommes se réunissaient seuls, leurs travaux terminés, pour délibérer ou à l'occasion de fêtes, telles que le tir à l'arc.

A l'extérieur du village étaient le bosquet sacré et le cours d'eau où l'on allait se baigner et respirer l'air frais au commencement de l'été. Ce cours d'eau qui portait bonheur[57] à quiconque le traversait au moment des fêtes, coulait à la lisière méridionale du bosquet. C'est là qu'avaient lieu les fêtes saisonnières d'été et de printemps au cours desquelles on célébrait en termes dithyrambiques la joie humaine et les mystères de la fécondation de la terre. Ces fêtes dépassaient le cercle étroit de la famille. Le contact qu'elles établissaient entre les familles des divers villages engendra l'idée de la communauté locale. Le bosquet sacré était le séjour du dieu de la terre et du dieu des semences, et les symboles de la vie sociale y prenaient une signification très nette. La joie sans contrainte qui régnait dans ces fêtes religieuses réalisait inconsciemment une union des âmes qui s'étendait de la communauté villageoise à l'univers. C'est ici qu'au printemps, garçons et filles chantaient et dansaient et fêtaient leurs accordailles. C'est ici qu'en automne on célébrait la fête de la moisson en mangeant et buvant. Pendant les danses, on représentait les huit animaux

---

[57] Cf. à ce sujet les nombreux oracles. *Il est avantageux de traverser la grande eau*, lit-on dans le *Livre des Changements*. Cet oracle doit faire allusion au rôle que jouait primitivement le cours d'eau qui borde le bosquet sacré.

bienfaisants (tcha), le chat et le léopard entre autres, qui détruisaient les insectes nuisibles. La fête d'automne que les vieillards présidaient marquait la fin de l'année. On rentrait ensuite dans les maisons. Les hommes se reposaient des travaux de l'année, tandis que les femmes filaient et tissaient.

Aux fêtes du printemps et de l'automne se rattachaient probablement des usages en rapport avec le feu du foyer domestique. En automne, on enfermait le feu dans la maison et, au printemps, on le disposait à l'extérieur. On accomplissait également certains rites en rapport avec la commémoration des ancêtres. Le culte des ancêtres ne consistait pas en hommages rendus par la famille à ses morts particuliers. Il unissait la communauté groupée autour du bosquet sacré dans un même souvenir des défunts. Aujourd'hui encore les Chinois observent la coutume de ne prendre que des aliments froids le jour de la fête du printemps. C'est l'époque où les tombeaux sont mis en état, et tous les membres de la famille se réunissent au pays natal.

On retrouve les représentations religieuses de l'époque dans de vieilles légendes qui se sont transformées peu à peu en mythes et en contes. D'après une des nombreuses versions de la légende de l'oiseau solaire et de ses œufs, le fondateur d'un clan est né d'un de ces œufs qu'une hirondelle avait apporté à une jeune fille à titre de nourriture. La légende de la Tisserande et du Bouvier est également d'origine solaire-lunaire. D'après la forme actuelle de la légende, la Tisserande n'est pas la lune de la civilisation océanique : elle est Véga et le bouvier est Attaïr. Tous deux sont séparés par la voie lactée, et la Tisserande ne peut rejoindre son époux qu'une fois dans l'année en passant sur le pont que les pies bienfaisantes lui font de leurs corps. Très ancienne est également la légende de la jeune fille dont le père est parti au loin et qui promet au cheval qui est à l'écurie de l'épouser s'il la conduit à l'endroit où son maître s'est rendu. Pour ne pas être obligée de tenir sa promesse, elle fit tuer le cheval. Mais la peau de l'animal qu'on avait étendue pour la faire sécher se redressa soudain, enveloppa la jeune fille et la suspendit à un arbre sur lequel elle fut transformée en ver à soie. Les dragons qui gouvernent les eaux du ciel et la terre sont adorés depuis les temps les plus reculés et le rôle qu'ils jouent vis-à-vis de la femme est quelquefois suspect.[58] Le serpent et l'ours ont leur place dans les croyances populaires tout comme le rusé renard. La tortue, si étrangement équivoque, est pour les Chinois, d'un côté, la représentation du monde et, de l'autre, un animal répugnant à cause de son impudicité. C'est là, entre beaucoup d'autres, un indice de la double origine de la civilisation chinoise.

La civilisation chinoise ne semble pas avoir progressé aussi facilement et aussi régulièrement que le *Livre des Annales* pourrait le laisser croire. Ce n'est pas sans difficultés que la famille de l'empereur Yu a conservé l'autorité que les rois-prêtres tenaient de la détermination des saisons. La royauté héréditaire remonte aux Hia que l'on considère habituellement comme les fondateurs de la première dynastie chinoise. Historiquement cette période correspond à l'époque néolithique. A plusieurs reprises, des princes d'autres clans ont occupé le trône plus ou moins longtemps et la famille royale paraît n'être pas toujours rentrée facilement en possession du pouvoir. Le point important pour le souverain était que les temps fixés par lui fussent reconnus par tous ses sujets. Quiconque les observait agissait conformément aux lois cosmiques, mais celui qui voulait suivre un autre ordre des temps n'était pas seulement rebelle au point de vue politique : il violait encore les lois naturelles. On le constate dans l'Adjuration de Kan qui est un des passages les plus intéressants du *Livres des Annales* et remonte à une très haute antiquité. L'empereur reproche au prince de Hou d'avoir troublé les cinq

---

[58] La fête de la nacelle du dragon qui est célébrée principalement dans le domaine méridional, « océanique », de la civilisation chinoise est certainement un culte très ancien.

agents naturels en n'acceptant pas le calendrier. Les menaces adressées à l'armée sont caractéristiques de cette époque.

ADJURATION DE KAN

Une grande bataille se livrait sous Kan. L'empereur manda les six chefs d'armée et leur dit :

— Hommes de mes six armées, je vous le dis avec serment : Le prince de Hou a sans scrupules outragé la nature[59] et paresseusement négligé ses devoirs. En conséquence, le ciel détruit son trône et je ne fais qu'exécuter respectueusement la sentence prononcée par le ciel contre lui. Si ceux d'entre vous qui occupent la place de gauche (sur les chars) ne combattent pas comme ils le doivent, ils désobéiront à mes ordres. Si ceux d'entre vous qui occupent la place de droite (sur les chars) ne combattent pas comme ils le doivent, ils désobéiront à mes ordres. Si les conducteurs de chars qui occupent la place du milieu ne conduisent pas leurs chevaux comme il faut, ils désobéiront à mes ordres. Ceux qui obéiront à mes ordres seront récompensés en présence de mes ancêtres. Ceux qui n'obéiront pas à mes ordres seront mis à mort en présence des esprits tutélaires du pays. Ils seront mis à mort avec leurs femmes et leurs enfants.

Le châtiment qui a frappé à la fin des Hia les princes Hi et Houo, dont les ancêtres avaient été chargés de l'observation des étoiles et de l'établissement des saisons sous le règne de Yao, procède des mêmes idées. Il se produisit une éclipse de soleil qu'ils n'avaient pas prévue et ils furent punis par le maire du

---

[59] Littéralement : « A sans scrupules outragé les cinq forces naturelles et négligemment rejeté les trois prescriptions fondamentales ». Les commentaires expriment des opinions divergentes sur ce qu'il faut entendre par ce crime.

palais Yin[60] pour n'avoir pas prêté aux phénomènes astronomiques l'attention qu'ils méritaient. L'événement a eu lieu probablement à la fin de la dynastie des Hia. Les anciennes observations faites sans précision avaient entraîné des fautes de calcul qui se révélèrent au cours des siècles. Les phénomènes célestes et le cours des choses terrestres ne concordaient plus. Le ciel s'était détourné de la dynastie régnante. Un nouveau souverain reçut alors plein pouvoir pour se concilier le ciel en exécutant ses décisions et en rétablissant l'ordre.[61]

C'est pourquoi on raconte que la chute de la dynastie des Hia a été accompagnée de toutes sortes de phénomènes célestes qui indiquaient nettement, d'après les annales de ses successeurs, que K'ouei avait été rejeté par le ciel.

Le nouveau souverain, fondateur de la dynastie des Chang, fut T'ang le Victorieux. C'était à peu près vers le milieu du deuxième millénaire avant Jésus-Christ. La lumière n'a pas encore dissipé les ténèbres de l'histoire, les documents sont peu nombreux et ont été rédigés par les archivistes de la dynastie suivante. Néanmoins, s'il n'est pas encore possible de préciser la structure de l'organisation sociale de cette époque, on peut déduire des débris d'os et des bronzes ce qu'était la vie spirituelle.

Un profond sentiment religieux caractérise la dynastie. Il n'est donc pas étonnant que nous possédions encore des vases à offrandes et des présages gravés sur os de cette époque. La maison Chang se considère au début comme chargée d'une

---

[60] Il semble qu'à différentes époques de la dynastie des Hia, il y ait eu à côté du roi-prêtre une sorte de shogounat laïque qui détenait l'autorité. Il aurait duré longtemps et suscité bien des difficultés à la famille régnante en ce qui concerne l'ordre de succession.

[61] Le chapitre Hia-Siao-tcheng de Ta-tai-li paraît. contenir un projet de calendrier que Confucius attribuait aux Hia qu'il tenait en haute estime.

véritable mission religieuse. La première opération militaire du souverain fut conduite contre un État voisin, parce qu'il ne faisait pas au ciel les sacrifices rituels. Et on reproche au souverain des Hia que la postérité a surnommé Kie, le Tyran, d'avoir enfreint la volonté de Dieu qui avait décidé de retirer au criminel le mandat qu'il lui avait confié.

A un examen attentif on constate que la religion tend à prendre une forme plus anthropomorphe et plus mythologique. Les objets primitifs et rationnels qui étaient adorés dans la religion astrale de l'époque précédente font place à des dieux plus proches des hommes : les ancêtres et les esprits chthoniques et autres. Les prières adressées par les hommes au Souverain d'en haut, le grand ancêtre de la dynastie régnante, rappellent l'Ancien Testament. Les ancêtres vivent dans un ciel empyrée, se mêlent à la vie des hommes et leur dispensent les bienfaits ou les châtiments. On leur fait des offrandes en vue d'obtenir une vie longue et une bonne santé. On médite sur leurs origines qu'on fait remonter à l'hirondelle (oiseau sombre) qui descendit sur la terre par ordre du ciel pour engendrer l'ancêtre.[62]

C'est ainsi que l'histoire est remplie de présages et de faits merveilleux. Elle mentionne des femmes qui prédisaient l'avenir. Le mûrier possédait des propriétés remarquables. D'après la légende, Y-yin, conseiller de T'ang, était né dans un mûrier creux. A la cour de T'ao-mou, un mûrier sacré avait grandi aussi rapidement qu'un épi de blé. Les soixante-seize souverains d'États très éloignés, dont la soumission avait été annoncée par les devins, vinrent reconnaître l'autorité royale, et il a fallu recourir à de nombreux interprètes pour traduire leurs paroles en chinois. Wou-ting, qui rendit à la dynastie tout son éclat, rêva, une nuit, que le ciel lui envoyait un excellent ministre. Il fit reproduire par des peintres l'image du ministre qu'il avait vu en songe et ordonna de chercher dans tout

---

62 Cf. Che-King, *Soung*, V, III, 1.

l'empire l'homme qui ressemblait au portrait. C'est ainsi que l'on découvrit, parmi les ouvriers soumis aux corvées, Fou-yue, grâce auquel l'Empire connut une nouvelle période de prospérité. Le transfert, à l'est, de la capitale — sans doute pour la mettre à l'abri des incursions des voisins de l'ouest — sous le règne de P'an-keng[63] aurait même été un ordre du ciel dont l'inexécution pouvait avoir les conséquences les plus funestes. Tout cela indique à quel point l'idée religieuse était liée aux actes de la vie.

Outre les divinités lumineuses qui résidaient dans le ciel, il y avait des esprits ténébreux et chthoniques qu'on apaisait par le sacrifice d'une victime dont les chairs étaient incinérées dans une fosse. T'ang lui-même sacrifie un taureau noir au front duquel il attache une mèche de ses cheveux pour obtenir la fin d'une sécheresse qui durait depuis neuf années. Les sacrifices qui avaient lieu dans le bois sacré semblent revêtir, eux aussi, un caractère de plus en plus sombre. Yang, par exemple, fit couvrir le bois sacré des Hia pour l'abriter contre la lumière du ciel et probablement créer ainsi un milieu plus favorable aux sacrifices qui s'y accomplissaient. La menace que toute conjuration militaire entraînerait la mise à mort des contrevenants et de toute leur famille dans le bois sacré porte à croire que les sacrifices humains étaient assez fréquents dans ce lieu. L'empressement avec lequel Confucius a détourné la question qu'un de ses disciples lui posait à propos de l'effroi inspiré par le bois sacré sous les anciennes dynasties prouve qu'il en savait à ce sujet plus qu'il n'en voulait dire.

Un heureux hasard a fait mettre au jour dans les ruines de Yin, l'ancienne capitale, des os sur lesquels sont gravés des présages et qui avaient probablement été enfouis dans la terre, après la consultation de l'oracle. Cette découverte montre la manière

---

63 La nouvelle capitale reçut le nom de bonne augure Ying qui signifie zèle, activité. La dynastie prit, dès lors, ce même nom.

dont était obtenu un des oracles, celui de la divination par l'écaille de tortue: Après avoir poli l'écaille de tortue, on pratiquait sur sa face inférieure des incisions que l'on chauffait au moyen de tisons ardents. Il se formait alors sur la face supérieure des fissures dont le nombre et la forme constituaient l'oracle. Celui-ci était interprété d'après un code de divination, puis gravé en caractères sur des os que l'on enfouissait dans le sol. Concurremment à la divination par l'écaille de tortue (*pou*), on consultait l'achillée (*tchan*) en utilisant les 64 diagrammes du *Livre des Changements.* Sous les Yin, cet ouvrage n'était pas celui qui porte aujourd'hui ce titre et se composait uniquement des 64 hexagrammes dont chacun n'avait qu'un nom. Le premier hexagramme était *k'oun* ou principe réceptif, le second *K'ien* ou principe créateur. L'ordre dans lequel ils sont placés est — comme on l'a déjà vu — un reste de l'antique système matriarcal.

Un document qui met en relief le grand rôle que jouait l'oracle — ou, en d'autres termes, le sentiment religieux — dans le gouvernement, est la Grande Règle (*Houng-fan*) du *Livre des Annales.* Bien qu'elle prétende à une très haute antiquité, on peut dire que sous sa forme actuelle elle date à peu près sûrement de la fin de la dynastie des Yin. Ce document constitue un exposé complet de l'état de la civilisation de l'époque ; c'est pourquoi nous le citons en entier.

LA GRANDE RÈGLE

« La grande règle est composée de neuf articles. Le premier concerne les cinq agents naturels ; le second, l'accomplissement attentif des cinq actes ; le troisième, l'emploi diligent des huit parties de l'administration ; le quatrième, l'emploi des cinq régulateurs du temps pour fixer exactement les saisons ; le cinquième, l'acquisition et l'exercice de la haute perfection qui convient à la dignité impériale ; le sixième, l'acquisition et l'exercice des trois vertus ; le septième, l'usage intelligent des moyens de scruter les choses incertaines ; le huitième, la méditation et l'usage des moyens divers ; le neuvième, la promesse et l'usage des cinq bonheurs, la menace et l'usage des six malheurs extrêmes.

« Premièrement, les cinq agents naturels. Le premier est l'eau, le deuxième le feu, le troisième le bois, le quatrième le métal, le cinquième la terre. L'eau mouille et descend, le feu brûle et s'élève, le bois se laisse courber et redresser, le métal prend la forme qu'on lui donne, la terre reçoit la semence et donne les récoltes. L'eau mouille, descend et devient salée ; le feu brûle et prend une saveur amère ; le bois courbé et redressé prend une saveur acide ; le métal obéit, change de forme et prend une saveur âcre. La terre reçoit la semence, donne les récoltes et prend une saveur douce.

« Deuxièmement, les cinq actes. Le premier est la tenue extérieure, le deuxième la parole, le troisième le regard, le quatrième l'audition, le cinquième la réflexion. La tenue extérieure doit être composée, la parole conforme à la raison, le regard perspicace, l'oreille très attentive, l'esprit méditatif et pénétrant. Une tenue composée est respectueuse ; une parole conforme à la raison est bien réglée, un regard perspicace conduit à la prudence ; l'application à écouter est mère des bons conseils ; un esprit méditatif et pénétrant parvient à la plus haute sagesse.

« Troisièmement, les huit parties de l'administration. La première a pour objet les vivres, la deuxième les commodités de la vie, la troisième les sacrifices, la quatrième les travaux publics, la cinquième l'instruction du peuple, la sixième la procédure criminelle, la septième l'hospitalité, la huitième le service militaire.

« Quatrièmement, les cinq régulateurs du temps. Le premier est l'année, le deuxième le mois, le troisième le jour, le quatrième les douze signes du zodiaque et les autres étoiles, le cinquième le calcul des temps ou calendrier.

« Cinquièmement, la souveraine perfection. Prince, en donnant l'exemple de la plus haute perfection, vous obtiendrez les cinq bonheurs, et vous les ferez partager à vos nombreux sujets. Vos nombreux sujets imiteront votre sublime perfection et vous aideront à la conserver.

« Quand vos nombreux sujets ne formeront pas de cabales, ni vos hommes (les ministres) des conspirations, ce sera toujours l'effet de la souveraine perfection dont vous donnerez l'exemple.

« Toutes les fois que vos nombreux sujets délibéreront entre eux, tenteront quelque entreprise, se tiendront en garde (par crainte des châtiments), faites attention. S'il en est qui, sans pratiquer la vertu parfaite, s'abstiennent de mal faire, ne les rejetez pas. A ceux qui vous diront d'un cœur content et d'un air joyeux : « Ce que nous aimons, c'est la vertu », conférez des charges ; et ces hommes voudront imiter votre sublime vertu.[64]

« N'opprimez pas les faibles qui n'ont ni père ni enfants ; ne craignez pas ceux qui tiennent un rang élevé ou distingué.

« Chez les fonctionnaires qui ont du talent et gèrent bien les affaires, excitez le désir d'avancer toujours dans la vertu, et l'État sera florissant. Les hommes chargés de gouverner sont toujours vertueux, quand ils sont bien récompensés. Si vous ne savez pas faire en sorte qu'ils aiment votre maison,[65] ils commettront des crimes. Quant à ceux qui n'aiment pas la

---

[64] Ce précepte montre nettement que l'autorité du roi-prêtre était entièrement subordonnée à la bonne volonté des princes.

[65] Autre version : « leur foyer ».

vertu, vous aurez beau les combler de faveurs : vous ne ferez ainsi qu'encourager leurs vices.

« Rien d'incliné qui ne soit puni : pratiquons la vertu à l'exemple du roi. Nulle affection particulière et désordonnée : suivons les principes que le roi nous enseigne par son exemple. Aucune aversion particulière et déréglée : suivons la voie que le roi nous indique par son exemple. Rien d'incliné, point de parti ; la voie du roi est large et s'étend loin. Point de parti, rien d'incliné ; la voie du roi est unie et facile à parcourir. Ne tournons ni en arrière ni de côté ; la voie du roi est droite et mène directement au but. Avançons tous ensemble vers la sublime perfection dont le roi nous donne l'exemple ; arrivons tous ensemble à cette sublime perfection.

« L'exposition développée des vertus sublimes du roi est la règle des mœurs, l'enseignement le plus parfait, l'enseignement du roi du ciel lui-même.

« Quand le peuple entend l'exposition développée des sublimes vertus du roi et met en pratique cet enseignement, sa conduite approche de plus en plus de la vertu brillante du Fils du Ciel. Et il dit : « Le Fils du Ciel est le père et la mère du peuple ; il est vraiment le souverain de tout l'empire. »

« Sixièmement, les trois vertus. La première est l'équité, la deuxième la fermeté dans le gouvernement, la troisième la douceur dans le gouvernement. Il faut gouverner avec équité les hommes paisibles et tranquilles, avec fermeté ceux qui résistent et refusent d'obéir, avec douceur ceux qui sont souples et obéissants. Il faut gouverner avec fermeté ceux qui sont indolents et avec douceur ceux qui se distinguent par leurs talents et leurs bonnes dispositions.

« C'est au souverain seul qu'il appartient d'accorder les faveurs, d'appliquer les peines et d'avoir des mets de grand prix.[66] Aucun sujet ne doit accorder les faveurs, ni appliquer les châtiments, ni avoir des mets de grand prix. Si parmi vos sujets il en est qui accordent les faveurs, appliquent les châtiments, ont des mets de grand prix, ils seront nuisibles à vos domaines et funestes au royaume, par suite les hommes (les fonctionnaires) s'écarteront du devoir et se rendront coupables d'injustice ; le peuple violera la loi naturelle et commettra des excès.

« Septièmement, l'examen des choses douteuses : Il faut choisir et constituer des devins chargés d'interroger, les uns la tortue, les autres l'achillée, et leur ordonner de consulter la tortue et l'achillée.

« Les fissures produites sur la carapace de la tortue présentent les apparences de la pluie, d'un ciel qui redevient serein, d'un ciel couvert ou d'un ciel semé de nuages séparés ou d'un ciel dans lequel les nuages se croisent. (Les symboles formés par les brins d'achillée) sont la fermeté et le repentir. Les signes obtenus sont donc au nombre de sept : cinq sont donnés par la tortue et deux par l'achillée. Ils font connaître d'avance les erreurs qu'il faut éviter. Parmi les hommes constitués en devins pour consulter l'achillée et la tortue, trois interprètent les présages ; (s'ils sont en désaccord), on suit l'avis des deux qui expriment le même sentiment.

« Quand vous avez des doutes au sujet d'une affaire importante, délibérez en vous-même, délibérez avec vos ministres et vos

[66] Les commentaires ne sont pas d'accord au sujet de cette expression. Elle signifie, pour les uns, les revenus de l'État, pour les autres les mets impériaux qui étaient servis dans les sacrifices ou les repas en l'honneur des princes. L'usage de certains aliments est resté longtemps un privilège de classe.

fonctionnaires, consultez le peuple, faites consulter la tortue et l'achillée. Puis, si une entreprise est approuvée par vous-même, par la tortue, par l'achillée, par vos ministres et vos fonctionnaires, par le peuple, il y a unanimité (l'entreprise réussira). Vous serez vous-même heureux et puissant, et vos descendants jouiront de la prospérité. Si vous, la tortue et l'achillée, vous approuvez et que les ministres, les fonctionnaires et le peuple désapprouvent, l'entreprise réussira. Si le peuple, la tortue et l'achillée approuvent, et que vous, vos ministres et vos fonctionnaires, vous désapprouviez, l'entreprise sera heureuse. Lorsque vous et la tortue, vous approuvez, et que l'achillée, les ministres, les fonctionnaires et le peuple désapprouvent, s'il s'agit d'une affaire qui concerne l'intérieur du palais, elle réussira ; s'il s'agit d'une affaire extérieure, elle ne réussira pas. Quand la tortue et l'achillée sont toutes deux opposées au sentiment des hommes, il est bon de se tenir en repos ; l'action serait fatale.[67]

« Huitièmement, les différents effets (ou phénomènes qui sont toujours en rapport avec la conduite du roi et des fonctionnaires et font connaître si l'administration est bonne ou mauvaise). Ce sont la pluie, le beau temps, la chaleur, le froid et le vent, ainsi que les époques auxquelles ils surviennent. Lorsque les cinq choses arrivent en quantité suffisante, et chacune en son temps, toutes les plantes prospèrent. Si l'une d'elles est beaucoup trop abondante ou fait entièrement défaut, c'est une calamité.

« Il y a des effets heureux : la gravité (du roi) obtient en temps voulu la pluie, sa bonne administration la sérénité du ciel, sa prudence la chaleur, son application à réfléchir le froid, sa sagesse éminente le vent. Il y a aussi des effets malheureux : l'inconsidération (du roi) fait durer sans cesse la pluie, ses

[67] On voit ici l'influence profonde que la religion exerçait sur la politique.

erreurs la sérénité du ciel, son indolence la chaleur, sa précipitation le froid et sa stupidité le vent.

« Que le roi examine donc (ces cinq phénomènes) chaque année, les grands dignitaires chaque mois et les autres fonctionnaires chaque jour (pour savoir ce que leur administration a de bon et ce qu'elle a de mauvais).

« Si dans le cours de l'année, du mois ou de la journée, il n'y a pas eu d'intempérie, à ce signe on reconnaît que tous les grains ont mûri, que l'administration est intelligente, que les hommes de talent sont honorés, que les familles jouissent de la tranquillité et du bien-être.

« Si dans le courant de l'année, du jour ou du mois il y a eu intempérie, il est manifeste que les grains n'ont pas mûri, que l'administration est aveugle et peu intelligente, que les hommes de talent sont tenus dans l'ombre, que les familles ne jouissent pas de la tranquillité.

« Le peuple est comme les constellations de roi et les ministres sont comme le soleil et la lune). Certaines constellations aiment le vent, d'autres la pluie (mais elles ne peuvent obtenir par elles-mêmes ni le vent ni la pluie : le soleil et la lune ont soin de le leur donner). Le soleil et la lune accomplissent leurs révolutions, et ramènent l'hiver et l'été. La lune parcourt les constellations, et amène le vent et la pluie.[68] Aussi le roi et les ministres doivent-ils pourvoir aux besoins du peuple et satisfaire ses désirs légitimes.

« Neuvièmement, les cinq bonheurs. Le premier est la longévité, le deuxième l'opulence, le troisième la santé du corps et la paix de l'âme, le quatrième l'amour de la vertu, le cinquième une vie complète (c'est-à-dire avec la conservation

[68] Ce passage devait faire partie des régulateurs du temps.

de tous les membres, une vie qui n'est abrégée par aucune faute ni par aucun accident).

« Les six maux extrêmes sont : le premier une vie abrégée par quelque malheur, le deuxième la maladie, le troisième le chagrin, le quatrième la pauvreté, le cinquième la perversité, le sixième la faiblesse (de caractère). »

Le « Tribut de Yu » qui fait également partie du *Livre des Annales* donne aussi des détails intéressants relativement aux principes de gouvernement. Dans son état actuel, il se présente divisé en deux sections, dont la première décrit les moyens dont s'est servi le Grand Yu pour régulariser le cours des fleuves. Cette action est en réalité une géographie datant de la fin de la dynastie Yin et permettant de se faire une idée de l'étendue et de la constitution physique du domaine royal à cette époque. Importantes sont également les indications qu'elle donne sur les matières que les différentes contrées envoyaient comme impôts à la capitale, faisant ainsi connaître les produits qui étaient alors les plus appréciés.[69]

1. — La province du centre s'appelait Ki-tcheou (le pays situé entre les cours d'eau : Mésopotamie). La terre en est blanche et meuble. Les impôts sont fixés, à quelques exceptions près, au taux le plus élevé de la classe la plus élevée. Les champs correspondent au degré moyen de la classe intermédiaire. Les

---

[69] La première partie du Tribut de Yu que Richthofen a beaucoup étudiée se compose, comme Chavannes l'a démontré, de deux écrits qui ont été réunis en un seul. L'un était un aperçu géographique de la Chine ancienne comprenant la liste des impôts payés par chaque contrée et l'indication des chemins les plus courts qui menaient à la capitale. L'autre, qui a servi de cadre au premier, était le récit des travaux exécutés par Yu quand il a régularisé le régime des cours d'eau. Nous ne donnons que la traduction des parties géographique et économique.

barbares des îles[70] apportent (comme impôt) des vêtements garnis de fourrures ; (pour se rendre à la capitale du royaume) ils longent à droite la colline Kie-che et entrent dans le Fleuve (Jaune).

2. — Entre la Tsi et le Fleuve Jaune est la province de Yen. La terre y est noire et compacte. Les plantes sont luxuriantes et les arbres élevés. Les champs sont rangés dans la catégorie moyenne de la sixième classe. Le taux de l'impôt est en conséquence. C'est seulement après treize années de culture que ce taux est assimilé à celui des autres provinces. Le tribut consiste en soie, vernis et corbeilles pleines de tissus à fleurs. Les barques suivent la Tsi, la T'a et entrent dans le Fleuve (Jaune).

3. — Entre la mer et le T'ai-chan s'étend la province de Ts'ing. La terre est blanche et grasse. Près de la mer sont de vastes terrains salés. Les champs sont rangés dans la catégorie inférieure de la classe la plus élevée ; et le taux de l'impôt correspond au degré supérieur de la classe intermédiaire. On offre en tribut au roi du sel, de la fine toile de dolic, différents produits de la mer, ainsi que des pierres à polir, de la soie, du chanvre, du plomb et des sapins qui viennent des vallées du T'ai-chan. Les barbares de Lai font l'élevage du bétail ; dans leurs corbeilles ils offrent au souverain de la soie de montagne. Leurs barques suivent la Wen, entrent dans la Tsi (puis dans le Fleuve Jaune).

4. — Entre la mer, le T'ai-chan et la Houai se trouve la province de Siu. La terre est rouge, argileuse et compacte. Les plantes et les arbres s'y développent lentement. Les champs sont rangés dans la catégorie moyenne de la classe la plus

---

[70] Les « barbares des îles » sont les aborigènes des tribus Ti ou, barbares de l'est. (Le caractère chinois qui les désigne est formé de deux composants qui signifient, l'un *grand,* l'autre *arc.*)

élevée, et le taux de l'impôt correspond au degré moyen de la classe intermédiaire. On offre en tribut au roi de la terre de cinq couleurs, des plumes de faisan aux couleurs variées qui viennent des vallées voisines du mont Yu, des eleococca qui croissent au sud du mont Yi, des pierres musicales qui semblent flotter à la surface de l'eau sur les bords de la Seu, des perles et des poissons venus des bords de la Houai. Les habitants offrent au roi dans leurs corbeilles des étoffes de soie, les unes bleues, les autres blanches, les autres de couleurs mélangées. Leurs barques suivent le fleuve Houai ou le fleuve Seou, et entrent dans le Fleuve (Jaune).

5. — Entre la mer et le fleuve Houai s'étend la province de Yang-tchou. Le sol est humide et boueux. Les champs sont de la catégorie inférieure de la classe inférieure, le taux de l'impôt correspond au degré inférieur de la classe inférieure, sauf quelques exceptions. On offre en tribut au roi trois espèces de métaux, deux espèces de jade, des bambous, les uns gros, les autres minces, des dents (d'éléphant), du cuir,[71] des plumes, du poil, des arbres, et des vêtements venus des îles. On présente dans les corbeilles des tissus de soie à fleurs imitant les veines des coquillages précieux. Des oranges et des pamplemousses sont portées au roi dans des enveloppes, lorsqu'il requiert ce don. Les barques descendent le (Yang tse) kiang, longent la côte de la mer, entrent dans la Houai et la Se (remontent le Fleuve Jaune et vont à la capitale).

6. — Du mont King au sud du mont Heng s'étend la province de King. La terre est humide et boueuse, les champs cultivés appartiennent à la catégorie moyenne de la classe inférieure et les impôts correspondent au degré inférieur de la classe supérieure. On offre en tribut à l'empereur des plumes, du poil,

---

[71] Il s'agit probablement d'ivoire et de peaux de rhinocéros. Cela prouverait que ces animaux ont alors existé dans la région de Yang-Tse.

des dents d'éléphant, du cuir,[72] trois sortes de métaux, du bois de sumac pour faire des arcs, des cèdres, des cyprès, des pierres meulières, des pierres à aiguiser, des pierres pour faire des pointes de flèches, du cinabre. Les plus beaux bambous (pour faire des flèches) et les plus beaux bois (pour faire des arcs) sont offerts par les trois principautés. On offre une espèce de chiendent triangulaire enfermé dans des boîtes. Dans les corbeilles on offre des pièces de soie, les unes bleues et les autres rouges, et des perles irrégulières[73] enfilées ensemble. La contrée, arrosée par les neuf Kiang offre de grandes tortues quand le Roi requiert ce don. Les barques suivent le cours du Kiang, de la T'ouo, de la Tsien et de la Han, vont par terre jusqu'à la Lo, et arrivent à la partie méridionale du Fleuve Jaune.

7. — Entre le mont King et le Fleuve Jaune s'étend la province de Yu. La terre est généralement meuble ; dans les endroits bas elle est grasse et noire. Les champs cultivés sont de la catégorie supérieure de la classe moyenne ; le taux de l'impôt correspond au degré moyen de la classe supérieure. On offre en tribut au roi du vernis, du chanvre, de la fine toile de dolic, de la grosse toile de chanvre. Dans les corbeilles on lui présente des pièces de soie dont la chaîne est noire et la trame blanche et de la fine ouate de soie. Comme tribut extraordinaire, on lui offre des pierres pour polir les pierres musicales. Les barques descendent la Lo et entrent dans le Fleuve Jaune.

8. — La province de Liang, située au sud du mont Houa, s'étend jusqu'à la Rivière Noire. La terre est d'un noir verdâtre. Les champs cultivés sont de la catégorie supérieure de la classe inférieure. Le taux de l'impôt correspond au degré moyen de la classe inférieure et présente trois échelons. Les habitants

---

72 Probablement de l'ivoire et des peaux de rhinocéros.

73 « Perles baroques », c'est-à-dire perles qui ne sont.pas tout à fait rondes.

offrent en tribut au roi du jade pour faire des pierres de néphrite sonores,[74] du fer, de l'argent, de l'acier, des pierres pour faire des pointes de flèches ; des pierres musicales ordinaires, avec des peaux d'ours ordinaires, d'ours de grande taille, de renards et de chats sauvages, et des tissus faits avec le poil de ces animaux. Ils viennent du mont Si-k'ing en suivant le cours de la Houan, ils descendent la Tsien, vont par voie de terre jusqu'à la mer, entrent dans la Wei et traversent le Fleuve Jaune.

9. — Entre la Rivière Noire et la partie occidentale du Fleuve Jaune est la province de Young. La terre y est meuble et jaune. Les champs cultivés sont de la catégorie inférieure de la classe intermédiaire, et le taux de l'impôt correspond au degré intermédiaire de la classe inférieure, avec trois échelons. Les habitants offrent en tribut au roi deux sortes de jade et deux sortes de pierres de prix. Leurs barques voit du mont Tsi-cheu au mont Loung-men et à la partie occidentale du Fleuve Jaune, ou bien elles suivent la Wei et la Jou. Du mont K'oun-lun, du mont Si-tche, du mont K'iu-so viennent des étoffes et des fourrures (offertes en tribut). Les Young de l'ouest ont fait leur soumission.

La deuxième partie de l'ouvrage contient, dans sa première moitié, un aperçu géographique des travaux exécutés en vue de la régularisation des eaux et, dans la deuxième moitié, un tableau utopique du monde vu de l'Empire du Milieu.

On a l'impression générale que, avec le temps, une certaine organisation politique a remplacé le pouvoir exclusivement religieux qui existait auparavant. Il est évident que la densité de la population n'était pas uniforme dans tous les territoires qui reconnaissaient l'autorité du souverain central. Les contrées qui les entouraient, et principalement les régions montagneuses

---

74 A traduire probablement par « or fin ».

inaccessibles dont le feu n'avait pas encore fait des terrains cultivables, étaient encore occupées par des peuplades aborigènes, tandis que des nomades tenaient le nord-est. Tous les territoires colonisés par les Chinois avaient été mis en culture dès le début — car, ainsi que nous l'avons déjà dit, rien ne permet de penser qu'ils aient jamais mené la vie nomade et tout autorise à croire le contraire — et étaient reliés par des routes au domaine impérial. Les impôts étaient probablement fixés en tenant compte de la qualité du sol, de la densité de la population et des moyens de transport.

La nomenclature des produits de l'impôt que fournissait chaque région indique l'existence d'une économie sociale dont les besoins étaient déjà assez nombreux. Pour compléter le tableau, il faut ajouter qu'en même temps que l'existence d'une armée solidement constituée, dont les tributs servaient précisément à satisfaire les besoins, on constate celle d'une culture urbaine à ses débuts. Le transfert de la capitale dans une ville située plus à l'est, qui, d'après le *Livre des Annales,* eut lieu sous P'an-Keng, fut une entreprise longue et difficile; autrement on n'aurait pas été obligé d'user de tant d'arguments religieux et autres pour stimuler la population.

Depuis lors, la capitale a été souvent déplacée d'une ville à l'autre, et toujours de l'ouest à l'est. La plupart du temps, la dynastie épuisée cherchait ainsi à éviter l'invasion des peuplades de l'ouest. Le *Livre des Changements* raconte la conquête du Kouei-fang, pays des démons, par Wou-ting. Les habitants de ce pays étaient les ancêtres des Huns et des Tou-k'iue qui ont opprimé plus tard la Chine civilisée. Le puissant empereur qui est célébré dans deux des chants du *Livre des Vers* ne put cependant pas arrêter la chute de la dynastie.

A la capitale on vivait dans le luxe et le raffinement. Tcheou-sin, le dernier empereur de la dynastie, est connu dans l'histoire sous le nom de « tyran Tcheou ». Il vivait dans la débauche et exerçait les cruautés les plus abominables sur ses sujets, à l'instigation de sa concubine Tan-ki. Telle est du moins l'opinion officielle de la dynastie qui lui a succédé. Car, pour faire accepter à ses sujets et à la nation chinoise la rébellion d'un vassal contre son suzerain, il fallait que le nouveau souverain se présentât comme chargé d'appliquer au coupable le châtiment décrété par le ciel. La ressemblance frappante qui existe entre le portrait du tyran Kie de la dynastie des Hia et celui du tyran Tcheou de la dynastie des Yin prouve qu'on procédait de la même façon dans tous les cas semblables.

La vie désordonnée que les courtisans menaient autour du souverain, eut pour conséquence de lui aliéner le pays. Quoique l'autorité royale ne fût pas affaiblie et s'appuyât sur un grand nombre de parents et de serviteurs du souverain, l'éloignement des habitants fut la goutte qui fit déborder le vase. Il est également possible que la politique exagérément religieuse de la dynastie ait eu des effets opposés à ceux qu'on en attendait.

Tcheou-sin était, paraît-il, d'une force si extraordinaire qu'il terrassait une bête féroce d'un seul coup de poing. Il avait une intelligence vive qui lui permettait de réfuter tous les conseils à l'aide d'objections sophistiques. Mais il était haï pour sa cruauté, sa sensualité et son goût du luxe. Si l'on ajoute à cela que les peuplades de l'ouest ravageaient le pays et qu'il n'existait plus ni ordre social, ni ordre économique, on comprend que la chute imminente de la dynastie des Yin ait été annoncée par des signes effrayants dans le ciel et sur la terre.

CHAPITRE II

L'ÉPOQUE FÉODALE

L'arrivée au pouvoir de la dynastie des Tcheou vers l'an 1100 avant Jésus-Christ nous rapproche des temps historiques. Une ère nouvelle commence alors, qui sera véritablement l'époque classique de la civilisation chinoise, l'époque de l'épanouissement des lettres et de la beauté, et qui servira de modèle pendant des milliers d'années.

L'élévation de la dynastie a été la conséquence de diverses circonstances. Le pays des Tcheou était un État de colonisation semblable à la Saxe et à la Prusse dans l'histoire allemande. Une fois qu'ils se furent établis dans les régions reculées de l'ouest, les Tcheou étendirent leur domination sur les territoires voisins, qui étaient occupés par des peuplades plus ou moins étrangères, probablement d'origine turque.

Le mélange de races qui résulta de la conquête fut évidemment très avantageux pour la puissance et pour la civilisation des Tcheou, car il infusa aux Chinois un sang nouveau et leur donna des idées nouvelles. A ce moment, en effet, on voit nettement le patriarcat total entrer dans l'histoire de Chine, en même temps que le système féodal à un degré déjà très avancé. C'est là une conséquence de la prépondérance acquise par la civilisation urbaine qui se développe visiblement. Les villes étaient les centres d'où l'autorité se répandait sur les campagnes dans lesquelles dominait encore l'organisation tribale, associée à un communisme agraire primitif, corollaire de la famille patriarcale. Au point de vue social, il existait une séparation très nette entre la ville et la campagne. Dans les campagnes, on trouve une combinaison d'organisation tribale et de communauté rurale. Le bois sacré continue à être le centre spirituel de la société. La vie économique est partagée entre les travaux des champs (exécutés par les hommes) et la confection des vêtements, l'élevage des vers à soie, la culture et la préparation des différentes plantes textiles (par les femmes). Au-dessus des communautés rurales s'élèvent d'abord la ville provinciale où réside le seigneur, puis la ville du prince feudataire et enfin la capitale du grand roi d'où émane l'autorité suprême. L'organisation militaire correspondait à cette structure sociale. L'armée était uniquement composée de fantassins. Les feudataires combattaient sur des chars de guerre et étaient suivis de paysans armés à la légère. La cavalerie n'existait pas. Elle fut empruntée plus tard aux peuplades turques voisines. Les seigneurs et les chars de guerre, les rivalités des feudataires entre eux et leurs tendances à faire de leurs fiefs des principautés indépendantes qui ont caractérisé cette époque correspondent exactement aux périodes analogues des autres civilisations.

Mais ces analogies avec ce qu'on trouve dans d'autres civilisations, par exemple dans l'Europe germanique de l'époque féodale, ne doivent pas nous faire perdre de vue ce que l'époque des Tcheou présentait de spécifique et de caractéristique. Pour comprendre cette époque et la profonde influence qu'elle a exercée sur la civilisation chinoise, il est indispensable de tenir compte du fondateur de la dynastie et de la façon dont il a exercé son autorité. La dynastie précédente a été, pour ainsi dire, victime des lois mécaniques d'une époque de décadence. Elle possédait cependant des soutiens éprouvés. Tcheou-sin, le dernier souverain, était doué d'une intelligence remarquable. Mais son irresponsabilité, son goût des plaisirs et sa passion pour une femme d'une méchanceté sans limite le conduisirent à user de l'autorité royale pour des fins personnelles. Il s'aliéna de cette façon non seulement le peuple et les princes, mais encore ses ministres les meilleurs et les plus sûrs et se rendit indigne du titre de Fils du Ciel. Tout l'empire gémissait sous l'oppression d'un souverain pareil. On l'accusait de crimes et de cruautés sans nombre. En déconsidérant la dignité impériale, il mettait en péril la dynastie des Yin qui avait renversé les Hia au nom de la morale et de la religion. Si, pour conserver un État, il faut employer les moyens qui ont servi à le fonder, Tcheou-sin s'est condamné en foulant aux pieds les principes au nom desquels son ancêtre avait accédé au trône.

La dynastie des Tcheou contraste avec la précédente. C'est elle qui a donné à l'État la forme qui est restée pendant trois millénaires l'idéal de la Chine et de tout l'Orient. Son époque est l'aurore de la civilisation, le lever du soleil qui a si longtemps inondé de ses rayons l'horizon de l'Asie orientale.

Les Tcheou ne sont pas d'origine chinoise pure. Le philosophe Mong-tse qualifie de barbare de l'ouest le roi Wen qui a été le fondateur moral de leur puissance.

Qu'on ait créé une légende pour faire remonter les Tcheou aux anciens souverains de la Chine, il n'y a là rien qui doive nous étonner, mais, au point de vue historique, elle n'aurait aucune valeur. Leur véritable ancêtre est le duc Liou qui s'était fixé sur les confins du nord-ouest de la Chine au XVIIIe siècle avant Jésus-Christ. Sous la poussée des Hioung-yue (Hioung-nou), premiers ancêtres des Huns, les bandes des Tcheou durent pénétrer en territoire chinois (au XIVe siècle). La plaine que domine le Mont K'i (Fong-siang hien actuel) peut être considérée comme le berceau des Tcheou.

Les liens d'une entente et d'une fidélité mutuelles unissaient le roi et ses sujets. Le principe fondamental du système féodal, qui oblige le seigneur à prendre soin de ses vassaux et impose au vassal la fidélité envers son seigneur, fit dès le début la force de ces immigrants qui étaient alors peu cultivés.[75]

---

[75] Un des chants du *Livre des Odes* célèbre la princesse Kiang qui montait en croupe derrière son mari dans ses déplacements. Les femmes des premiers

La *Chronique sur bambous* révèle une continuité de vues dans les plans des Tcheou. Leur but était l'empire chinois, et ils pénètrent dans cette grande communauté civilisée. Nous les voyons soumettre les peuplades barbares et se créer un domaine considérablement puissant au milieu des tribus barbares soumises. Mais l'activité guerrière n'était pas leur principale activité. Avant et après eux, il s'est constitué dans l'Asie centrale beaucoup de royaumes, mais qui n'ont jamais contribué aux progrès de la civilisation de la Chine. Les souverains des Tcheou se sont toujours distingués par la bienveillance qu'ils témoignaient à leurs hommes d'armes et dont ils ne se sont pas départis à l'heure du succès. Ils mettaient en commun avec eux tout ce qu'ils possédaient et ils administraient le royaume de telle façon que chacun recevait ce qui lui était dû. Le plus connu d'entre eux, et le réel organisateur de la puissance des Tcheou, est le roi Wen.

Quand il n'était encore que Tch'ang, duc de Tcheou, c'est vers lui que revinrent tous les cœurs que le tyran Tcheou-sin de la dynastie des Chang s'était aliénés par sa cruauté et son égoïsme. Cependant, malgré sa puissance grandissante et l'emprisonnement auquel l'avait condamné l'ombrageux tyran, il resta d'une fidélité inébranlable à la maison légitime des Chang. Les deux tiers du royaume étaient placés sous son autorité et, cependant, quand les princes voisins venaient lui rendre hommage, il les conduisait à la cour du grand roi.

De l'action combinée de tous ces facteurs résulta une situation qui eut une longue durée. D'une part, la politique des Tcheou leur faisait une nécessité d'organiser leur propre territoire et d'en faire un État très puissant, et d'autre part, ils étaient tenus à l'obéissance envers le souverain légitime. Weng fut nomme Gouverneur des Marches de l'ouest par l'empereur Tcheou-sin

---

souverains Tcheou — à la différence de Tan-ki qui causa la ruine de son mari Tcheou-sin — ont toutes joué un rôle bienfaisant.

qui se complaisait de plus en plus dans l'orgie en compagnie de Tan-ki, son mauvais génie, et il reçut délégation royale pour entreprendre des guerres et des expéditions primitives. Il détenait ainsi, *de facto,* la puissance suprême dans le royaume.

Il divisa le territoire des Tcheou en deux parties : celle de l'ouest fut appelée Chao, celle de l'est Tcheou. L'une se trouvait pour ainsi dire hors du territoire de la Chine proprement dite, et l'autre était comprise dans les États feudataires chinois. Toutes deux se trouvaient vis-à-vis du souverain de la Chine dans la même situation que plus tard le margraviat de Prusse-Brandebourg vis-à-vis du Saint-Empire Romain.

Les Tcheou ont doté des institutions les plus modernes la Chine de leur époque. Car, en introduisant dans le pays le régime patriarcal pur qui répondait aux tendances de l'époque, ils apportaient un élément de civilisation moderne. Les sombres restes chthoniqucs de l'ancienne religion furent peu à peu refoulés à l'arrière-plan de la vie sociale. Le Dieu Suprême siégea au plus haut du ciel d'où il observait les hommes, récompensait les bons et punissait les méchants. Son représentant sur la terre était le Fils du Ciel, qui méritait particulièrement ce nom, puisque les ancêtres de sa famille étaient associés dans les sacrifices au Souverain Suprême, vivaient auprès de lui et conversaient avec lui. La vie acquit ainsi un caractère plus clair, plus rationnel. Seules la morale et la musique émeuvent le cœur de l'homme et celui-ci ne craint plus les châtiments de ce monde ou de l'au-delà auxquels il se résignait jadis. Cet état d'esprit lucide et éloigné de toute superstition est caractéristique de l'époque des Tcheou. La religion des « nobles » avait évidemment pour base un fond obscur, tout comme dans Homère la sérénité apollinienne qui, sortie des régions infernales, se manifestait dans le monde éclairé par le soleil, sans pour cela avoir perdu tout lien avec le royaume des ombres. Tant que la religion conserva cette forme morale, bienveillante et claire, la vie des nobles fut libre et harmonieuse, aussi longtemps du moins qu'elle fut acceptée naïvement, sans être troublée par des questions relatives à la destinée humaine et à d'autres problèmes.

Cette vie des nobles était la vie courtisane. Les Tcheou cessèrent d'assez bonne heure de monter à cheval, comme ils avaient coutume de le faire autrefois dans leurs déplacements. Ils avaient constitué, avant même leur accession au trône, une forte armée composée de chars de combat soutenus par des troupes légères, probablement fournies par les peuplades étrangères. On constate, au moment où s'accroît leur puissance territoriale, que leur grande préoccupation est la construction de villes fortifiées. Peu à peu les coutumes sociales se raffinent, la vie de cour et la vie urbaine contrastent complètement avec l'existence du peuple des campagnes. Les nobles qui entouraient le suzerain lui étaient personnellement attachés. Régis par un code spécial, ils n'étaient pas soumis aux lois pénales. Quand l'un d'eux était reconnu coupable d'un crime, passible de la peine de mort, il ne passait pas en jugement, mais la coutume exigeait qu'on lui fournît l'occasion de se donner lui-même la mort. Le code de la noblesse ne s'appliquait pas à l'homme du peuple. Quand celui-ci avait commis une faute il tombait sous le coup des lois pénales. Il semble donc que les classes supérieures aient bénéficié d'un traitement privilégié. Il en fut ainsi, d'ailleurs, au déclin de cette civilisation. Mais, à l'apogée de celle-ci, la coutume faisait loi surtout quand le souverain veillait à son observation. Ce qui a fait la grandeur des premiers empereurs de la dynastie des Tcheou, c'est qu'ils n'ont pas seulement donné le bon exemple au peuple (comme nous dirions aujourd'hui) mais ont porté la responsabilité de leurs principes et en ont été les représentants inspirés.

Ainsi que nous l'avons dit, l'époque des Tcheou marque l'apogée du développement du patriarcalisme : non seulement le culte des ancêtres a été directement incorporé au culte du ciel, mais aussi (chose qui ne s'est jamais vue auparavant) la succession au trône a été réglée selon le principe de la descendance en ligne directe. Sous les Chang, il était encore admis que les frères succédassent les uns aux autres, avant que la génération suivante arrivât au pouvoir. Cette méthode donnait lieu naturellement à des contestations sans nombre. Les Tcheou posèrent comme règle inviolable, qui a été religieusement observée au cours des siècles — à part quelques exceptions — que le fils devait succéder au père. Une occasion d'appliquer la loi se présenta peu après. L'empereur Wou, fils de l'empereur Wen qui avait pris les armes pour arracher le royaume au tyran Tcheou-sin, était très âgé quand il monta sur le trône et, à sa mort, laissa un tout jeune enfant. Il avait confié la tutelle de son fils à son jeune frère, Tan duc de Tcheou, une des personnalités les plus considérables de l'histoire de la Chine. Déjà du vivant de l'empereur Wen, son père, il avait pris une grande part à l'organisation des territoires nouvellement conquis et occupé une position très en vue. Il lui aurait été facile, à la mort de son frère, d'usurper le pouvoir et d'évincer son jeune neveu. Au lieu d'agir ainsi, il expédiait les affaires du royaume en régent modeste, portait dans ses bras le petit empereur qu'il éduquait en même temps que son fils Pai-k'in et laissait sa famille confinée dans la petite principauté de Lou. Il ne se départit pas de cette attitude quand deux de ses frères, aidés d'un descendant de la dynastie déchue, fomentèrent une révolte. Le duc de Tcheou est toujours resté au-dessus de tout soupçon et son renoncement a ajouté au prestige moral de la dynastie.

Cette force morale, qui faisait depuis longtemps de la vie familiale un modèle de pureté et d'affection, a exercé une influence magique. Dans certaines civilisations patriarcales, le père de famille possède quelquefois un pouvoir absolu et les femmes remplissent vis-à-vis de lui le rôle d'esclaves. Sous les Tcheou il n'en était pas de même. Les membres de la famille, tout en reconnaissant l'autorité du chef de famille, avaient entre eux des relations qui reposaient essentiellement sur l'affection mutuelle. Celle-ci était garantie par une organisation harmonieuse de la vie de famille qui fixait à chacun des membres la place qu'il devait occuper. Le mari et la femme étaient chargés d'élever les enfants, c'est-à-dire que le premier représentait la famille au dehors et la seconde exerçait une autorité bien définie dans la maison. Le mariage était théoriquement monogamique. La mère de famille était l'auxiliaire du père et, seule, pouvait accomplir les rites sacrés qui lui étaient réservés dans les sacrifices aux ancêtres. L'exogamie était la règle et, aujourd'hui encore, il est formellement interdit à des personnes portant le même nom de famille de contracter mariage. Ce n'est pas qu'on voyait dans l'exogamie un principe essentiellement eugénique, puisqu'il était loisible à deux personnes de noms de famille différents de se marier, même quand elles étaient très proches parentes. Il semble plutôt que les filles aient été de très bonne heure destinées à entrer dans une autre famille que la leur. A leur naissance, elles n'étaient pas présentées à leurs ancêtres, car on voulait les soustraire à l'influence magique de la collectivité familiale. Par contre, au moment du mariage qui a lieu dans la maison du futur époux, la fille est présentée en grande cérémonie aux ancêtres de la famille où elle va entrer. La jeune femme a l'obligation morale de se consacrer entièrement à la nouvelle famille dont désormais elle fait légalement partie et d'oublier les liens du sang qui l'unissent à ses parents. Cette transformation importante s'est accomplie peu à peu dans la famille et, comme il s'agissait d'une coutume nouvelle, on lui a donné une raison religieuse. Dans la « grande famille » de l'époque des Tcheou la communauté familiale créée par le mariage n'avait aucune signification particulière. Elle n'était qu'un des éléments de la chaîne familiale. Les familles concluaient le mariage et la jeune femme était tenue envers ses beaux-parents à peu près aux mêmes obligations morales qu'envers son mari.

Nous avons dit qu'à l'époque des Tcheou, le mariage était théoriquement monogame. Il l'est resté dans le peuple jusqu'à présent. Par contre, les classes dirigeantes ont donné au mot monogamie un sens plus large. Le mariage étant une affaire de famille, on jugeait bon que la fiancée ne se rendît pas seule dans la nouvelle famille et qu'elle emmenât avec elle ses jeunes sœurs et ses servantes. Le nombre des femmes qui accompagnaient la jeune femme dépendait du rang que l'époux occupait. En outre, si la femme n'avait pas d'enfant après un certain temps, elle pouvait procurer des concubines à son mari pour que la race ne s'éteignît pas. Car le plus grave manquement envers la famille était de ne pas laisser de descendants mâles pour perpétuer la race et rendre aux ancêtres le culte qui établissait le contact entre ces derniers et les vivants. Le principe de la monogamie n'en subsista pas moins, car tous les enfants étaient légitimes et respectaient d'abord, comme mère, la femme principale de leur père.

Tant que régnèrent les bonnes mœurs des anciens temps, la réunion de plusieurs membres d'une famille sous le même toit empêcha les grands de songer à créer des harems. La littérature chinoise loue les princesses des Tcheou qui, dans leur sollicitude désintéressée pour leur mari, ont vécu en harmonie complète avec les sœurs qu'elles avaient amenées. Cela leur était facilité dans une certaine mesure par la séparation des appartements qui sont, ceux des femmes, situés dans les cours intérieures et, ceux des hommes, constitués par les pièces d'entrée de la maison.

Comme le mari et la femme prenaient une part égale à l'éducation des enfants, le père et le fils étaient unis par l'affection paternelle d'un côté et le respect filial de l'autre. Évidemment les sentiments naturels étaient ici également embellis par la coutume, sans être déformés, toutefois, par un zèle pédagogique maladroit. Le principe était toujours que l'éducation ne se réduit pas à inculquer un certain nombre de règles, mais que l'influence du chef de famille crée dans la famille une atmosphère à laquelle tous les membres s'adaptent par la force de l'habitude.

En outre, les frères aînés devaient faire preuve de bienveillance et de sollicitude et les frères plus jeunes de subordination. Dans la « grande famille », un des frères devenait inévitablement un jour le chef et il ne pouvait exercer sa fonction dans l'intérêt général que si son autorité était reconnue par tous les membres. La concorde entre frères dont il est question ici repose sur un sentiment naturel, qui est cependant contraire à certaines tendances humaines et paraît avoir été consacré par la coutume et la morale. Les frères de la « grande famille » étaient unis, parce qu'ils descendaient du même père, et c'était pour eux un devoir sacré de maintenir ces liens de famille, malgré les discussions d'intérêts et les jalousies que pouvaient provoquer les femmes que les frères avaient prises dans d'autres familles. Dans ces cas, les liens du sang étaient plus forts que ceux du mariage.

De la famille à la communauté nationale il n'y a qu'un pas. On voit que le principe fondamental de la famille patriarcale est plus abstrait que le matriarcat lié à la terre et dont les relations (mère et enfant, femme et propriété) sont fondées sur des réalités immédiates. La paternité est une question de confiance et tous les devoirs imposés aux membres de la famille paternelle tendent, d'une part, à entretenir les sentiments naturels d'attachement qui unissent les parents et, d'autre part, à leur imprimer, par la force magique d'une morale librement créée, le caractère d'une obligation plus élevée, ayant une valeur religieuse.

Il était naturel que le souverain et ses sujets fussent soumis aux mêmes obligations mutuelles que le père et le fils. Le prince devait protéger ses sujets et subvenir à leurs besoins en bon père de famille et les sujets étaient tenus vis-à-vis du prince à une fidélité aussi stricte que la piété filiale.

Il existe une cinquième relation sociale, encore plus abstraite et imposant une obligation morale plus haute. Elle concerne les rapports entre amis. Il se peut que ces rapports aient eu pour origine les anciennes associations d'hommes. Le tir à l'arc et les beuveries des fêtes de district, la remise du bonnet viril au jeune homme arrivé à l'âge adulte et les danses masquées ayant pour but de chasser les esprits malfaisants — qui se sont transformées peu à peu en mascarades — sont des restes très nets de ces temps anciens. En outre, l'amitié a créé des relations humaines qui ne dépendent que d'un libre choix, et, par suite, permettent à l'individu de compléter très heureusement les autres relations sociales qui reposent sur des liens naturels.

Ce qui n'a pas peu contribué à conférer aux Tcheou la puissante influence qu'ils ont exercée, ç'a été leur union étroite avec les différentes classes du peuple. Lorsque le roi Wou eut vaincu le tyran Tcheou-sin, il eut l'habileté de maintenir certaines mesures administratives et de se contenter de modifier les autres. La libéralité dont il fit preuve à l'occasion de la répartition des fiefs montra qu'il était le suzerain détenteur de la toute-puissance légale. A ce propos, il est dit dans le chapitre sur la Musique de Wou du *Kia yu*[76] :

« N'avez-vous pas entendu les paroles du champ des saules ?[77] Après avoir défait les Yin (Chang) et rétabli le bon gouvernement des anciens temps, le roi Wou, avant de descendre de son char, nomma les descendants de Houang-ti au fief de Ki, ceux de Choun au fief de Tch'en. Descendu de son char, il nomma les descendants des Hia au fief de Ki[78] et ceux des Yin au fief de Soung. Il fit élever un tertre sur la tombe du prince Pi-kan et rendit la liberté au comte Ki. Il fit venir le maître des cérémonies Chang-yang et le rétablit dans son ancienne charge. Il allégea les corvées auxquelles le peuple était tenu.

---

[76] Cf. *Kia-yu*, chap. p. xxxv, 3 Le passage figure également dans le *Li-Ki*.

[77] Mou-ye, prairie de l'ancienne capitale des Chang, qui fut le théâtre de la bataille décisive entre l'empereur Wou et le tyran Tcheou-sin.

[78] Les deux territoires désignés par le mot Ki sont différents. Ils sont désignés en chinois par des signes différents, mais ayant la même prononciation.

« Il revint dans l'ouest, son pays natal. Quand il eut passé le Fleuve Jaune, il rendit la liberté aux chevaux de guerre au sud de Houa-chan et lâcha les bœufs dans les prairies de la forêt des Pêchers. Jamais ces animaux ne devaient plus être attelés. Les chars et les armures furent badigeonnés avec du sang de bœuf et replacés dans les arsenaux, pour bien montrer qu'ils ne serviraient plus. Les boucliers et les épieux furent retournés, enveloppés de peaux de tigre et mis de côté. Il fit de ses chefs d'armée et de ses généraux des princes feudataires et leur ordonna de transformer les arcs et les flèches en ustensiles de ménage.

« Le monde comprit alors que le roi Wou ne recourrait plus aux armes. Les armées furent licenciées et le tir à l'arc fut organisé dans les pacages. Il s'effectuait dans l'est aux sons de la mélodie de la Tête du chat sauvage, dans l'ouest aux accompagnements de la chanson du Ki-lin, et les concours de tirs militaires au cours desquels on cherchait à placer les flèches dans les cibles de cuir furent supprimés. On porta les vêtements de cour et le bonnet de cérémonie, la large ceinture et la tablette d'audience. Les guerriers doués de la force du tigre déposèrent leurs armes. Lors du sacrifice au dieu des moissons, l'empereur associa son ancêtre Heou-tsi au Souverain Suprême et le peuple comprit ce qu'était la piété filiale. Il tint audience, fit des tournées d'inspection, et les princes connurent celui qu'ils devaient servir. Il laboura le champ qui produit les grains employés dans les offrandes, et le peuple connut ses parents. Par ces six actes il donna au monde les leçons les plus importantes. Il offrit un festin aux trois classes de vieillards et aux cinq classes d'hommes d'expérience dans la grande salle de l'Instruction. Le Fils du Ciel, la poitrine découverte, y mania luimême le couteau du sacrifice. Il leur présenta la liqueur et la leur servit ; puis, il tint le bassin, pendant qu'ils se rinçaient la bouche après le repas. Coiffé du bonnet royal et tenant le bouclier, il se mêla aux danseurs qui jouaient en leur honneur. Les feudataires furent tenus ainsi dans une fraternelle subordination.

« C'est ainsi que les institutions des Tcheou se sont répandues partout et que les mœurs et la musique ont agi l'une sur l'autre. Il est tout naturel que la musique de Wou ait été si longtemps appréciée.

Il est visible que le royaume avait été réorganisé. Jusqu'alors le pouvoir central avait été très mal défini et son autorité morale était celle que les feudataires lui reconnaissaient volontairement. En distribuant eux-mêmes les fiefs, les Tcheou, malgré ou, plutôt par leur libéralité, ont montré qu'ils étaient la puissance souveraine. En procédant comme il l'ont fait, ils ont suivi trois principes. Les anciennes dynasties légitimes ont été confirmées dans leurs droits, et leurs descendants ont reçu en fiefs des territoires déterminés. De cette façon, ils ont été attirés dans la civilisation de la nouvelle maison régnante et celle-ci, d'un autre côté, s'est trouvée protégée contre les revendications au trône que ces familles auraient pu présenter. Leur situation de feudataires ne comportait-elle pas pour elles l'obligation de rester fidèles au trône ? La dynastie ne se borna pas à reconnaître les droits légitimes des descendants des anciennes familles. Elle donna les territoires les plus importants en fief à ses parents et aux vassaux les plus méritants. Cette égalité de traitement accordée à la parenté et au mérite a valu à la dynastie son plus ferme soutien, du moins tant que le détenteur du pouvoir central a été au point de vue moral le premier homme de l'empire.

Tout le système reposait sur un cérémonial, remarquablement ordonné. Si les princes feudataires étaient vassaux du grand roi, celui-ci avait au-dessus de lui le Souverain-d'en-haut qu'il vénérait en sa qualité de Fils du Ciel. Le Fils du Ciel avait le visage tourné vers le sud quand il recevait les princes à titre d'hôtes. C'est seulement pendant la mystérieuse cérémonie du sacrifice au Souverain-d'en-haut qu'il se tournait vers le nord, signifiant par là que toutes choses terrestres dépendent du maître du cosmos. Ce sacrifice, qui avait lieu dans la banlieue sud de la capitale, exprimait non seulement la communion des hommes et du ciel, mais aussi l'union des hommes entre eux. La participation au sacrifice était établie d'après des règles fixes. Il s'adressait aux esprits du ciel et de la terre, à ceux de la nature et à ceux des ancêtres et constituait le fondement religieux de l'union qui existait entre tous les sujets du roi. Cette grande cérémonie était la base de tout l'ordre moral, et rien d'étonnant que Confucius ait dit plus tard que lorsqu'on a saisi la haute signification morale de ce grand sacrifice, on comprend l'ordre du monde aussi bien que si on le voyait sur la paume de la main.

Le sacrifice au ciel était, pour ainsi dire, le noyau métaphysique de la civilisation des Tcheou. La musique s'y alliait à la morale. Les pantomimes sacrées, accompagnées par une musique appropriée, symbolisaient les relations qui existent entre les puissances cosmiques et la vie humaine. Les personnes qui participaient au sacrifice et les rites qu'elles observaient, l'invocation, l'offrande, la procession, tout cela avait une signification surnaturelle et indiquait que le monde invisible entrait en contact effectif avec le monde terrestre dans ce lieu sanctifié. Le sacrifice au Souverain-d'en-haut et celui aux ancêtres de la dynastie que le roi Wen lui avait associés — innovation qui fut la sanction suprême du système patriarcal — était le plus important parmi beaucoup d'autres. Dans cette cérémonie, le rôle de grand-prêtre était réservé au roi qui seul était qualifié pour le tenir avec la magnificence due à la majesté du Souverain-d'en-haut. Pour les seigneurs feudataires et les nobles également, le sacrifice était l'acte métaphysique qui manifestait leur puissance. Chaque État feudataire offrait des sacrifices à ses dieux particuliers. Chaque prince devait sacrifier aux montagnes et aux cours d'eau de son pays. Le sacrifice était un droit et un devoir pour tous, jusqu'à l'homme du peuple qui honorait uniquement ses ancêtres. Le culte des ancêtres était, lui aussi, réglementé. Le roi possédait sept temples ancestraux, un duc cinq, un marquis trois, un ministre un, et l'homme du peuple vénérait ses ancêtres dans sa maison. Les ancêtres étaient rangés par générations. La tablette du premier ancêtre se trouvait dans le temple le plus éloigné et les tablettes des suivants étaient alternativement réparties dans les temples orientés au sud et les temples orientés au nord. Quand les temples des ancêtres les plus anciens étaient complets, la tablette du premier roi qui mourait prenait la place de celle de l'ancêtre qui suivait immédiatement le premier ancêtre. L'esprit de l'ancêtre dont le nom était ainsi supprimé retournait dans le milieu des génies familiers et n'exerçait plus aucune influence personnelle. Les représentants des générations suivantes étaient répartis de la même façon, alternativement dans les temples de droite et les temples de gauche. Toutefois, quand un souverain avait acquis des mérites éclatants, son nom (*tsoung*) et celui de son premier ancêtre (*tsou*) étaient conservés et vénérés pendant toute la durée de la dynastie. Les offrandes ou les sacrifices rituels, comme le nombre des générations auxquelles on rendait un culte, dépendaient du rang occupé par le représentant vivant de la famille. Le roi seul avait le droit de rendre à ses ancêtres un culte royal. Un prince descendant de roi honorait ses ancêtres dans la forme prescrite pour son rang. De cette époque date la coutume d'ensevelir le défunt suivant les rites auxquels il a droit et de lui faire les offrandes qui correspondent au rang occupé par ses descendants. De cette façon les ancêtres participent automatiquement à toute promotion de leurs descendants.

Nous dirons encore quelques mots des cérémonies funèbres. Les rites étaient des actes sacramentels que l'homme accomplissait durant toute sa vie. Depuis la naissance, qui était entourée de coutumes variées, en passant par l'adolescence où le jeune homme coiffait le bonnet viril, tandis que les jeunes filles rassemblaient leurs cheveux en chignon pour la première fois, et jusqu'au mariage qui était célébré par des réjouissances et des festins, toutes les époques de la vie étaient réglées par des rites. Les hommes se rencontraient au tir à l'arc et aux beuveries des fêtes communales. Les anciens étaient fêtés aux repas que leur offrait la communauté. Les rites fixaient la façon de recevoir et traiter les hôtes et les époques des visites et des échanges de cadeaux. La guerre même comportait des cérémonies et des usages particuliers qui lui donnaient une signification métaphysique. Les rites ne prenaient pas fin à la mort. Le départ du défunt, le rappel de son âme qui a lieu sur le toit de la maison,[79] l'habillement et l'ensevelissement du corps, le jeûne et les lamentations, le viatique du mort et, enfin, au jour faste choisi, l'enterrement où les divers degrés de la douleur se manifestent dans les vêtements, les attitudes et les paroles, tous ces usages étaient d'origine très ancienne.

Il est difficile de dire quelles étaient les coutumes observées à l'égard des morts sous la dynastie des Tcheou, parce que l'école confucienne leur a attribué une grande importance et les a développées en conséquence. Il faut admettre que dans l'antiquité elles étaient très simples et indiquaient d'une manière générale les dispositions à prendre en cas de décès.

Tous les détails qui figurent dans les descriptions de cérémonies sont le fruit du travail minutieux auquel l'école confucienne s'est livrée pendant près de mille ans. On constate, par exemple, que la coutume qui obligeait le fils à porter pendant trois ans le deuil de son père et a servi de base à tout le rituel, était inconnue alors à la cour des princes, entre autres à celle de T'oung.[80] Autant que l'on puisse en juger, les cérémonies étaient, en général, très simples et ne comportaient pas de sacrifices humains à la mort du souverain, comme la coutume

---

[79] Les Chinois n'avaient pas une conception erronée de la mort, comme Conradi semble le croire (*Ullsteins Weltgeschichte*, p. 496). L'expérience a montré de bonne heure à l'homme que les morts ne reviennent pas. Quand ils apparaissaient, leur mort apparente était néfaste et on les chassait. Ici, le rappel de l'âme était plutôt une coutume religieuse qui avait pour but de témoigner au défunt les regrets qu'il laissait.

[80] Cf. Mong-Tse, liv. III, chap. II, où sont exposées les difficultés que Mong-tse rencontra dans le pays de T'oung lorsqu'il voulut y introduire cette coutume. Confucius s'est heurté à une opposition semblable dans la principauté de Ts'i.

s'en est établie plus tard dans le royaume de T'sin. Les tombes étaient également modestes. L'important était d'éprouver des sentiments sincères. Les mœurs patriarcales, telles que les dépeint le *Livre des Odes,* témoignent d'une certaine indépendance et d'une certaine franchise. Penser aux morts portait bonheur. On se souvenait d'eux et, pour perpétuer leur souvenir,[81] on entourait de soins un arbre sous lequel ils s'étaient assis. Tout cela procédait de l'idée que les morts ne devaient pas peser sur la vie. Dans les sacrifices offerts en leur honneur ils participaient au repas — l'aïeul était représenté par le petit-fils et s'associait à la joie de la famille.

L'union volontaire des vivants et des morts, qui faisait de la famille une entité dont la piété du petit-fils et la protection de l'aïeul assuraient la pérennité, a été certainement apportée par les Tcheou. Elle s'est naturellement répandue de plus en plus dans la noblesse.

Mais de même qu'en Grèce où, à côté de la claire et radieuse conception du monde des héros d'Homère, la crainte superstitieuse des esprits obscurs hantait le peuple, on voit persister ici, à côté des coutumes patriarcales qui voyaient dans les morts des esprits de lumière procurant prospérité et bonheur à leurs descendants, la sombre appréhension de la décomposition du corps, spectre de tous les temps. C'est la raison des contrastes particuliers que l'on constate encore aujourd'hui dans les coutumes relatives à la mort. Il est des esprits bienveillants que l'on regrette, que l'on cherche à faire revivre en soi par une méditation de trois ans, de sorte que le fils fait sienne la volonté de son père défunt et en arrive presque à voir celui-ci comme s'il était en chair et en os. Par contre, certains usages ont pour but d'écarter les morts, de les empêcher de revenir sous forme de spectres, de les intimider ou de les effrayer, afin qu'ils ne tourmentent pas les vivants. On a

[81] Cf. Che-King, *Chao-nan,* 1, 2, 5.

cherché plus tard à concilier ces idées différentes en admettant la présence de plusieurs âmes dans l'homme : l'âme spirituelle, subtile, qui monte au ciel et répand, à titre d'esprit divin, ses bénédictions sur le descendant qui fait les offrandes ; l'âme matérielle, grossière, dépourvue de conscience, qui adhère à la terre et qui, réveillée par des forces mauvaises, prend la forme de fantômes ou de démons pour tourmenter les hommes. Cette explication est naturellement beaucoup plus récente. A l'origine, les coutumes et les idées étaient si voisines qu'il n'était pas besoin de les concilier ; elles différaient, tout au plus, peut-être, suivant les classes de la population qui les observaient. Nous ajouterons ici par anticipation que l'on doit au bouddhisme l'idée que l'âme malheureuse supporte beaucoup de tourments dans l'autre monde et que seules les prières et les bonnes œuvres des vivants peuvent la sauver des flammes du purgatoire. Cette manière de voir fut, à son tour, incorporée dans le culte des morts qui devint ainsi une formation fort complexe.

Pour bien comprendre les effets considérables que la dynastie des Tcheou a produits sur la civilisation des époques suivantes, il est indispensable d'examiner les rapports qui existaient entre le souverain et le peuple. Les rois des Tcheou ont trouvé le chemin qui conduit à l'âme du peuple. Ils ont su pourvoir aux besoins les plus profonds de leurs sujets et mériter la reconnaissance de ceux-ci. Leur bienveillance, qui contrastait si profondément avec la rigueur des dynasties précédentes, se manifestait non seulement dans une application plus humaine des lois pénales, mais aussi et surtout dans le soin constant qu'ils prenaient de leurs sujets. Le souverain était le père d'une grande famille constituée par le peuple tout entier. Ou retrouve ici, moins comme système que comme idéal, les idées communistes fondamentales de la société chinoise. Beaucoup de chants du *Livre des Odes* révèlent les rapports familiers qui existaient entre le souverain et ses sujets. Les hommes accouraient en hâte quand il y avait un château à édifier, un parc à organiser ou tout autre travail à exécuter à la capitale, car parcs et châteaux n'étaient jamais propriété privée. Un récit pittoresque de Mong-tse montre que le roi Wen savait partager ses plaisirs avec ses sujets.[82]

Il en était de même pour les autres corvées auxquelles le peuple était tenu. Le roi veillait à ce que le temps réservé aux travaux du peuple ne fût pas employé autrement. On peut douter que la répartition des terres d'après le système dit du puits qui consistait à diviser un carré de 300 *meou* de côté en neuf carrés égaux de 100 *meou* de côté — le carré central contenant le puits, le village et les terres domaniales et chacun des huit autres carrés étant attribué à une famille — ait été toujours faite comme l'indique le Rituel de la dynastie des Tcheou.[83] Cette organisation était probablement utopique. Il est toutefois certain que les paysans n'étaient pas propriétaires du terrain et qu'ils devaient verser le dixième des produits du sol, non pas à titre d'impôt, mais comme participation aux travaux dûs à la communauté. Ils conservaient ce qui était strictement nécessaire à l'entretien d'une famille de paysans. C'est pourquoi le taux de l'impôt a pu être augmenté ultérieurement, non sous la forme de versements plus élevés, mais par l'application d'une méthode nouvelle d'appréciation des besoins d'une famille de paysans. En théorie, le produit net appartenait toujours à la communauté, c'est-à-dire au prince qui en était le représentant. Mais la famille des Tcheou a dû précisément sa popularité à la libéralité avec laquelle elle a fait profiter les autres de ses bénéfices. Dans les réquisitions qu'elle demandait au peuple elle a fait preuve de la même générosité que dans l'attribution des fiefs aux princes. Cela tient en grande partie à ce qu'elle était

[82] Cf. Mong-tse, liv. I, chap. II, où la bienveillance impériale contraste d'une façon frappante avec les lois policières de ce qui fut plus tard l'État militaire. On y voit la différence entre deux périodes de civilisation : la période patriarcale et féodale et la période de transition entre celle-ci et le despotisme absolu.

[83] Cf. p. 159.

absolument opposée à la guerre. Rien ne rassura autant les populations que le désarmement visible qui suivit la conquête du royaume. La vie reprit dans des conditions normales et le calme succéda à la longue oppression des dynasties précédentes.

Un fait minime produit souvent un grand effet sur l'esprit de l'homme. C'est ainsi que la politique de sollicitude inaugurée par les Tcheou leur a valu la renommée dont ils ont joui dans tous les temps. Les soins dont ils entouraient les veuves et les orphelins, les malades et les vieillards était une chose que le peuple comprenait et qu'il n'a pas oubliée. La dynastie avait pour elle l'appui moral de ses sujets, et les membres les plus influents de la société, les anciens et les chefs de famille, se sentaient solidaires avec la dynastie qui exprimait si nettement ses sentiments et faisait participer chacun aux choses désirables.

Le roi Wen et ses deux fils Fa (qui fut plus tard le roi Wou) et Tan (duc de Tcheou) sont encore pour le peuple chinois des patriarches analogues à Israël, Abraham, Isaac et Jacob. Le roi Wen, qui était encore prince feudataire sous le règne du dernier souverain de la dynastie des Yin, représentait l'homme au cœur noble et tolérant et personnifiait la vertu au sein d'une génération corrompue. Plus le tyran Tcheou-sin se plongeait dans la débauche et se livrait à des cruautés sans nom, plus les cœurs se tournaient vers le défenseur du droit, le duc de l'ouest, Wen, dont les qualités resplendissaient au-dessus de toutes les turpitudes. Il avait sous son autorité les deux tiers de l'empire et, malgré cela, il restait fidèle au souverain des Yin. Ce dernier eut parfois la pensée de le mettre à mort. Pour passer le temps dans la prison où le tyran l'avait fait jeter, l'empereur Wen, d'après le récit des Annales, aurait composé le *Livre des Changements,* ce mystérieux livre de divination qui a été plus tard pour les Chinois la source de toute la philosophie de la vie. En lisant la *Chronique sur bambous* on s'aperçoit que le roi Wen n'était pas du tout l'homme résigné que dépeint la tradition orthodoxe. Il a, au contraire, poursuivi avec logique des buts clairs et précis et, sans lui, sa famille ne serait jamais arrivée au trône. Toutefois pour l'histoire de la civilisation, sa politique a moins de valeur que l'image symbolique qu'il a laissée et que le temps n'a fait qu'embellir, jusqu'à le placer finalement au ciel auprès du Souverain-d'en-haut, avec lequel il s'entretient et qu'il accompagne dans ses déplacements entre le ciel et la terre. L'apothéose d'un souverain humain avait été chose inconnue auparavant.

Son fils Fa, le roi Wou, lui fut inférieur ; il récolta ce que son père avait semé et devint maître du royaume. D'après une légende postérieure, la conquête se fit par ordre du ciel et, par suite, ne rencontra aucune difficulté. Mais il ressort de certaines traditions qu'il a fallu livrer de furieuses batailles pour ébranler les fondements de l'ancien royaume, et bien des récits parlent des fleuves de sang qui ont coulé dans ces rencontres. Mong-tse, par exemple, éprouve un grand embarras à choisir entre la théorie qui exigeait l'exécution prompte et facile d'un ordre divin et la tradition[84] qui relatait des batailles meurtrières, mais il se décide pour la théorie. A ce sujet Confucius a été plus impartial. Il a dit que « les chants de l'empereur Wou étaient tout à fait beaux, mais non tout-à-fait bons »,[85] sans indiquer s'il prenait le qualificatif « bons » dans une acception morale ou technique.

Un passage du *Mémorial des Rites*[86] dit que c'était un mauvais sentiment, notamment la haine de l'ennemi, qui s'exprimait dans les cérémonies. On sait également que les actes du roi Wou n'avaient pas l'approbation de tous les hommes sérieux.

---

84 Mong-tse se refère à un passage du *Livre des Annales* qui ne figure plus dans l'ouvrage actuel.

85 Cf. Lun-Yu, III, 25. Il établit une différence entre les chants des empereurs Choun et Wou.

86 Cf. Li-ki, *Yue-ki,* XVII, § 16 et suiv., et aussi *Kia-yu.*

Pai-yi et Chou-ts'i, fils du prince de Kou-tchou qui s'étaient réfugiés à la cour de l'empereur Wen, critiquèrent ouvertement sa politique et se laissèrent mourir de faim plutôt que de vivre sous la nouvelle dynastie.

Le duc Tan de Tcheou, frère de l'empereur, avait personnellement contribué plus que tout autre à la consolidation de la dynastie. Il est devenu le modèle du Ministre fidèle. Nous avons dit plus haut comment il avait appliqué le principe de la monarchie patriarcale héréditaire. On raconte que l'empereur Wou étant tombé gravement malade, Tan demanda aux ancêtres de prendre sa vie en échange de celle de son frère et sauva celui-ci par ses prières.[87]

À la mort de l'empereur Wou, il assura la régence pendant la minorité du jeune roi Tch'eng. Ses frères et les descendants des Yin dont le fief était la Corée l'accusèrent de vouloir usurper le trône. Il s'exila volontairement et occupa ses loisirs à compléter le travail que l'empereur Wen, son père, avait entrepris sur le *Livre des Changements.*[88] Puis, une famine étant survenue, le jeune empereur, en cherchant dans les archives de l'empire les mesures expiatoires qu'il convenait d'appliquer, trouva l'acte dans lequel son oncle avait offert sa vie pour sauver celle de son père. Les trois frères qui avaient calomnié le duc furent

---

[87] Il convient de remarquer le rapport existant entre le Souverain-d'en-haut qui ne confère son mandat qu'à une dynastie qui le mérite grâce à son esprit d'équité et à sa dignité, et les ancêtres auxquels on demande aide et protection en cas de besoin. Il s'agit évidemment ici d'un dieu de cosmogonie stellaire.

[88] Les explications de chacune des lignes constitutives des hexagrammes sont attribuées au duc de Tcheou et les explications de chacun des hexagrammes à l'empereur Wen. Rien ne permet de douter de l'exactitude de ces attributions. L'ensemble des 64 hexagrammes actuels date sûrement du début de la dynastie des Tcheou. Les textes qui s'y rapportent contiennent un grand nombre de passages qui datent de la période de transition entre les deux dynasties.

marqués au fer rouge. Une expédition régulière fut toutefois nécessaire pour réprimer une rébellion probablement fomentée par l'ancienne dynastie. Les coupables furent punis, et le fief de Soung que possédait le dernier descendant des Yin fut donné au noble Seigneur de Wei, beau-frère du tyran Tcheou-sin.

Il faut admettre que l'ensemble de l'organisation administrative de l'empire, dont les principes directeurs ont servi de modèles pendant des millénaires, a été l'œuvre du duc de Tcheou. Quoique le *Rituel des Tcheou* et les *Cérémonies* que nous possédons ne soient pas, ainsi que nous l'avons signalé, les ouvrages originaux de ce prince — à supposer qu'il ait écrit quelque chose et n'ait pas été simplement créateur d'institutions, ce qui est un point important[89] — les principes essentiels des institutions mentionnées dans ces ouvrages sont certainement de lui.

Les paroles que le jeune empereur Tch'eng adressait à ses ministres (*Che-king,* IV, III, 3) montrent quels étaient la mentalité et les sentiments religieux de l'époque. Il disait :

— Vénérez, vénérez le Dieu qui se révèle. Sa volonté est difficile (à accomplir). Ne dites pas qu'il est trop haut et trop loin de nous. Il monte et il descend : il observe chaque jour nos actions. Je suis comme un petit enfant qui manque d'intelligence. Je ferai chaque jour des progrès, j'avancerai chaque mois. Je m'efforcerai d'étudier jusqu'à ce que j'arrive à une clarté parfaite. Aidez-moi à porter le fardeau (du pouvoir). Enseignez-moi par quelles actions je dois signaler ma vertu.

Ce chant montre l'étroite analogie qui existe entre la civilisation chinoise de cette époque et celle des autres pays arrivés au même degré de développement, la religion d'Israël avant les

---

89 À ce propos, la différence établie par Confucius entre « créer » et « transmettre » donne beaucoup à penser. Cf. Lun-yu, VII, 1.

prophètes, par exemple. Ces paroles sont tout-à-fait du genre des prières que l'on met dans la bouche du jeune roi Salomon.

Quand on examine les institutions des Tcheou, on ne peut s'empêcher d'admirer les sentiments d'humanité qui les animent. Elles constituent une organisation achevée de la société reposant sur le principe de la division des classes et sur l'autorité morale du suzerain suprême qui, en tant que Fils du Ciel, se trouve entouré d'un nimbe religieux. C'est là le point faible de tout le système. L'influence du souverain qui s'exerçait partout était fortifiée par les dignités et les honneurs particuliers qui lui étaient réservés — les dignités étaient en réalité des prérogatives d'ordre religieux : seul le souverain pouvait offrir le sacrifice au Ciel, avoir de nombreux temples en l'honneur de ses ancêtres et employer aux pantomimes un nombre déterminé de danseurs — de même qu'à chaque rang de la hiérarchie officielle correspondaient des droits spéciaux. Tout dépendait en somme de la façon dont le souverain se comportait. S'il se montrait indigne (de remplir le mandat du ciel), les cérémonies perdaient leur signification et leur efficacité.

Mais il y avait plus : le commun du peuple, astreint aux travaux pénibles, menait une vie purement végétative. Quand on voit le nombre des inspecteurs qui étaient chargés d'instruire le peuple et de le stimuler par l'espoir des récompenses et la crainte des châtiments, on a l'impression que l'État était organisé comme une ruche d'abeilles. La bonne volonté du souverain pouvait dissimuler le fossé qui existait entre le peuple et les « Cent familles », la loi ne lui permettait pas de le franchir. Le principe : « La morale ne touche pas le peuple, la loi n'atteint pas les nobles » restait toujours en vigueur. Aux époques où la morale régnait, cette phrase avait le même sens que « Noblesse oblige ». Mais il vint d'autres temps où la noblesse s'autorisa de ce principe pour se soustraire à la loi qui tenait les populations dans la crainte et l'effroi.

L'instruction était le privilège de la noblesse. Celle-ci seule avait accès à la grande école. Les enfants les plus capables du peuple ne pouvaient fréquenter que l'école du village. De cette façon, l'autorité qui s'appuyait alors sur l'instruction, plus qu'elle ne l'a fait aux autres époques, était réservée à la haute noblesse qui ne livrait qu'en cas d'absolue nécessité les secrets du gouvernement et de l'administration, et même ceux de l'écriture et de la lecture. Les écoles du peuple n'enseignaient les six arts libéraux : les rites, la musique, le tir à l'arc, la conduite des chars, le calcul et l'écriture, que dans la mesure où ils pouvaient être utiles dans la vie courante. Dans cette hiérarchie qui s'étendait des membres de la noblesse feudataire. (*Koung,* duc ; *heou*, prince ; *pei*, comte ; *tse,* baron ; *nan,* noble) aux salariés et aux esclaves, en passant par les différents fonctionnaires, les bourgeois et les paysans, l'oppression devait s'exercer du haut en bas de l'échelle quand, au lieu d'être conduits par la vertu de l'empereur, les événements étaient abandonnés aux lois naturelles de la routine.

L'hérédité des charges d'État, en outre, présentait de grands dangers lorsque le gouvernement n'avait pas à sa tête des hommes intègres. Depuis l'antiquité, les princes feudataires avaient également à leur service des ministres capables qui n'appartenaient pas à la noblesse. Mais l'autorité de ces fonctionnaires était personnelle et cessait à leur mort. Il en était tout autrement des nobles qui, pour la plupart apparentés au prince, léguaient à leur famille les charges importantes qu'ils avaient occupées.[90] Ils représentaient une puissance qui pouvait menacer l'ordre social, surtout à une époque où la morale commençait à se relâcher.

---

[90] C'est ainsi que dans la principauté de Lou, pays de Confucius, les trois familles qui détenaient le pouvoir étaient celles de Mong, Chou et Ki, qui descendaient de la branche cadette de la famille du duc Houan ; dans la principauté de Tsin, c'étaient les six familles Fan, Tchoung-liang, Tche, Han, Wei et Tchao. Il en était de même dans les autres principautés.

Les Tcheou avaient conquis l'Empire, sous l'élan de l'idée patriarcale. Cette idée était la principale force sur laquelle ils s'appuyaient dans leur travail de transformation de l'organisation sociale chinoise. Tant que cet élan subsista, on put laisser agir les forces qui créèrent l'Empire. Plusieurs souverains se succédèrent sous lesquels l'Empire jouit de paix et de prospérité. Les relations avec l'extérieur étaient pacifiques. A l'intérieur, or continuait d'appliquer les règles sages et salutaires, établies par les fondateurs. Le tableau n'avait pas encore de revers. L'influence magique du souverain, lit-on, était tellement forte qu'on n'avait jamais l'occasion d'appliquer les lois pénales. Ce fut là une de ces périodes d'équilibre qui surviennent de temps à autre au cours de l'évolution humaine, mais sont malheureusement de trop brève durée.

CHAPITRE III

CHUTE DE L'EMPIRE FÉODAL

La dynastie des Tcheou ne tarda pas à décliner. La tradition rapporte que le roi Tchao (1052-1002) avait provoqué le mécontentement du peuple en ne respectant pas les terres cultivées quand il chassait. Aussi, lorsqu'au cours d'une expédition contre les barbares du sud, il eut un fleuve à traverser, les riverains lui fournirent une barque qui fut entraînée par le courant et disparut. Son, successeur, le roi Mou (1001-947), aurait accompli de lointains voyages jusqu'en occident. Les renseignements à ce sujet ne sont pas assez sûrs pour autoriser à conclure qu'il existait à cette époque éloignée des relations entre cette contrée et la Chine. A part la rencontre d'animaux extraordinaires et de quelques chefs de peuplades — comme Si-wang-mou[91] — qui apportaient le tribut, ces voyages n'ont aucun intérêt. L'empereur Li (878-842) ouvre la série des mauvais souverains qui ont abandonné les coutumes douces et paternelles des premiers Tcheou. Il prit à son service des sorcières qui découvraient aussitôt quiconque avait critiqué le souverain. Elles dénonçaient le coupable et celui-ci était exécuté sur-le-champ. En 842, le peuple poussé à bout se révolta et le roi s'enfuit. Alors s'ouvre une série de souverains vraiment pervers. Il est à croire que la dynastie était en péril, car il fut institué une régence qui porte dans l'histoire

[91] Si-wang-mou est probablement la transcription chinoise du nom d'un peuple. Comme le sens de ces trois caractères est « reine mère de l'occident » une légende s'est formée autour de ce personnage et lui a même donne un compagnon appelé Toung-wang-koung. L'ouvrage *Mou-ts'ien-tchouan* raconte les voyages de l'empereur Mou. Il est certainement le premier en date des romans de voyage et, d'après Chavannes (*Mémoires historiques,* t. V. p. 480-489, se rapporte au duc Mou de Tsin).

le nom de Koung-houo ou harmonie générale.[92] Si la situation s'améliora sous le règne du roi Siuan (827-782), tant que dura la régence, elle devint beaucoup plus grave sous le règne de son fils, le roi You (781-771). Le souverain avait été séduit par la beauté d'une concubine du harem nommée Pao-se et en était devenu éperdument épris. La femme riait peu. L'empereur imagina mille moyens pour la faire rire. Il fit déchirer des pièces de soie de grand prix, parce que ce bruit lui plaisait ; mais il n'eut pas de succès. Finalement, il ordonna d'allumer les fanaux d'alarme qui appelaient les seigneurs du domaine royal au secours de la capitale en cas d'attaque soudaine des barbares de l'ouest. Quand les seigneurs arrivèrent à toute bride, le visage couvert de poussière, ils ne trouvèrent aucun ennemi à combattre. A la vue de leur désappointement, la favorite éclata de rire. Mais cette joie eut des conséquences néfastes. Le père de la reine fit alliance avec les barbares de l'ouest et attaqua le roi. Celui-ci alluma les fanaux d'alarme, mais personne ne vint à son secours. L'ennemi s'empara de la capitale, la belle Pao-se fut emmenée captive et le roi tué. La croyance populaire vit dans ces événements les malheurs que les signes et les phénomènes menaçants avaient annoncés.[93]

---

92 Tous les ouvrages sont d'accord sur les dates, sauf la *Chronique sur bambous*. D'après Se-ma-ts'ien, la régence fut confiée aux deux ducs Tcheou et Chao qui descendaient des ducs de mêmes noms qui vivaient au commencement de la dynastie. La *Chronique sur bambous* et Tchouang-tse prétendent par contre que c'était le marquis de Koung qui était à la tête de la régence. Cette régence a servi de modèle à la révolution chinoise de 1911 et son nom a fait partie de la première dénomination de la république.

93 Un des chants du *Livre des Odes* tire un mauvais présage pour la dynastie d'une éclipse de soleil (Cf. COUVREUR, *Che-king*, p. 235) ; les astronomes ont calculé qu'elle dut avoir lieu le 29 août 775 avant J.-C. Nous avons ici la première date astronomique indiscutable de l'histoire chinoise. On aurait cependant tort d'en conclure que l'histoire authentique de la Chine ne commence qu'à cette date.

Le fils légitime du roi précédent monta sur le trône et fut l'empereur P'ing (770-720). Il transporta sa résidence dans la capitale orientale appelée Lo-yang et située au centre de l'empire. A partir de ce moment, le pouvoir des Tcheou fut plus nominal que réel. Le roi jouit encore d'un certain prestige religieux, mais le territoire de Lo-yang, entouré de principautés puissantes comme le *patrimoniuin Petri* du début du moyen âge, était trop restreint pour en imposer aux seigneurs feudataires et la cour n'exerçait plus sur eux aucune autorité. Malgré que la cour fût maintenue, avec tous les titres et toutes les dignités, elle ne menait plus qu'une existence d'ombre. Le transfert de la capitale à Lo Yang (722) marque le début d'une nouvelle période dans l'histoire de la Chine ; à la dynastie des Tcheou occidentaux succède celle des Tcheou orientaux. L'ère nouvelle a reçu le nom de *Période du Printemps et de l'Automne,* c'est-à-dire de l'élévation et de la chute des États.[94]

Quand on recherche les causes sociales de la chine des Tcheou, on est frappé du nombre de soulèvements populaires qui se sont produits sous cette dynastie. Le roi Tcheou fut victime d'un acte de sabotage du peuple, le roi Li fut détrôné au cours d'une insurrection et la mort du roi You est nettement imputable à l'indifférence du peuple devant le danger que représentaient les barbares. L'histoire a reproché aux souverains leur manque de sollicitude vis-à-vis du peuple, les dégâts que les

---

[94] Confucius a décrit cette période dans une courte chronique qu'il a composée d'après les archives de la principauté de Lou et qui porte le nom de *Tch'oun-ts'iou* (*le Printemps et l'Automne*). Dans cet ouvrage il porte sur les événements de la période un jugement sommaire qu'il a ensuite expliqué de vive voix à ses disciples. Ses explications ont été réunies dans le *Koung-yang* et le *Kou-liang*. Ces commentaires ne constituent pas une histoire, ils sont plutôt des recueils de textes historiques dont découle un enseignement moral. L'ouvrage de Tsouo-k'iou-ming, par contre, qui originellement faisait partie du *Kouo-yu* à l'époque des Han et a servi de commentaire au *Tch'oun-ts'iou,* est un ouvrage d'histoire d'une valeur supérieure à tout ce qu'on a écrit à cette époque. Cf. outre les ouvrages cités dans l'introduction, la remarquable étude du texte du *Tsouo-tchouan* par Karlgreen.

chasses produisaient dans les terres cultivées, leur cruauté et leur orgueil. Elle dit même que l'empereur Siuan, réputé pour sa bonté cependant, refusa de labourer, comme l'y obligeait sa qualité de père du peuple, le champ des mille arpents et que la défaite que lui firent subir les barbares fut le châtiment de sa faute.

Il se peut qu'il en ait été ainsi. Mais la chute des Tcheou a été due aussi à des causes économiques, et surtout au poids écrasant des impôts qui accablaient la population du domaine royal. La fréquence des soulèvements en est la preuve. La situation devait être insupportable, avant que le peuple en vînt à secouer le joug. Le *Livre des Odes* qui date de cette époque donne une idée de ce qu'était l'existence du peuple. La guerre était l'état habituel. Les barbares du nord-ouest, tantôt appelés Hien-yue, tantôt désignés sous des noms qui rappellent les Huns, étaient menaçants ; à l'ouest, les Young attaquaient constamment et au sud les tribus qui ne faisaient pas encore partie de l'empire s'établissaient sur ses frontières. Il fallait constamment repousser un ennemi après l'autre. Le poids de toutes ces guerres retombait sur le peuple. Les troupes d'élite, armées d'arcs et de grandes lances, combattaient sur des chars. Chacun de ceux-ci était accompagné de fantassins portant l'arc, l'épée courte et le javelot. Le matériel de l'armée était réparti sur des chars qui suivaient les combattants. L'équipement et l'approvisionnement des troupes était une question particulièrement difficile à résoudre, surtout quand les combats se déroulaient à une grande distance du domaine royal, au sud et à l'ouest. C'étaient les paysans qui supportaient toutes les peines et fatigues. Les rois qui n'avaient pas su conserver la sympathie des princes feudataires en étaient réduits aux seules ressources de leur propre domaine qui, après avoir souffert de catastrophes naturelles de toutes sortes, avait encore à entretenir le train coûteux de la cour ; car les États feudataires cessaient peu à peu d'apporter le tribut. De plus, les souverains ignoraient complètement les besoins du peuple. Les grandes chasses dévastaient les terres et, par suite, imposaient aux paysans des corvées supplémentaires. On réclamait au peuple des campagnes plus qu'il ne pouvait donner. La redevance, qui avait été fixée au dixième du produit brut des terres, était devenue insuffisante. Non contents d'arracher les hommes à leurs terres par les chasses et la guerre, on exigeait d'eux des redevances de plus en plus élevées. C'était là le défaut du système. Le domaine royal n'avait pas une organisation économique qui lui permît de satisfaire à toutes ces charges. En venant résider dans la capitale orientale, la dynastie régnante n'avait plus que le souci de défendre les frontières, mais elle perdait aussi tout espoir d'agrandissement du domaine impérial et était dès lors condamnée à une existence parasite.

Le territoire de l'ouest, abandonné par les Tcheou et qu'il fallait défendre contre les incursions des Young et des Hien-yue, fut donné en fief à la famille d'un ancien marchand de chevaux qui ne tarda pas à s'élever grâce à la protection de la maison régnante. Ce nouvel État feudataire, auquel était confiée officiellement la protection des frontières, reçut le nom de Ts'in. C'est lui qui rassemblera plus tard sous son autorité les États dissociés et unifiera l'empire.

L'antique royaume féodal avait, en fait, pris fin. Les centaines d'États feudataires, grands et petits, qui étaient les restes des milliers de communautés de l'antiquité et existaient encore au début de la dynastie des Tcheou, avaient été annexés peu à peu par leurs voisins plus puissants. Ce procédé, qui est devenu courant dans la suite, indiquait l'abandon d'un principe, mais répondait aux tendances de l'époque. Tous les princes s'entourèrent d'une cour aussi brillante que celle du souverain et usurpèrent ses prérogatives. D'autre part, les guerres continuelles coûtaient beaucoup d'hommes. C'est pourquoi les princes cherchaient à avoir une population aussi nombreuse que possible, car elle était une source de puissance et de richesse. Et comme il était dans l'intérêt du peuple de voir diminuer les charges qu'une cour faisait peser sur lui, il ne voyait pas sans plaisir disparaître les maisons régnantes superflues qui le pressuraient. Aussi, en général, assistait-il sans émoi à la disparition des dynasties princières, dans l'espoir que ses charges en seraient allégées.

Les principaux États de la *Période du Printemps et de l'Automne* sont au nombre de quatorze : 1° Wei ; 2° Lou ; 3° Ts'ai ; 4° Tch'en ; 5° Wou ; 6° Yue, qui furent absorbés plus tard par 7° Tch'ou ; 8° Soung ; 9° Ts'ao, annexé plus tard par 10° Ts'i ; 11° Yen ; 12° Tsin qui fut divisé ensuite en Tchao, Wei (Liang) et Han (qui entra plus tard dans) 13° Tcheng et enfin 14° Ts'in qui conquit les treize autres États.

Tour à tour quelques-uns de ces États réunirent sous leur autorité l'ensemble du royaume. On compte habituellement cinq hégémons qui sont les princes Houan de Ts'i (685-643), Siang de Soung (650-637), Wen de Tsin (636-628), Mou de Ts'in (659-621), Tchouang de Tch'ou (613-591). Ce nombre est erroné, mais on a coutume d'employer le nombre cinq dans toutes les énumérations de ce genre. En réalité, le duc Houan de Ts'i, aidé de son habile ministre Kouan-yi-wou (Kouan-tchoung ou Kouan-tse), fut le premier hégémon qui gouverna l'empire. Le pouvoir fut détenu ensuite perdant plusieurs générations par l'État de Tsin, jusqu'au moment où les États extérieurs de Tchou et de Ts'in révélèrent leur puissance. Toutefois, avant que le premier de ces États eut atteint son apogée, ceux de Wou et de Yue, situés dans la région sud du Yang-tse inférieur, exerçaient déjà une grosse influence sur les parties avoisinantes du royaume.

Le duc Houan de Ts'i et le duc Wen de Tsin confédérèrent les divers États et furent en réalité les maîtres de l'empire. Ils eurent tous deux une destinée remarquable et l'histoire de la dynastie expirante est remplie d'anecdotes à leur sujet.

Dans les États feudataires presque tout changement de prince était accompagné de troubles intérieurs, provoqués par les concubines qui espéraient ainsi mettre sur le trône le fils d'une favorite à la place du successeur légitime. Celui qui fut plus tard le duc Houan ne dut le pouvoir qu'à la victoire qu'il remporta sur son frère. Auparavant tous deux avaient dû chercher refuge hors de leur pays. Houan suivait les conseils éclairés d'un nommé Pao-chou, et son frère avait un compagnon capable dans Kouan-tchoung. Lors d'une rencontre entre les deux ennemis, Kouan-tchoung décocha contre le rival de son seigneur une flèche qui frappa la boucle de sa ceinture et ne le blessa pas. Pao-chou, plein d'à propos, dit au prince Houan de faire le mort. Les autres ne se hâtèrent pas de réaliser leur projet et Houan monta sans difficulté sur le trône. Sur les conseils de Pao-chou, son ministre, il demanda la livraison de Kouan-tchoung aux gens qui avaient protégé sa fuite. Kouan-tchoung lui fut amené lié et garrotté. Il pensa que l'heure de sa mort était venue. Mais le duc lui-même le débarrassa de ses liens et en fit son ministre.

Kouan-tchoung a beaucoup contribué à la prospérité de l'État de Ts'i. Son premier soin a été de lui donner une organisation économique. Pour se procurer les ressources nécessaires, il établit le monopole de l'État sur le sel et le fer qui abondaient dans le pays. Le sel provenait des salines situées sur les côtes, et le fer d'un minerai très riche. L'État se procurait ainsi des revenus appréciables, sans surcharger d'impôts la population agricole. En même temps, le fer permit d'améliorer l'armement. On donna une solidité plus grande aux chars de combat, en substituant ce métal aux pièces de bois recouvertes de bronze. L'espèce de capitalisme d'État ainsi instauré présentait naturellement un gros avantage à une époque où tout le commerce se faisait par échanges. Par ailleurs, le duc et ses conseillers avaient des vues très larges. Leur politique n'était pas mesquine et personnelle : elle était au contraire désintéressée et nationale. Ils cherchaient à rendre aussi agréable que possible le séjour dans leur pays et offraient au commerce des facilités qui attiraient la foule des émigrants des autres États. A cette époque où les terres étaient en abondance, la valeur numérique de la population faisait la force d'un État, force qui lui permettait de donner son appui aux principautés voisines en cas de besoin. Lorsque les Young, descendus de leurs montagnes, attaquèrent l'État de Yen (aujourd'hui Péking), son voisin du nord-est, Ts'i, arriva à la rescousse et, poursuivant l'ennemi à travers les déserts et les forêts impénétrables, il le mit en pièces. Parlant de cette expédition à un de ses disciples qui critiquait la politique réaliste de K'ouan-tse, K'oung-tse a dit :

— Sans Kouan-tse, nous boutonnerions nos vêtements sur le côté et porterions la natte.

Kouan-tchoung était avant tout un homme d'État, dans le sens technique du mot ; il n'était pas un théoricien de la morale d'État, préconisée par l'École de Lou, mais suivait une politique pratique. Il est en réalité le fondateur de l'école des légistes dans la philosophie chinoise. L'ouvrage qui porte son nom n'est pas de lui tel quel ; on ne sait même pas si les documents qui y ont été utilisés sont authentiques. Cependant, on voit nettement les buts de Kouan-tchoung et la manière dont il les a poursuivis. Kou-houng-ming a appelé Kouang-tse le Bismarck de son temps. Les comparaisons de ce genre sont trompeuses. Néanmoins, on peut dire que Kouan-tchoung a eu la bonne fortune de gouverner un État qui ne manquait de rien et que, par suite, il a rempli ses fonctions avec désintéressement.

C'est dans le même esprit que le prince Houan inaugura les assemblées des feudataires. Il voulait éviter autant que possible le recours aux armes pour régler des différends entre États chinois. Ces conférences avaient pour but de fixer les directives d'une action commune, de la succession au trône et des relations politiques. Et, surtout, elles réunissaient autour d'une même table les princes des divers États et les mettaient à même de discuter et de trancher les questions en litige. Naturellement c'était le duc de Ts'i qui jouait le principal rôle dans ces réunions. Il avait aussi les moyens matériels pour faire exécuter les décisions prises en commun. En agissant ainsi, il n'usurpait en aucune manière les droits du souverain. Au contraire, le roi avait confirmé le duc Houan dans sa fonction de chef de la ligue des États et lui avait donné tout pouvoir pour châtier les vassaux insubordonnés. Le duc rendit ensuite un grand service à la dynastie quand il empêcha le roi de céder aux intrigues du harem et de déshériter le prince Tcheng. Le nouveau roi combla d'honneurs le vieux duc qui se montra jusqu'à la fin loyal et respectueux. Il est d'autant plus étonnant qu'il ait fait preuve d'autant de sottise que de sagesse. Tant que le vieillard a écouté les conseils de Kouan-tse, il exerça ses fonctions d'une façon remarquable. Il est vrai qu'une expédition dirigée contre le prince de Tch'ou qui avait pris le titre de roi et ne payait plus la redevance au Fils du Ciel ne donna que de maigres résultats, malgré les soins apportés à sa préparation : il fallut se contenter des quelques paroles d'excuse du prince. On peut dire, toutefois, que le duc Houan a loyalement sauvegardé la dignité et la liberté de la Chine. Mais au moment de la mort de Kouan-tse, le vieillard fut la proie des intrigants. Parmi eux se trouvait un cuisinier qui, un jour où le duc avait dit en plaisantant n'avoir jamais mangé de chair humaine, tua son enfant et le servit à son maître. A cette occasion, Kouan-tse avait mis le duc sur ses gardes en observant très justement que l'homme qui n'hésite pas à tuer son enfant pour plaire à son maître ne reculera jamais devant une infamie qui peut lui procurer un profit. Finalement le duc périt misérablement au milieu des intrigues ourdies par le cuisinier, de connivence avec les eunuques. Il fut emmuré dans son palais et y mourut de faim. Aussitôt après, ses fils et leurs partisans se disputèrent âprement sa succession. Personne ne voulut s'occuper du mort, si bien que les vers éclos dans ses chairs apparurent sous les portes de la chambre où il reposait. Il fut enterré suivant la coutume cruelle que les populations barbares de l'ouest et du nord avaient introduite en Chine. Ses femmes et ses serviteurs furent enterrés vivants dans le tombeau pour que le duc ait ses gens à sa disposition dans l'autre monde.

Nous avons exposé assez en détail tous ces événements, parce qu'ils donnent un aperçu de la vie de cette époque où l'héroïsme voisinait avec la ruse, et la générosité avec la cruauté. On comprend que plus tard l'école de Confucius ait condamné sommairement cette époque. Car l'idéal était tout au plus une enseigne dissimulant les buts particuliers des princes auxquels la bonté servait de paravent qui dissimulait leurs forfaits. Mais la dissimulation avait duré si longtemps que les gens ont fini par prendre pour une réalité ce qui n'était qu'une ruse sous laquelle ils commettaient leurs forfaits.

Il faut reconnaître toutefois une certaine valeur aux essais tentés par les ligues et les conseils des États feudataires pour hâter la paix générale, créer, pour ainsi dire, une opinion publique et instituer par suite un minimum de justice. Les mœurs du temps étaient grossières. La vie humaine avait alors peu de valeur. On voyait un noble boire dans le crâne de son ennemi pendant un festin. Mais il arrivait aussi qu'un vassal donnât sa vie pour son suzerain ou qu'un homme suivît son ami dans la mort.

Le duc Wen de Tsin eut bien des difficultés à surmonter, avant de prendre la direction de la ligue des États feudataires, devenue vacante à la mort du duc Houan. Il avait passé dix-neuf ans en exil soutenu par la loyauté de ses nombreux amis et par la fidélité des femmes qu'il avait épousées dans les divers endroits où il avait séjourné. Son existence, si tourmentée jusqu'alors, devint plus calme. Il avait encore moins que le duc Houan le respect des convenances. La ligue des États feudataires ayant tenu une réunion, il invita, pour des motifs particuliers, le roi à y paraître. Cependant l'État de Tsin, dont la famille régnante était apparentée aux Tcheou, a exercé pendant longtemps une influence incontestable sur les autres principautés. Il devait sa puissance, non seulement à une administration éclairée, mais surtout à sa situation de pays frontière qui lui permettait de s'étendre aux dépens des territoires des tribus barbares voisines. En outre, sa civilisation étant surtout chinoise, il pouvait se poser en défenseur de la civilisation et de la religion.

La situation changea quand les autres États qui, à vrai dire, étaient étrangers, furent devenus plus puissants. Tout d'abord l'agitation prit naissance sur le Yang-tse. Le fleuve fut le théâtre de combats pour la suprématie qui s'étendirent à toute la Chine. Les États de Wou et de Yue qui se trouvaient à son embouchure furent naturellement les premiers à entamer l'un contre l'autre une lutte qui resta indécise. Finalement l'État de Tch'ou, qui était situé au centre, sur le moyen Yang-tse, envahit le territoire chinois et l'annexa de la même façon que Ts'i l'avait fait pour les territoires des barbares. Le prince de Tch'ou exerça sa suprématie de telle façon que l'ombre d'autorité qui restait encore à la dynastie des Tcheou disparut. Les princes de Tch'ou avaient pris le titre de roi depuis longtemps. Ils jugèrent que le moment était venu d'arborer aussi les marques extérieures de cette dignité. Le roi Tchouang de Tch'ou fit en 606 une expédition contre les Huns du nord-ouest. A son retour, comme il traversait le domaine des Tcheou, il demanda en plaisantant quels étaient les poids et les dimensions exacts des trépieds (urnes). Il s'agissait des vases de bronze qui d'après la légende, ont été fondus par Yu et que les dynasties se transmettaient. Ils étaient l'emblème de la souveraineté suprême, comme le sont en Europe le sceptre et la couronne. L'ambassadeur du roi des Tcheou, qui était venu présenter au roi de Tch'ou les salutations de son souverain, fit une réponse spirituelle à la question déplacée qui lui avait été posée et la chose en resta là.

Tandis que Ts'in confédérait les États du centre et du nord, Tch'ou groupait autour de lui les États du sud. La partie méridionale du royaume tomba au pouvoir de ce dernier. D'autre part, on voit les tribus Miao, que les Hia avaient repoussées jadis dans ces régions, commencer à exercer sous une forme nouvelle leur influence sur la civilisation chinoise. La lutte politique qui met aux prises le nord et le sud n'est autre chose que la manifestation des différences profondes qui existent entre les deux civilisations. Nous y reviendrons plus loin.

L'État de Ts'in se trouvait dans la partie occidentale de la Chine. Sous le duc Mou (659-621), il avait fait partie pendant quelque temps de la confédération des États chinois. Puis, il la quitta pour suivre une politique personnelle, sans se soucier de ce que deviendrait le royaume constamment dévasté par les incursions des barbares. Plus tard, après avoir solidement établi sa puissance par divers moyens, il s'affirma comme un compétiteur redoutable à la succession des Tcheou.

Pendant ce temps, les événements se succédaient. Les cours où régnaient la prospérité matérielle et la vigueur intellectuelle rappelaient par les crimes prémédités qui s'y accomplissaient l'époque de la Renaissance italienne. Jamais, en aucun temps, on ne vit tant de meurtres. Rien ne caractérise mieux l'époque dont nous parlons que la catastrophe qui a presque anéanti la famille Tchao de Tsin, qui jouissait d'un crédit considérable dans cet État. Tchao-toun qui était ministre du duc Ling, neveu du célèbre duc Wen, reprochait fréquemment au prince sa conduite déréglée. Le prince tenta à plusieurs reprises de faire assassiner son gênant mentor, mais sans succès. Tchao-toun s'enfuit. Le duc ayant été tué par un parent de Tchao-toun, celui-ci revint dans l'État de Tsin et y demeura jusqu'à sa mort.[95] Son ennemi T'ouan-kia, qui était également très puissant, voulut se venger et extermina sa famille. Seule, une femme fut épargnée en sa qualité de parente du duc. Elle se réfugia dans l'appartement du palais réservé aux femmes et y mit au monde un fils. T'ou-an-kia l'apprit et fit une perquisition dans le palais. Mais l'enfant ne poussa pas un cri qui pût révéler sa présence et fut sauvé. Deux serviteurs dévoués convinrent, au risque de leur vie, de sauver l'enfant. L'un l'emporta dans sa maison et le fit passer pour son fils. Le second se procura un autre petit enfant et alla se réfugier avec lui dans la montagne. Suivant la convention qu'ils avaient faite, le premier dévoila aux

95 Confucius l'accuse dans le *Tch'oun-ts'iou* du meurtre du prince, parce qu'il n'a pas puni son parent.

officiers que son ami cachait le descendant de Tchao. Les officiers s'emparèrent de ce dernier et le tuèrent, ainsi que l'enfant. T'ou-an-kia n'eut plus de soupçons et le véritable héritier grandit sous la protection paternelle de son ami. Le duc, étant tombé malade, fut mis au courant du fait. Le misérable T'ou-an-kia fut exécuté et le jeune descendant de Tchao rétabli dans le rang auquel il avait droit. Puis le serviteur survivant se tua, afin d'aller retrouver dans l'autre monde l'ami qui avait donné sa vie pour la famille de son seigneur et lui annoncer que l'enfant était sauvé.[96]

Confucius a dit jadis que quand les princes feudataires usurpent le pouvoir, leurs ministres ne tardent pas à les imiter et le désordre règne partout. Les événements ont confirmé cette opinion en tous points. Çà et là des vassaux puissants, appuyés sur une solide place forte, défiaient leur suzerain et s'emparaient par leurs propres moyens de parties du territoire. Deux événements causèrent la ruine du vieux royaume : le partage de l'État de Tsin et le changement de règne qui se produisit dans l'État de Ts'i.

Dans le premier de ces États, les trois familles Tchao (dont nous venons de parler), Wei (dont la capitale était Ling)[97] et Han avaient exterminé les trois autres familles puissantes. En 453, elles se partagèrent le pays dont la maison régnante avait été détruite au cours des troubles précédents. Cet acte illégal eut ceci de caractéristique, qu'il fut non seulement accepté — car

---

96 Cette histoire a servi de canevas à *L'orphelin de la famille Tchao,* la fameuse tragédie de l'époque mongole. Il est probable que Goethe s'est inspiré d'une traduction française de cette tragédie pour écrire le fragment intitulé : *Elpenor.*

97. Il ne faut pas confondre l'État de Wei, qui date du partage de l'État de Tsin, avec l'ancien État feudataire de Wei. Les caractères chinois qui représentent ces deux noms sont différents. Pour éviter toute confusion nous appellerons l'État dont il est question ici Liang-Wei, Liang étant le nom de sa capitale.

l'annexion d'un petit État par un autre, plus puissant, était courante — mais aussi officiellement approuvé en 403 par le roi des Tcheou qui donna à chacune des trois familles le titre de prince feudataire.

Dans l'État de Ts'i, la famille Tch'en qui s'était établie dans le pays sous le duc Houan et avait pris le nom de T'ien, acquit une grosse influence. Tien-tch'ang, maire du palais, détrôna un duc de cette famille et le remplaça par son frère cadet. Puis, en 410, Tien-houo déporta ce dernier et se fit donner par le roi l'investiture de Ts'i. La protestation élevée par Confucius contre la déposition du duc Kien par la famille T'ien a été un des derniers actes politiques du maître. L'État de Lou qui était sa patrie ne l'a pas comprise. Les temps étaient changés.

Les événements de cette époque ne présageaient pas seulement la fin des Tcheou ; ils étaient les symptômes de transformations beaucoup plus profondes. L'ancienne organisation des États était ébranlée. La période dite des États Combattants qui commence à ce moment et s'étend de 403 à 221 avant Jésus-Christ fut une suite de guerres continuelles entre les derniers États existants. Il ne restait plus des anciens États feudataires que Yen, Wei et Ts'i, outre les trois États de Tchao, de Han et de Liang-Wei qui avaient remplacé l'État de Tsin. Déjà se manifestaient à l'ouest la prépondérance de Ts'in qui se retirait de plus en plus de la confédération des États, pour mener à l'ouest sa politique propre, et au sud celle de Tch'ou, qui s'étendait de plus en plus vers le nord et cherchait à soumettre à son pouvoir le territoire chinois. Les adversaires se livraient des combats sanglants et les guerres devenaient de plus en plus des opérations d'extermination. Les temps étaient passés où les belligérants respectaient le droit des gens et s'engageaient par serment à ne pas mettre d'entraves au commerce des populations paisibles. L'histoire de cette époque est un récit monotone des hécatombes qui suivaient la prise des villes. Autrefois, on rendait la liberté aux prisonniers, après leur avoir coupé l'oreille gauche ; maintenant, on les décapitait. Les totaux de centaines de milliers de têtes coupées que donnent les annales des Ts'in font frissonner. La vie était menacée à tout instant. La vieille et pieuse croyance en un Souverain-d'en-haut qui voit l'homme, récompense le bon et punit le méchant, avait disparu. Elle était remplacée, d'une part, par un matérialisme grossier qui, bon ou mauvais, recherchait uniquement la force et la richesse et, d'autre part, par la croyance à la sorcellerie qui édifie au delà du monde réel un monde imaginaire et donne les moyens de l'atteindre.

Les luttes avaient aboli toutes les antiques distinctions de classes. Les familles princières des nombreux États détruits avaient été réduites au rang de gens du peuple. On voyait des portiers pieds nus qui jadis avaient été princes du sang. Les différents degrés de l'échelle sociale étaient occupés par de nouveaux venus. On a même vu alors des étrangers ou des réfugiés monter sur des trônes princiers. Les princes eux-mêmes n'avaient plus aucun respect pour le roi en tant que chef de la confédération des États. Tch'ou le premier avait pris le titre de roi en 704. Son exemple fut suivi par Ts'i en 378, par Liang-Wei en 370, par Yen et Han en 332, par Tchao en 329 et par Soung et Ts'in en 318.

D'autres transformations profondes, notamment des transformations d'ordre économique, se produisirent encore dans la société chinoise. Les villes, où les cours royales rivalisaient de magnificence, avaient pris une importance considérable. Depuis que Confucius avait enseigné à titre privé à ses disciples la science du gouvernement, qui avait été jusqu'alors réservée aux écoles officielles, on a vu des écoles privées se multiplier comme des champignons. Elles ne poursuivaient pas toutes le but élevé de l'école de Lou, dirigée par Confucius. Le goût de l'époque était porté vers les sciences techniques, d'utilité pratique immédiate. On n'approfondissait pas seulement toutes les théories sociales — cette époque a poursuivi un grand nombre d'utopies sociales, depuis le primitif communisme agraire jusqu'au gouvernement absolu reposant sur des lois mécaniques —, mais on enseignait encore les principes d'une politique profitable. Les maîtres qui répandaient ces doctrines allaient d'une cour à l'autre et les princes tenaient à honneur d'en avoir un grand nombre auprès d'eux. C'est ainsi que l'Académie Tsi-hia de l'État de Ts'ia a compté jusqu'à des milliers de ces maîtres et l'État de Liang-Wei a invité à plusieurs reprises des maîtres ambulants à se rendre à la cour pour faire bénéficier le prince de leurs conseils et de leurs doctrines. Le plus connu d'entre eux est le confuciiste Mong-K'o (Mong-tse). Dans son ouvrage il raconte les conversations qu'il eut avec le roi Houei de Liang-Wei et fait allusion à d'autres philosophes ambulants qui étaient pour lui des rivaux souvent gênants. Ces politiciens avaient un train en rapport avec leur valeur et chacun d'eux était accompagné d'une suite nombreuse. L'entretien des maîtres et de leurs disciples occasionnaient de gros frais aux États qui les recevaient.

Deux politiciens itinérants, Sou-ts'in et Tchang-yi, qui étaient les disciples du Maître de la Vallée des Démons (Kouei-kou-tse), ont préconisé deux méthodes opposées pour unir les divers États et ont ainsi tenu l'empire en suspens. Tchang-yi représentait l'impérialisme de la cour de Ts'in, c'est-à-dire la coalition de tous les États, de l'ouest (Ts'in) à l'est, tandis que Sou-ts'in qui avait été éconduit par le prince de Ts'in, prêchait le fédéralisme dans les autres États. Comme Tch'ou était le territoire le plus important et pouvait être considéré comme occupant la première place dans la confédération, le fédéralisme devait assumer la forme d'une réunion d'États en groupes s'étendant du sud au nord.[98] La politique était un genre de

[98] La théorie impérialiste (ou ligue ouest-est) était appelée *Lien-houng* ou ligue horizontale, et la théorie fédéraliste ou union verticale (*Ho Tsoung*) préconisait une Union d'États dans la direction sud-nord. Il est évident que la politique incertaine des divers États qui concluaient des alliances un jour et les dénonçaient le lendemain, selon l'humeur du souverain ou à l'instigation d'un favori, devait assurer la victoire de l'impérialisme.

sport. On se piquait de manier à sa guise les princes et leurs États.

Il n'existe malheureusement pas de renseignements aussi précis sur les changements techniques et économiques qui ont eu lieu. L'organisation de l'armée a été profondément modifiée. Les troupes combattantes sont devenues peu à peu des armées de métier. Les États situés sur les frontières, en particulier, ont trouvé dans les populations barbares des auxiliaires très utiles. Il semble qu'une modification ait été apportée à l'armement vers cette époque. Le fer qui avait été tout au plus employé au blindage des chars de guerre quand Kouan-tchoung était ministre de l'État militaire de Ts'i, fut utilisé à Tch'ou pour faire des armes tranchantes. Les propriétés merveilleuses que les contemporains attribuaient aux épées de Tch'ou et dont parle la littérature de l'époque, montrent que la nouvelle arme avait fait sur eux une forte impression. C'est de la même époque que date la création d'un nouveau corps de troupes dans l'État septentrional de Tchao. Alors qu'auparavant l'armée avait été constituée de chars de guerre soutenus par des fantassins armés à la légère, Tchao se servit dans les combats contre les barbares de cavalerie dont la grande mobilité lui valut souvent la victoire qu'on n'aurait pas obtenue avec les lourdes formations d'autrefois. L'étude théorique de la tactique et de la stratégie commence également à cette époque. L'histoire a conservé les noms d'un grand nombre de généraux renommés et il existe encore des ouvrages témoignant des progrès qu'avait réalisés la science militaire.[99]

La technique ne fait pas seulement des progrès dans l'art militaire : elle commence à gouverner la vie. C'est elle qui règle

---

[99] Il convient de mentionner à ce sujet les inventions d'ordre militaire qui figurent dans l'œuvre du philosophe Mei-ti. Ce sont pour la plupart des engins de protection contre d'ingénieuse machines de siège (catapultes, balistes, etc...).

l'administration de l'État. La personnalité de l'individu finit par disparaître derrière les règlements mécaniques. La bureaucratie de Ts'in Che-houang-ti n'a pas été une création passagère. Ses méthodes se sont développées avec le temps et ont été plus ou moins employées dans les autres États.

Le commerce et l'industrie ont suivi l'essor des villes. Autrefois, le gros propriétaire foncier mettait son point d'honneur à éviter de faire concurrence à la petite industrie. Maintenant il s'était créé un système de manufacture qui ne méritait pas encore le nom d'industrialisme, mais supposait néanmoins de gros capitaux et nécessitait l'emploi d'une main-d'œuvre peu coûteuse, afin de trouver de larges débouchés à la production. Le commerce prit également de l'extension. Le cas du gros commerçant Lu-pou-wei qui a su employer son capital avec assez d'habileté pour arriver à la situation de premier ministre omnipotent de l'État de Ts'in, n'est pas le seul de ce genre.

Il faut signaler encore une autre transformation importante : celle qui s'est produite dans la race chinoise. Nous avons montré les ravages que les guerres continuelles faisaient dans la population. Outre l'œuvre sanglante accomplie par le glaive dans les batailles, on peut s'imaginer la détresse générale dans laquelle vivaient les habitants du royaume, surtout les femmes et les enfants. Mong-tse fait un tableau saisissant de la situation. Il dit que dans les bonnes années le peuple souffre de la faim et vit dans le dénuement et que dans les mauvaises années les gens meurent de faim en se roulant dans les fossés et les canaux ; que les membres d'une même famille sont séparés les uns des autres, que le père et le fils, l'époux et l'épouse doivent se dire adieu pour la vie et que la famine et la maladie accomplissent leur œuvre épouvantable. L'histoire parle constamment de populations entières décimées par la guerre et d'autres malheurs. Quand la ville de Tch'ang-ping se rendit, après avoir subi une famine de 46 jours qui donna lieu à des scènes de cannibalisme, le roi de Ts'in fit tomber quatre cent mille têtes. Des exterminations de ce genre étaient assez fréquentes. La diminution de la population chinoise était compensée par l'immigration toujours croissante d'éléments étrangers dont la plus grande partie, si l'on excepte les peuplades méridionales de Tch'ou, étaient des Tartares du nord-ouest. Ces derniers ont introduit dans le pays des coutumes et des usages étrangers. Car certaines mœurs grossières sont certainement non-chinoises et décèlent souvent leur origine. Pendant plusieurs générations les princes de Tchao avaient épousé des femmes étrangères. Il ne faut donc pas trouver étonnant qu'un des membres de la famille se soit servi pour boire, suivant la coutume scythe, du crâne d'un ennemi qu'il avait tué, ni qu'un autre ait échangé la majestueuse robe de la Chine antique aux longs pans et aux larges manches contre la tunique plus commode des Tartars et remplacé ses souliers par de courtes bottes de cuir jaune.

Tous ces faits sont symptomatiques de la fin d'un monde. Une race nouvelle, pétrie dans le sang et le malheur, était née qui allait porter le flambeau de la civilisation chinoise. Les hommes et leurs œuvres disparaissaient, mais les grandes idées de l'antiquité que les sages s'étaient religieusement transmises subsistaient. Ces idées étaient le legs sacré, sauvé de la destruction par une poignée de fidèles, qui allait devenir plus tard le germe d'une vie nouvelle. L'antique civilisation chinoise s'est écroulée sous les chocs de l'impérialisme de l'État militaire des Ts'in. Mais un nouvel édifice a été érigé sur ses ruines, et prétendre que tout ce qui est antérieur à l'époque des Han n'a qu'un intérêt zoologique est l'indice d'une ignorance totale des faits.[100]

La période de décadence politique fut marquée par un grand mouvement d'idées. On dirait que la décomposition qui avait gagné tout le corps du peuple a libéré les forces spirituelles. Il n'y a pas une autre époque dans l'histoire de la Chine où l'on constate un aussi intense développement de la pensée qui

---

100 Cf. Spengler, *Der Untergang des Abendlandes*, vol. II, pp. 58 et 59.

s'étend à tous les domaines, une recherche aussi libre et impartiale et des conceptions dont l'avenir devait tirer parti. La rencontre de civilisations et d'idées différentes qui s'est produite alors sur le sol chinois a provoqué un éveil de la conscience humaine tout à fait semblable à celui qui a accompagné tant d'autres périodes d'épanouissement spirituel, consécutives à la rencontre de civilisations différentes : qu'on songe, par exemple, à l'épanouissement de la philosophie grecque sur les côtes de la mer Égée, à la limite de l'Europe et de l'Asie. Cet épanouissement de l'esprit peut nous consoler dans une certaine mesure de la destruction de l'enveloppe matérielle de la culture chinoise.

CHAPITRE IV

LES MOUVEMENTS INTELLECTUELS DANS L'ANCIEN EMPIRE

Les formidables changements survenus au cours des derniers siècles aussi bien dans la vie politique que dans la vie économique et dans la science ont tous concouru à la ruine de l'ancienne civilisation. Ils avaient pour cause les guerres continuelles que suscitaient les rivalités des États et qui entraînaient des pertes incalculables de vies humaines et de valeurs économiques. L'antique religion naïve devait fatalement sombrer dans la détresse générale. Le *Livre des Odes* donne déjà un aperçu de cette crise. Le peuple doute ouvertement de la justice du Souverain-d'en-haut qui tolère de pareilles calamités. Il rend aussi les grands responsables de ses maux. Le mécontentement populaire croît sans cesse et, de temps à autre, un prince trop cruel est détrôné.

Un autre fait important fut que la suppression des rangs permit à certains hommes du peuple de sortir de la masse et de s'imposer. Un enseignement privé fut créé à côté de l'enseignement officiel — l'école de Confucius n'a été qu'une des nombreuses écoles alors connues — et plus d'un homme de talent issu du peuple est devenu ministre, malgré le caractère héréditaire de la charge.

La grande préoccupation des écoles privées était la misère de l'époque. Elles possédaient toutes des méthodes susceptibles de soulager le monde, de le délivrer de la souffrance inouïe qui détruisait le charme de la vie et d'organiser la société humaine de telle façon que l'existence parût plus supportable. La recherche de la vérité avait pour but, non seulement de satisfaire les exigences des princes qui n'épargnaient rien pour s'entourer d'hommes sages, mais surtout de remédier aux difficultés de l'époque. Cette orientation caractérise toute la philosophie chinoise. Absorbé qu'on était dans la recherche d'une solution pratique du problème de l'organisation idéale d'une société humaine, on n'avait pas le temps d'étudier les conditions objectives de l'existence cosmique. Telle est la raison pour laquelle les problèmes de l'homme et de la société forment la préoccupation centrale de la philosophie chinoise.

Les trois principaux représentants des écoles philosophiques sont Confucius (K'oung-tse), Lao-tse et Mei-tse (Mei-ti) qui vivaient aux VIe et Ve siècles avant Jésus-Christ.

1° L'ÉCOLE CONFUCIISTE.

L'école de Confucius porte dans l'histoire chinoise le nom de Jou-kia, ou école des lettrés. Elle avait son siège dans les pays nord de civilisation chinoise, dans l'État de Lou qui était gouverné par la famille du grand-duc Tan de Tcheou et avait conservé beaucoup des traditions du fondateur de la dynastie des Tcheou. Aussi l'école de Lou s'inspire-t-elle fortement de la civilisation de cette époque ; elle cherche à l'expliquer et à en démontrer l'utilité. Puisque son modèle se trouve dans le passé historique, il est compréhensible qu'elle emploie la méthode scientifique des recherches historiques.

K'oung-tse a été le lettré le plus marquant de son temps. Il a passé sa vie à enseigner et à étudier en vue d'arriver à la vérité. Les doctrines de l'école de Lou sont exposées dans ce qu'on nomme les livres classiques. D'après la tradition, ils ont été composés par K'oung-tse et expliqués dans l'esprit du maître. La science chinoise moderne estime cependant que la part que K'oung-tse a prise à la rédaction et à la composition de ces ouvrages est beaucoup moindre qu'on ne l'avait pensé jusqu'ici. Les six ouvrages classiques sont : le *Livre des Annales*, le *Livre des*

Odes, le *Livre des Changements*, les *Annales de l'Eté et de l'Automne*, le *Mémorial des Rites* et le *Livre de la Musique*.

Les deux derniers de ces ouvrages n'existent plus aujourd'hui sous leur forme ancienne. Comme nous l'avons dit plus haut, le *Tcheou-li* (Rituel des Tcheou) et le *Yi-li* (Livre des cérémonies) sont moins anciens qu'on ne l'avait cru. Ils ne sont ni antérieurs à Confucius ni même de son temps. S'il a existé à l'époque du Maître des recueils des coutumes et des cérémonies qui étaient pratiquées au temps des Tcheou, — comme semblent l'indiquer certaines citations qui se réfèrent à des ouvrages de l'antiquité — ils sont perdus aujourd'hui. Le *Li-ki* (Mémorial des rites), ou tout au moins la recension que nous en possédons, est encore plus récent, puisqu'il date des Han. En tout cas, cet ouvrage contient beaucoup de matériaux précieux se rapportant à une époque plus ancienne et est de nature à donner une idée de l'enseignement rituel de l'école confucienne. Confucius s'est adonné passionnément à la musique jusqu'à un âge très avancé. Il lui attribuait une grande influence sur l'âme. Mais dans cet art, comme dans les rites, son enseignement avait un but pratique qui consistait à faire revivre la tradition de l'antiquité. Il n'a probablement pas composé de traité de musique et il ne reste presque rien de la musique traditionnelle des anciens qu'il appréciait à un si haut point. Dans le *Li-ki* (Mémorial des rites), un des chapitres (*Yo-ki*) contient des théories sur la musique aux différentes époques. Le grand changement qui s'est produit dans la civilisation chinoise, et dont nous avons parlé dans le chapitre précédent, devait déjà se faire sentir dans la musique du vivant de Confucius. Le Maître déplore fréquemment que les chants lascifs de Tcheng et de Wei soient sur le point de remplacer la musique sérieuse des anciens. Les temps ont passé. C'est justement dans cet art qui lui tenait tant à cœur, que Confucius a exercé le moins d'influence sur l'avenir. Car, dans la musique plus qu'ailleurs, la continuité de la tradition est indispensable. Si celle-ci est interrompue, ne fût-ce que pendant une génération, il devient impossible de la rétablir.

Quant au *Livre des Annales,* les opinions se sont modifiées avec le temps. Quand on parle de Confucius et de son école, ce livre est toujours cité comme une sorte de canon qui fait autorité. Mais, aujourd'hui, il est difficile de dire s'il s'agissait de pièces officielles remontant à l'antiquité ou bien d'un recueil de documents qui servait de manuel à l'école confucienne. On ne sait pas non plus si tous les documents accessibles de l'antiquité avaient été mis en œuvre ou si l'école de Lou n'avait pas fait un choix des textes anciens qui étaient utiles à sa doctrine. Sous sa forme actuelle, en tout cas, le *Livre des Annales* (Chou-king) a été composé bien après Confucius et une grande partie des annales qu'il contient, et qui ont peut-être pour origine des citations et des restes de textes très anciens, ont été ajoutées à des dates encore plus récentes.

On a longtemps refusé de reconnaître une valeur historique au *Livre des Annales,* parce que l'on croyait que les débuts de l'écriture en Chine remontaient à 800 avant Jésus-Christ environ, c'est-à-dire à l'époque de la systématisation du Tu Tchouan, ou grande écriture sigillaire, et, par suite, on doutait qu'il ait pu exister des documents écrits antérieurs. L'opinion s'est modifiée, surtout depuis la découverte d'ossements sur lesquels des oracles sont gravés sous forme de caractères qui sont certainement de beaucoup antérieurs au VIIIe siècle avant Jésus-Christ. Il s'ensuit que l'existence de documents écrits antiques n'est plus chose impossible. Néanmoins il ne faut pas oublier que les anciens ouvrages chinois ont été recopiés en caractères *ta-tchouan* après l'invention de ceux-ci ; puis, qu'ils ont été transcrits suivant une nouvelle méthode au début de la dynastie des Han, après l'abandon de l'ancienne écriture de Ts'in Che-houang-ti ; au cours de ces deux opérations les textes ont pu subir des altérations, quoique leur exactitude ait été garantie par les originaux et la tradition orale.

Le *Livre des Odes* (*Che-king*) est d'une authenticité plus certaine. Il a moins souffert des injures des temps, et le texte actuel est, dans son ensemble, celui dont l'école de Lou s'est servie. La part qui revient à Confucius dans la rédaction des quelques trois cents odes du livre est aujourd'hui encore un sujet de très vives discussions.

Il en est de même du *Livre des Changements* (*Yi-king*). Celui-ci était un antique ouvrage de divination comprenant 64 hexagrammes auxquels un texte a été ajouté au commencement de la dynastie des Tcheou. L'école de Lou l'employait non seulement à des usages divinatoires, mais aussi comme livre de philosophie, et certains passages de la littérature ancienne montrent que Confucius a été le premier à l'utiliser dans ce but, quoiqu'il ne l'ait connu qu'après les autres écrits.[101] Il ne s'ensuit pas que les appendices et les commentaires appelés *Les dix ailes* soient tous de Confucius. Beaucoup sont d'une autre main. D'autres sont l'œuvre de ses disciples et peuvent être comparés

---

[101] Contrairement à l'opinion de Homer H. Dubs (dans « T'oung Pao », n° 1 et 2, 1927) nous ferons remarquer ici qu'en dehors du passage de *Loun-yu*, 16, la participation du maître au *Livre des changements* ressort encore du récit suivant emprunté au Lu-Chi-Tchou'n-Ts'iou qui, du fait qu'il provient d'une source neutre, mérite toute créance.

Le maître K'oung interroge l'oracle et tire le mot : « Charme ». Il estime que ce mot était d'un mauvais augure. Tseï-Koung parle :

— Charme est cependant un signe favorable. Pourquoi serait-il d'un mauvais augure !

Maître K'oung répondit :

— Le blanc est blanc et le noir est noir. Mais en quoi le charme serait-il favorable ? Ce que l'homme noble hait le plus dans les choses, c'est leur imprécision. Ce que le monde hait le plus, c'est l'homme qui manque d'assurance dans ses actions. Un homme sur lequel on ne peut pas compter est de ceux dont brigands et voleurs eux-mêmes ne voudraient pas pour complices. Brigands et voleurs sont de grands criminels, mais qui trouvent des complices dans ce qu'ils font ; à plus forte raison doivent en trouver les gens qui veulent accomplir quelque chose de grand. Celui qui veut accomplir quelque chose de grand doit être tel que tout le monde soit disposé à l'aider ; et, pour être aidé, il a besoin de gens sur lesquels il puisse compter.

aux commentaires des *Annales du Printemps et de l'Automne* dont Koung-yang est l'auteur.

Il est généralement admis aujourd'hui que les *Annales du Printemps et de l'Automne* sont de l'époque de Confucius, mais on n'est pas d'accord quant à la part que le maître a prise à la rédaction du texte,

On n'est pas mieux renseigné sur l'œuvre littéraire de Confucius que sur celles des autres maîtres de l'antiquité. Toutefois, les *Entretiens* (*Loun-yu*) qui ont été composés quelques dizaines d'années après sa mort, ont conservé très fidèlement les principes directeurs de son enseignement.[102]

À l'époque des Royaumes Combattants, l'école de Lou eut deux représentants : Mong-k'o (372-289) de Tseou et Siun-k'ouang (312-230)[103] qui, malgré leurs conceptions très différentes, n'en exercèrent pas moins une grande influence sur le développement ultérieur de sa doctrine. L'école de Confucius part du principe que la société humaine repose sur la sympathie naturelle de l'homme pour ses semblables. Ce sentiment doit se manifester tout d'abord dans l'entourage immédiat de l'homme, puis s'étendre, en s'atténuant progressivement, jusqu'au dernier homme. Son but, purement moral, est ce que la *Grande Etude* (*Ta-hio*) nomme le bien suprême. La rectification des noms

---

102 Contrairement au jugement défavorable qu'elle porte sur les autres classiques, la science chinoise moderne apprécie hautement le Loun-yu. Il ne faut pas oublier cependant que c'est Tcheng-hiuan qui, sous la dynastie de Han, a établi la concordance entre les parties divergentes des deux Loun-yu, celui de Lou et celui de Ts'i. De plus, malgré la confiance qu'il mérite en général, le texte contient, outre des passages évidemment altérés, des parties qui sont sans doute d'origine très ancienne et ne concordent pas avec les faits historiques.

103 Les œuvres [de] Mong-tse comprennent 7 volumes, celles de Siun-k'ouang 32 volumes. Ils permettent de se faire une idée des doctrines des deux philosophes.

permet de l'atteindre. La théorie de la rectification des noms est, peut-on dire, le principe fondamental du confuciisme. Elle repose sur la notion que le nom d'une chose n'est pas un mot vide et qu'il correspond à quelque chose de bien défini dans le monde spirituel des idées. Le chaos devient cosmos, grâce aux rapports précis que les noms établissent entre les choses. La théorie n'envisage pas tant les faits cosmologiques que les relations concrètes des hommes. Les noms du père et du fils, de l'époux et de l'épouse, du prince et de son ministre, par exemple, doivent être rectifiés. Quand un nom est bien défini, il renferme certains devoirs déterminés. Seul est digne d'un nom l'homme qui remplit les devoirs que ce nom implique. Quand le père agit en père et le fils en fils, ces noms sont correctement définis, et les individus ainsi désignés possèdent réellement les droits afférents à ces noms.

L'ensemble de ces dénominations exactes comprend également un ordre bien défini de la société humaine. Occupant dans la société une position correspondant à son nom, chacun des membres a des droits et des devoirs déterminés qui sont l'indice de sa dignité personnelle et inviolable. Les règles qui fixent la conduite de l'homme dans les diverses situations sont les mœurs. La reconnaissance, en vertu d'un acte de libre consentement, de la légitimité et du bien-fondé des mœurs suffit à en rendre l'observance automatique. Leur observance n'est le résultat ni de la contrainte ni de la persuasion. Elle est une affaire d'habitude. La délimitation des divers rangs de la société humaine par une autorité morale supérieure est acceptée par tous ses membres et exclut toute discussion entre individus de situations différentes.

La loi fondamentale de l'organisation rationnelle s'étend de l'homme à l'univers, en passant par des phases successives qui sont la culture de l'individu, l'organisation de la famille, le gouvernement de l'État et la pacification du monde. Cette loi qui exige de l'individu ce qu'il attend des autres est l'idée directrice de la doctrine de Confucius.

Bref, le but que poursuivait l'école de Lou était de faire de l'État une grande famille dont tous les membres seraient rattachés les uns aux autres par la conscience du devoir, succédané des liens du sang qui rattachent les uns aux autres les membres de la famille naturelle. Le moyen préconisé pour établir la société sur le principe de la sympathie naturelle que l'homme éprouve pour son semblable est l'éducation.

Comme toutes les écoles philosophiques chinoises de cette époque, l'école de Lou cherchait à s'appuyer sur des autorités des temps passés. Elle a choisi précisément les souverains Yao et Choun dont il n'est pas question dans le *Livre des Odes* tel qu'il nous a été transmis. On peut se demander si le recours à l'antiquité est justifié par une raison intrinsèque. Ce n'est probablement qu'un moyen pour appuyer sur une autorité le système des rites établis, car le rite a toujours besoin d'un point d'appui. Dans le cas de Confucius, il ne pouvait s'agir ni d'une autorité religieuse ni d'une force extérieure, car l'une ou l'autre aurait détruit le pur respect que le Maître estime être le seul sentiment capable de guider l'homme supérieur dans ses actions. Il était beaucoup trop sceptique pour reconnaître au monde métaphysique, qu'il vénérait sans l'avouer, une influence psychologique sur les actions humaines, et son esprit indépendant ne concevait pas que les décisions de l'homme pussent être déterminées par les manifestations extérieures de la force. Il lui fallait une autorité qui fût en même temps assez vénérable pour imposer le respect et assez ancienne pour être admise sans discussion. Il l'a trouvée dans les sages et les saints de l'antiquité qu'il aimait et vénérait. Car un rituel qui est un héritage de la culture traditionnelle possède une valeur éternelle.

Les éléments scientifiques et historiques contenus dans les doctrines de Confucius ont naturellement contribué au développement de l'esprit rationaliste dans son école. Celle-ci prit goût à l'étude approfondie des rites et bientôt l'esprit courut le danger de se perdre dans la multiplicité de leurs formes extérieures. Une des branches de cette école succomba à ce danger et se distingua par un formalisme étroit qui menaçait de sacrifier le contenu à la forme. De plus, le respect exagéré pour l'histoire et la légitimité a donné à l'école de Confucius un caractère très marqué de conservatisme. Ç'a été la raison, apparente au moins, pour laquelle les partisans de tout ordre établi ont toujours trouvé dans ses doctrines l'appui moral qui leur était nécessaire pour soutenir le pouvoir des classes dirigeantes et prétendre qu'il est voulu de Dieu.

Mais on aurait tort de croire que ce furent là les seules tendances qui se fussent manifestées dans l'école de Lou. Mong-ko voulait par exemple que l'homme conservât une fière indépendance vis-à-vis du prince. Il allait même jusqu'à admettre la révolution quand elle avait pour cause la défense d'un droit moral. L'histoire nous apprend que, à côté des légitimistes favorisés par l'État, il s'est toujours trouvé des lettrés confuciistes pour critiquer, même au péril de leur vie, l'administration défectueuse de l'État.

Les discussions qui ont eu lieu ultérieurement dans l'école de Lou ont beaucoup contribué à l'élaboration des idées de ses membres. C'est ainsi par exemple que la question de savoir dans quelle mesure les mœurs sont ou doivent être conformes à la nature donna lieu à de nombreuses et graves discussions. Mong-k'o était partisan de la bonté naturelle de l'homme. Il suffit, disait-il, que l'homme « nourrisse » ses bons instincts et les développe par l'instruction, pour qu'ils tendent au bien d'eux-mêmes et sans aucune intervention extérieure, aussi nécessairement que l'eau coule vers les parties les plus basses. Aussi repousse-t-il les mesures violentes et même l'obéissance à toute loi morale qui répond à un but utilitaire.

Siun-k'ouang, qui vécut peu après Mong-k'o, a émis une opinion diamétralement opposée. D'après lui, l'homme n'est pas naturellement bon, mais n'agit bien que sous l'influence de la morale. Cette dernière ne résulte pas du développement naturel de l'être humain. Elle est une création artificielle des saints et des sages de l'antiquité. Elle ne découle pas de la nature ; au contraire, elle oblige l'homme à une lutte constante contre ses mauvais instincts. Ainsi ce qu'il appelle morale, comme l'a fait Confucius, diffère bien peu de ce que d'autres ont appelé loi. Il n'est pas étonnant que les légistes Han-fei-tse et Li-se, conseillers de Ts'in Che-houang-ti, aient été disciples de ce philosophe. Dans ses jugements sur l'antiquité, Siun-k'ouang adopte également un point de vue personnel ; il conteste l'autorité des saints de l'antiquité et lui oppose celle des sages modernes. L'idée du développement historique l'emporte chez lui sur celle de la valeur éternelle de mœurs une fois établies.

2° L'ÉCOLE TAOÏSTE.

A côté de l'école de Lou qui devait exercer une influence considérable dans la suite, l'école taoïste a pris un grand développement vers la fin de l'époque dont nous nous occupons. Ses principaux chefs étaient Lao-tse, Yang-tchou et Tchouang-tse. Tous trois étaient originaires de la Chine méridionale et l'école qu'ils ont fondée est regardée à juste titre comme l'antipode sud de l'école de Confucius. Elle était beaucoup moins fermée que celle de Lou. Nous sommes très mal renseignés sur la vie de ces philosophes. De très bonne heure, la fiction s'est mélangée à la réalité, car les faits historiques sont bien loin d'avoir pour cette école philosophique la même valeur que pour l'école de Lou. Elle a pour objet, moins l'étude objective d'une tradition immuable, que la contemplation intérieure des phénomènes cosmiques.

Lao-tse se nommait Li-tan (Lao-tse signifie le vieux Maître), et était originaire d'une région qui dépendait de Tch'ou. Plus âgé que Confucius, dont il fut le contemporain, il remplissait les fonctions d'archiviste à la cour des Tcheou. Il se démit ensuite de sa charge officielle, pour s'adonner à l'enseignement privé, et mourut regretté de ses parents et de ses amis. Un recueil de courtes sentences comprenant environ 5.000 caractères chinois, qui a reçu plus tard le nom de *Tao-te-king*, contient les principes directeurs de sa philosophie. Il est difficile de dire combien de ces sentences appartiennent à Lao-tse même. Beaucoup d'entre elles lui sont antérieures ou postérieures. En tout cas, on trouve de très bonne heure des citations extraites du petit livre, et Confucius, parlant de cette doctrine, la nomme la Doctrine du Sud.

On ne possède pas d'indications certaines sur Yang-tchou et Lie-yu-k'ou, deux disciples de Lao-tse qui ont dû vivre à la même époque que Confucius. Il existe bien un ouvrage qui porte le nom de Lie-yu-k'ou, mais il est aujourd'hui à peu près démontré qu'il lui est postérieur, Il contient toutefois sur l'époque qui nous intéresse des renseignements qui, pour la plupart, sont introuvables ailleurs, et les doctrines de Yang-tchou qu'il expose correspondent parfaitement à celles que son ennemi Mong-tse lui reprochait. Tchouang-tse, contemporain de ce dernier, mais plus jeune que lui, était également un méridional. Il a laissé un ouvrage en trente-trois livres où se trouvent sans doute des développements ultérieurs de sa doctrine dus à ses disciples. Il est peut-être l'auteur des sept premiers livres et de différents passages de la dernière partie.

On peut dire que si la doctrine de l'école de Lou est une philosophie de la civilisation, celle de l'école du sud est une philosophie de la nature. Son principe fondamental est le tao. Ce tao (littéralement : chemin, voie) n'est pas la voie de l'homme du confuciisme. Il est le principe spontané d'où tout dérive sur la terre et dans le ciel, la force cosmique suprême et dernière. Il est tout-puissant et infiniment bon. Il n'est pas une loi fatale, mais il agit avec intention. Invisibles et insaisissables en lui sont les formes et les idées qui se manifestent dans les êtres sensibles. La vie se déroule suivant une évolution circulaire. La naissance est la sortie, la mort est le retour. La vie et la mort ne sont que des phases dans le grand mouvement cosmique qui, outre les hommes, entraîne tous les autres êtres.

Tout passe, rien n'est éternel, sauf le grand esprit qui dirige tout ce qui est. La transformation du monde des contraires s'accomplit sous l'influence d'une force irrésistible. Elle s'opère régulièrement, tant que l'homme n'y apporte pas ses tourments. Car, contrairement aux autres êtres, l'homme possède, outre sa vie immédiate, la faculté de nommer les choses. Les noms sont les hôtes de la réalité. Les dénominations fixent l'image vide des choses éternellement changeantes et créent ainsi un monde imaginaire que l'homme éprouve le dangereux désir d'atteindre. Ce désir l'entraîne dans le monde des apparences et le rend malheureux, parce qu'il a arrêté en lui le cours naturel du devenir spontané. C'est pourquoi les taoïstes ne cessent de répéter : retourne à l'état naturel, renonce à la science et n'aie pas de volonté. Laisse-toi emporter par le courant du devenir. Ne sois pas le jouet des illusions des sens, mais confie-toi à la grande mère qui, éternelle et immuable, réside dans le torrent qui change constamment.

Tchouang-tse exprime les mêmes idées. Il ne les considère pas seulement comme un système de méditation. Il cherche à les rendre scientifiquement fécondes, afin de compléter ce qu'il y a d'unilatéral dans la connaissance intellectuelle discursive et d'obtenir la réconciliation des contraires dans la vision de l'unité.

Cette philosophie a eu des conséquences pratiques très diverses. Elle a délivré l'individu des misères de la vie. L'homme laisse les choses suivre leur cours et n'est plus désormais qu'un spectateur objectif. Il s'abandonne à la fatalité irrésistible et ne prend point part aux combats de la vie. Il laisse la société vivre dans le désordre et se garde d'arrêter la roue du destin en cherchant à améliorer le monde par des moyens plus ou moins ingénieux. Sur ce dernier point, Mong-tse a été en opposition formelle avec Yang-tchou. Yang-tchou est pour lui l'anarchiste qui n'admet d'autre chef que son moi. Il faut reconnaître, d'ailleurs, que le taoïsme avait pour effet de faire naître chez ses adeptes une tendance au quiétisme et au paresseux laisser-faire, surtout chez ceux qui avaient une nature faible.

Le gouvernement devait agir d'après les mêmes principes. Il ne devait pas chercher à instruire le peuple et à le rendre meilleur. Il ne fallait pas donner aux hommes le savoir qui suscite les désirs, mais on devait les maintenir dans une heureuse apathie, veiller à ce qu'ils aient des muscles solides et peu de volonté, l'estomac satisfait et le cœur vide. L'administration officielle devenait aussi mystérieuse et aussi inexorable que les lois de la nature. Seul le souverain connaissait le mécanisme des récompenses et des châtiments et savait dans quel but il les employait.

Toutes ces idées allaient faciliter l'établissement de l'empire absolu qui était en préparation.

3° L'ÉCOLE DE MEI-TI

Mei-ti, le fondateur de l'école, était un jeune contemporain de Confucius. L'œuvre qui porte son nom comprend 53 volumes, dont un grand nombre ont été ajoutés plus tard par les disciples du philosophe, mais renferment toute sa doctrine. On sait peu de choses sur sa vie personnelle. Son école évolua dans la suite dans plusieurs directions. En premier lieu, Houi-che, contemporain de Tchouang-tse, orienta l'école vers la logique et s'occupa beaucoup de la compatibilité et de l'incompatibilité des attributs. Cette orientation rappelle beaucoup celle des sophistes grecs. Il a, d'autre part, créé un système de logique qui supporte la comparaison avec les systèmes indien et grec. Soung-ping, s'inspirant de la philanthropie de Mei-ti, a prêché la fin des guerres. Son idéal, qui était le désarmement général et la condamnation de la guerre, a exercé pendant quelque temps une assez grande influence sur la haute politique.[104] Cette école différait beaucoup des deux autres. Bien que son principe fondamental fût également l'amour du prochain, elle n'admettait pas que l'on témoignât une affection particulière aux parents, comme l'école de Lou l'exigeait. L'amour du prochain s'adressait à tous les hommes sans distinction. Car il était pour cette école non un sentiment naturel, mais un devoir religieux. L'amour du prochain était ordonné par le Souverain-d'en-haut. La conception d'un dieu personnel, doué de volonté et de conscience, sépare cette école du taoïsme et de son panthéisme. Au point de vue théiste, elle condamnait également la doctrine de la fatalité et de la soumission inconditionnelle à celle-ci. Le monde était gouverné, non par un destin aveugle, mais par un Dieu conscient. On croyait à l'existence et à la réalité d'êtres spirituels, et qu'après sa mort l'homme avait encore une vie consciente. C'est pourquoi il n'était pas possible d'accorder aux usages et aux rites funéraires l'importance qu'ils avaient prise dans le confuciisme. On ne considérait dans ces cérémonies que leur utilité générale. Les philosophes de cette école ne jugeaient les choses qu'au point de vue de leur utilité générale ; ils ont toujours recommandé l'économie et proscrit les manifestations artistiques comme la musique.

L'ascétisme religieux était la loi des membres de l'école. Ils renonçaient au bien-être et à la joie dans l'intérêt du monde. Leurs chefs qui se succédaient suivant un ordre rigoureusement établi dirigeaient la communauté d'une main ferme. Il semble qu'un schisme se soit produit à un moment donné entre orthodoxes et libéraux. L'austérité la plus sévère a toujours été observée par l'école. Le courageux mépris de la mort, dont ses

---

104 Cela n'a naturellement pas empêché les guerres de continuer jusqu'à ce que l'État de Ts'in ait absorbé toute la Chine. À noter qu'au cours de la discussion de ces problèmes l'opinion fut exprimée que ce qui importait, c'était moins d'éviter la guerre que de combattre pour la bonne.

membres ont fait preuve, l'énergie et le dévouement qu'ils ont mis au service de l'humanité ont vivement impressionné leurs contemporains.

L'humanité était pour eux, somme toute, un ensemble mécanique, et non un organisme ayant atteint son développement complet. Tout dans leur doctrine est clair, rationnel et extrêmement utile. Mais, dans cette religion positive de la raison, il n'y a pas place pour les impondérables du cœur. Il n'est donc pas étonnant que l' « anarchiste » Yang-tchou et le « communiste » Mei-ti aient été des pierres d'achoppement pour le confuciiste Mong-tse. Après la victoire du confuciisme, les doctrines de Mei-ti tombèrent dans un discrédit tel que tout récemment encore leur auteur passait aux yeux du peuple pour un hérétique exécrable. Il se peut que, parmi ces doctrines disparues de la circulation, certaines tendances se soient conservées dans les sectes secrètes qui n'ont cessé, de temps en temps, d'ébranler la société chinoise. Lorsque le christianisme fit son entrée en Chine, ses adversaires ne manquèrent pas de signaler les analogies qu'il présentait avec les doctrines de Mei-ti. D'autre part, l'étude des traités de son école a été reprise dans les temps modernes et a déjà donné de très heureux résultats.

4° AUTRES ÉCOLES.

Outre ces trois écoles qui se différencient très nettement entre elles, on en cite encore un grand nombre d'autres qui, pour la plupart, ont des tendances spéciales. Une seule mérite une mention particulière, parce qu'elle a exercé une forte influence sur les événements et possède par elle-même une grande importance, bien qu'elle ait emprunté des éléments aux trois écoles précédentes. C'est l'école des légistes (Fa-kia).

Le but primitif de cette école était l'enseignement de la science administrative. Parmi les hommes d'État auxquels cette école faisait remonter ses théories, il faut citer en premier lieu Kouan-tchoung qui, dans l'État Ts'i, a été le premier à tenir compte du côté économique de l'administration de l'État. Vient ensuite un homme d'État de Tch'eng, nommé Tse-tch'an ; plus âgé que Confucius, il serait l'auteur du premier code complet. Mais c'est dans l'État de Ts'in que la technique de l'administration officielle a fait les plus grands progrès. Elle y était enseignée, entre autres, par Chang-yang, Han-fei-tse et Li-se. Il faut rattacher à cette école également le célèbre général Wou-k'i, qui vécut ensuite dans l'État de Tch'ou et y mourut.

Le principe fondamental de l'école des légistes était le non-agir des taoïstes. Il n'est pas sans intérêt de noter à ce propos que Han-fei-tse a été le premier commentateur de Lao-tse. Le « non-agir » prend une signification toute particulière dans la doctrine des légistes. Ils veulent éliminer tout élément humain de l'administration de l'État et de l'application du droit. *Fiat justitia pereat mundus.* Ils sont par là en contradiction complète avec Confucius et son école. D'un autre côté, on comprend que l'époque moderne ait fait revivre les légistes de ces temps anciens. La conception du droit écrit tel qu'ils l'ont compris est tout à fait moderne. De plus, le principe de la définition exacte du sens de la loi leur a été également emprunté, ainsi que de celle du crime et du châtiment. Dans ces conditions, tout acte arbitraire devenait impossible. Enfin, ils prirent aux adeptes de Mei-ti non seulement leur méthode logique, mais encore le principe de l'égalité de tous les hommes devant la loi. Rien ne contribua autant à la suppression des anciennes classes sociales que l'application impartiale des lois au supérieur aussi bien qu'à l'inférieur. Même le plus haut fonctionnaire vivait continuellement dans la crainte, car il n'était à aucun instant à l'abri du châtiment.

Cette école présentait un grand avantage qui a aidé le peuple à la supporter ; c'est l'objectivité de ses doctrines. L'application rigoureuse des lois devait être acceptée par tous. Mais les procédés peu scrupuleux recommandés par les légistes et la façon machiavélique avec laquelle ils mettaient en avant l'intérêt supérieur de l'État pour justifier tous les moyens, donnèrent une telle dureté à leurs théories qu'elles devinrent insupportables. Si les philosophes avaient espéré que l'extrême objectivité des lois serait un frein contre l'arbitraire d'un souverain tyrannique, Li-se et d'autres hommes d'État devaient constater que l'instrument puissant et parfait qu'ils avaient créé fonctionnait aussi bien contre eux que manié par eux.

De tout ce qui précède on peut conclure qu'il s'est accompli pendant cette période de déclin politique un travail intellectuel très fructueux qui a eu pour effet la disparition de l'ancienne civilisation chinoise. Chacun a pris conscience de soi-même. L'individualisme a remplacé le collectivisme. A côté des graves lettrés, on voit les frivoles sophistes égarer le jugement du peuple et soutenir et réfuter les arguments les plus audacieux. Ces derniers étaient des charlatans. Mais les lettrés les plus raisonnables ont contribué, eux aussi, peut-être inconsciemment, à l'établissement d'un nouvel ordre de choses. Il en a été de même de Confucius dont le conservatisme ne saurait cependant être mis en doute. C'est lui qui, le premier, a mis à la portée de l'homme du peuple possédant les dispositions intellectuelles nécessaires le savoir jusqu'alors réservé à la noblesse. Le « noble » de Confucius est un idéal purement moral et n'a par suite aucun rapport avec l'homme auquel sa naissance a conféré la noblesse.

Quand la base naturelle sur laquelle reposait la société eut été détruite, il fallut en construire une nouvelle. L'État de Ts'in s'en chargea et imposa l'impérialisme aux autres États.

LE MOYEN — ÂGE CHINOIS

CHAPITRE V

L'UNIFICATION DE L'EMPIRE SOUS LA DYNASTIE DES TS'IN

Pendant que les divers États se déchiraient en des guerres continuelles, il s'était édifié à l'occident une nouvelle puissance qui imperceptiblement était destinée à inaugurer une ère nouvelle dans l'histoire de la Chine, comme l'État de Tcheou l'avait fait en son temps. Séparé du reste de la Chine par une chaîne de montagnes, l'État de Ts'in avait joui d'une tranquillité relative, tandis que les autres pays souffraient horriblement des ravages de la guerre. De plus, il avait adopté depuis longtemps une politique administrative ferme et pratique qui tendait uniquement à l'exploitation intensive des ressources du pays. Enfin, exempts de toute idéologie, ses hommes d'État remarquables avaient fait preuve de méthode et d'unité de vues.

Alors que les coutumes de la Chine ancienne obligeaient les paysans à cultiver en commun les terres qui appartenaient au seigneur,[105] on avait renoncé dans l'État de Ts'in à ce procédé,

---

105 La méthode de division des terres, appelée *tsing-tien* (méthode du puits), tire son nom de la forme du vieux signe chinois représentant le puits. Ce signe comporte neuf champs au milieu desquels se trouvent le puits et les habitations. Les huit champs extérieurs étaient assignés aux familles établies sur le terrain, mais de telle sorte que chaque champ changeait de mains tous les ans. Le champ du milieu, entourant les habitations, devait être cultivé pour le compte du seigneur, à titre de corvée. Etant donné qu'en raison des habitations qu'il supportait il était un peu plus petit que les autres, l'impôt payé par les paysans atteignait à peine la dime. Il va sans dire que le système

et il était réservé au Ministre Wei-young (appelé encore Koung soun-yang, Chang-kiun ou Chang- yang) de jeter les bases du nouveau système vers 350. Les paysans furent constitués en groupes de cinq ou dix familles, qui étaient responsables les unes des autres et, par conséquent, tenues de se surveiller constamment. Quand une famille comprenait plus de deux hommes, elle devait se diviser ou payer une taxe double. Le nombre des terres, des maisons, des salariés et même des vêtements fut strictement réglementé. Chaque famille devait vivre seule. Le pays était divisé en districts et à la tête de chacun étaient placés des fonctionnaires. Tout homme était astreint au service militaire sa vie durant. La loi était appliquée sans pitié. Il y avait des châtiments, les récompenses n'existaient pas. L'état militaire était en honneur et tous les fonctionnaires portaient des armes. Les victoires étaient largement récompensées et les défaites sévèrement punies.

L'État de Ts'in était ainsi un organisme parfait. Il n'y était plus question évidemment d'une distinction de rangs qu'une centralisation excessive avait abolis. Il est à noter, du reste, qu'aucun des ministres qui ont contribué à la grandeur de l'État n'est arrivé au terme naturel de sa vie.[106] En général, ils étaient

---

mathématiquement arrondi, tel qu'il figure dans le Tchou-Li, est une utopie postérieure. Cependant l'idée de la coopération pour les corvées et l'attribution annuelle d'un autre champ à chaque famille étaient à la base de l'ancien système de répartition et de culture. Toutefois, les impôts, ainsi que nous l'avons dit plus haut, avaient depuis longtemps dépassé la dîme.

106 Weï-Yang était originaire de Weï. Il fut exécuté et écartelé en 338 sur l'ordre du roi Houi. Sou Ts'in était originaire de Lou-Yang, province du centre. Il fut obligé de fuir Ts'in et fut exécuté à Ts'i en 317. Tchang-I, son grand adversaire dans la question de l'alliance entre l'est et l'ouest, le nord et le sud, dut quitter l'État Ts'in, à l'avènement du roi Wou, en 311. Wei-Yan, dont les services militaires étaient particulièrement grands, était originaire de Tchou. Il fut exilé en 266 ; il réussit à emporter ses immenses trésors, mais mourut bientôt de chagrin et ses biens furent confisqués. Fan-tse était originaire de Wei. Après avoir envoyé à son rival, le fameux général Po-K'i,

un sabre avec lequel il devait se suicider, il fut finalement obligé, à son tour, de céder à un successeur plus habile.

Le grand marchand Lu-pou-weï, le frère du Ts'in-Chi-Houang-ti, était originaire de Han ou de Weï. L'histoire de sa vie est assez caractéristique des conditions qui existaient alors. Exerçant sa profession de marchand dans l'État de Tschao, il se mit en rapports avec un des nombreux princes illégitimes de Ts'in, I-yen. Il le prit sous sa protection, se rendit à Ts'in et obtint de l'épouse principale de l'héritier du trône, qui n'avait pas d'enfants, qu'il fût adopté comme successeur au trône. Après quoi, il se maria avec une jeune fille dont le successeur présumé au trône de T's'in tomba amoureux. Elle était déjà enceinte, lorsqu'il la céda à son ami. Le grand-père et le père adoptifs de I-yen moururent coup sur coup, et celui-ci devint roi de Ts'in. Entre-temps, sa femme donna le jour à un fils, Tsch'eng, qui devint plus tard l'empereur Ts'in Cheï-houang-ti. L'impresario du jeune roi, Lu-pou-weï, fut nommé premier ministre, dignité que le fils du roi rehaussa par celui de « second père » , titre honorifique assez répandu, d'ailleurs. Mais les nombreux adversaires de Ts'in Cheï-houang-ti ne tardèrent pas à exploiter le côté comique de toute cette affaire. Lu-pou-weï avait des ambitions non seulement commerciales, mais aussi littéraires. Il réunit un groupe de lettrés qu'il chargea, par opposition à Confucius, de composer un ouvrage ayant pour titre : *Le printemps et l'automne de Lu-pou-weï.* Cet ouvrage constitue une des sources les plus précieuses pour l'étude de la science et de la culture de cette période de transition. Mais même cet habile entrepreneur, qui fut le premier dans l'histoire à faire d'un trône l'objet d'une spéculation commerciale, n'échappa pas au sort des ministres des Ts'in. Il fut soupçonné d'avoir en secret renoué des relations avec son ancienne femme et exilé d'un endroit dans un autre. Il préféra se soustraire aux nouvelles conséquences possibles de sa situation en absorbant du poison.

Après lui et, en partie encore concurremment avec lui, les fonctions de premier ministre furent remplies par Li-se, originaire de Tchou. Han-feï-tse, de l'État Han, avait également l'ambition de voir utiliser ses services par l'État Ts'in ; mais il fut un jour jeté en prison, sans cause connue, où il reçut du poison de la part de son ami Li-se. Celui-ci d'ailleurs ne mourut pas non plus d'une mort naturelle. Il fut exécuté d'une façon atroce, peu de temps avant la chute de la dynastie, par le petit successeur du grand Ts'in Cheï-houang-ti, qui écoutait volontiers les intrigants.

Il y avait quelque chose de fatal dans cette organisation de l'État d'où tout sentiment était exclu et qui, fonctionnant avec la précision d'une machine inanimée, finissait par dévorer et détruire ses propres fondateurs. C'était une organisation froide et sans vie. Un État pareil ne pouvait pas ne pas réussir, mais ses succès étaient pour ainsi dire mécaniques, l'intervention de mis à mort — et souvent très cruellement — quand montait sur le trône un nouveau souverain qui, comme prince impérial, avait eu à se plaindre du conseiller de son père.

La lutte entre les ligues des États feudataires et l'impérialisme dura longtemps ; mais son issue n'était pas douteuse. Une masse d'États sans consistance et déchirés par des luttes intérieures cherchait en vain à ébranler une puissance solidement établie et fonctionnant avec une précision remarquable. Conseillés par les dilettanti qu'étaient les philosophes itinérants, leurs chefs agissaient généralement au hasard d'une intrigue de leur cour. Et quand l'État de Ts'in étendit méthodiquement sa domination d'ouest en est, ils ne purent oublier leurs querelles et se laissèrent dévorer par ce Moloch.

Ts'in Che-houang-ti abolit la noblesse héréditaire dans les territoires chinois nouvellement conquis, comme il l'avait fait dans son pays, et les divisa en préfectures ayant chacune trois grands fonctionnaires à leur tête et en districts. Ce fut la fin de l'organisation féodale. Le nombre des préfectures qui était de 36 au début fut ensuite porté à 40. Leur étendue et le nombre des districts qu'elles contenaient étaient variables. De cette époque datent la division par provinces qui a toujours été conservée depuis lors et l'application du principe qu'un fonctionnaire doit être déplacé souvent, afin qu'il ne puisse se créer de relations dans la partie du territoire placée sous ses ordres. Toutes les mesures avaient, pour but la concentration de l'autorité entre les mains du gouvernement central. L'unification des États chinois fut ainsi réalisée. Ce fut la rupture complète avec le passé, ainsi que le montrent les modifications suivantes.

---

l'homme s'y trouvait à la longue réduite au minimum, et ils se succédaient automatiquement.

1° CHANGEMENT DE TITRE DU SOUVERAIN.

Les dynasties historiques avaient adopté jusqu'alors le mot *Wang* (roi) pour désigner le souverain. On lui donnait aussi le nom de Fils du Ciel *(T'ien-tse)*, parce qu'il descendait du Souverain-d'en-haut. Les titres de Sublime (*houang*) ou de Dieu (*Ti*) qu'on donnait aux empereurs mythiques ne sont pas applicables ici. On adorait en ces derniers des êtres surhumains et des modèles éclatants et on leur vouait un culte presque religieux. Nous avons vu que des souverains de principautés avaient pris, eux aussi, le titre de roi pour se rendre indépendants de la confédération des États, comme le fait s'est produit dans le Saint Empire Romain. Ils rehaussaient ainsi leur prestige et leur autorité. L'introduction des rites des barbares dans l'État de Tchao avait été faite dans le même but. Mais rien ne pouvait prévaloir contre l'antique coutume en vertu de laquelle le souverain, après sa mort, devait, pour ainsi dire, être soumis au jugement de l'histoire. Il recevait un nom de temple qui résumait l'appréciation portée sur l'homme et sur sa manière de gouverner. La plupart de ces noms sonnaient très bien, mais ils avaient des significations précises pour les initiés. Un duc qui a reçu le nom de temple Ling était certainement un prince remarquable, mais de mauvais princes également ont été ainsi nommés. Les noms de Li (terrible) ou Yu (sombre) ont été les moins usités. Ils étaient cependant donnés à un prince défunt quand celui-ci les méritait.

Tout cela fut modifié après la soumission de l'empire. Le vainqueur prit le titre de *Houang-ti* qui est la réunion des titres mythiques *houang* (sublime) et *ti* (divus), et correspond assez exactement au *Divus Augustus* des Romains. Et s'il est inexact de traduire le mot « Houang » par « empereur » ou « imperator », il n'en est pas moins vrai que cette traduction correspond assez bien au nouveau titre. Le souverain devint « imperator », et on créa de nouvelles dénominations pour les arrêtés et édits impériaux. L'empereur décida que ses décrets s'appelleraient *tche* et créa pour se désigner lui-même le pronom personnel *tchen* qui est analogue au *Pluralis Majestaticus*. Puis il abolit les noms de temple, parce qu'il jugeait inconvenant que, pour les décerner, le fils jugeât son père, et le ministre son prince. Enfin, il se proclama le Premier Empereur (*Che-houang-ti*) et décida que ses successeurs porteraient seulement un numéro d'ordre (second empereur, troisième empereur) jusqu'au dix-millième, jusqu'à l'infini.

Cette innovation, qui est caractéristique de l'esprit qui régnait alors, ne dura pas longtemps. La dynastie Ts'in ne donna pas à la Chine dix mille empereurs. Elle prit fin à la mort lamentable du deuxième.[107]

2° ORGANISATION ADMINISTRATIVE.

Le système féodal fut remplacé par une organisation administrative reposant sur la division des fonctions et sur une séparation complète entre les administrations civile et militaire. Seul l'empereur avait la haute main sur l'une et sur l'autre. A la tête du pouvoir central se trouvaient un premier ministre (*tch'eng-siang*) qui était uniquement chargé de l'administration de l'empire, un maréchal (*t'ai-wei*) qui avait toutes les forces militaires sous ses ordres, mais ne prenait aucune part à

[107] Tout en conservant le titre Houang-ti, on introduisit de nouveau plus tard des noms de temples modifiés. En outre, certains souverains ayant adopté la coutume de désigner certaines périodes par des devises, on a souvent commis, surtout dans les ouvrages européens, l'erreur de prendre ces devises pour les noms des souverains qui les avaient imaginées. C'est ainsi que beaucoup de ces ouvrages parlent des empereurs K'ien L oung et Tao Kouang, alors que ce sont des expressions signifiant :la première « La Grâce du Créateur », la seconde « La lumière du chemin », noms par lesquels plusieurs souverains de la dernière dynastie ont caractérisé leur règne. Alors qu'au début les souverains changeaient plusieurs fois de devise au cours de leur règne, on a fini par adopter dans la suite une seule et unique devise pour chaque règne.

l'administration ni au gouvernement. En outre, les censeurs (*yu-che*) jouissaient d'une indépendance complète et étaient uniquement chargés de la surveillance des fonctionnaires. On retrouvait la même organisation dans les provinces : administration civile, commandement militaire supérieur et censeurs. Même les districts comprenaient deux fonctionnaires, l'un militaire et l'autre civil. Jusqu'à ces derniers, tous les fonctionnaires étaient, par mesure de sûreté, nommés directement par l'empereur, de sorte que cette organisation administrative était un excellent instrument de centralisation pour une monarchie absolue.

3° L'ÉTAT UNIFIÉ.

Pendant la période des Royaumes Combattants, les institutions et les mœurs s'étaient développées indépendamment les unes des autres dans chacun des États. Les mesures d'arpentage, la largeur des routes, les lois, les vêtements, la langue et l'écriture même différaient suivant les régions.[108]

Quand il eut conquis l'empire, Ts'in unifia tout cela. Il estimait qu'une conquête militaire n'est pas complète tant que l'on n'a pas détruit les coutumes et les usages anciens et modifié les idées qui avaient cours auparavant. C'est la doctrine que

---

108 C'étaient les États du sud qui, par leur langue, différaient le plus des autres. Déjà Mong-Tsé appelait les habitants du sud « barbares », « bafouilleurs », et à l'époque de l'Empire Wou on considérait de bonne politique de limiter les conquêtes aux régions du Yang-Tsé qui, à cause de la similitude de la langue, se laissaient facilement assimiler, tandis que les régions conquises des États du nord restaient toujours étrangères aux populations conquérantes. Bien que, en ce qui concerne l'écriture, les différences ne fussent pas bien considérables, il y avait cependant entre les diverses régions des écarts portant sur la forme des signes, et surtout sur le style. L'érudit suédois Karlgreen a très ingénieusement utilisé ces écarts qu'on trouve dans la langue des vieux textes en vue d'une critique plus pénétrante de ceux-ci.

soutenait Li-se, son premier ministre. L'histoire chinoise voit généralement en ce dernier le mauvais génie qui a poussé Ts'in Che-houang-ti à essayer de détruire de fond en comble l'antique culture chinoise. Cela tient à ce que Li-se s'est attiré l'animosité d'une partie de l'école de Lou — qui précisément devait devenir très puissante dans la suite — et que les disciples de celle-ci ont dit de lui tout le mal possible. Ils l'ont surtout accusé d'avoir détruit des livres par le feu et d'avoir mis à mort des lettrés. Ils avaient évidemment raison sur le premier point. Les nouvelles mesures instituées par le gouvernement furent violemment critiquées par les adversaires confuciistes de Li-se au nom de l'autorité sacrée des documents de l'antiquité. Le ministre prit alors une décision énergique et ordonna d'expurger la littérature de tous les documents historiques, sauf de ceux qui concernaient le royaume de Ts'in. Il interdit ainsi plusieurs ouvrages de Confucius : le *Livre des Annales,* le *Livre des Odes* et *Les Annales du Printemps et de l'Automne.* Ceux-ci devaient être, non pas détruits, mais conservés par l'administration centrale. Au contraire, les exemplaires qui étaient entre les mains du peuple devaient être brûlés. Mais à cela s'ajoutait autre chose. Quiconque désirait consulter les ouvrages qui se trouvaient dans la bibliothèque impériale devait s'adresser aux lettrés qui en avaient officiellement la charge. Cette mesure était prise dans l'intention de supprimer tout simplement l'enseignement privé que Confucius avait inauguré. Car les écoles privées étaient des foyers d'opinions libres et l'on pouvait toujours craindre qu'elles critiquent le gouvernement ou émettent des opinions défavorables à son sujet, Ce n'est pas par hasard que la légende a fait plus tard de Confucius le « roi sans couronne », appelé à recueillir la succession des Tcheou. Deux forces antagonistes étaient en présence : l'autorité de l'État disposant de tous les moyens de coercition que lui procurait une organisation remarquable, et l'autorité spirituelle. L' État voulait avoir la haute main sur la formation intellectuelle et réglementer les pensées, de façon à les adapter à l'ordre des choses existant. L'organisation d'un service de censure chargé de briser toute résistance ouverte, et même ce qui en avait les apparences, provoqua les protestations des lettrés de l'opposition et suscita des conflits à différentes reprises. L'exécution des lettrés que l'on a reprochée à Ts'in Che-houang-ti fut une mesure de répression dirigée, non contre les protestataires, mais contre des magiciens de la cour qui étaient devenus insupportables. L'empereur entretenait un grand nombre de gens de cette sorte qu'il recrutait dans le Chan-toung, où les montagnes plongent dans la mer. Très superstitieux, il faisait rechercher les îles des Bienheureux que l'on disait situées en pleine mer à une grande distance de la terre.[109] Mais il n'était pas dominé par ces idées chimériques et quand des magiciens avaient cessé de lui plaire, il n'hésitait pas à les faire exécuter. Il trouvait toujours à les remplacer.

Il est à remarquer cependant que les principes appliqués par le ministre tout-puissant se rattachaient en dernier lieu à Confucius. Li-se était l'élève personnel de son contemporain Siun-k'ouang dont la doctrine différait cependant de celle de Mong-tse. Néanmoins, l'unification qui a été réalisée dans la plupart des institutions sociales de l'époque des Ts'in s'appuie sur la doctrine confucienne. Confucius avait déclaré que seul l'homme qui possédait l'intelligence en même temps que le pouvoir était à même d'organiser la société. L'intelligence était nécessaire pour créer de bonnes institutions et l'autorité pour assurer leur fonctionnement uniforme. L'unification des institutions sociales avait pour Confucius une importance extrême, car il estimait qu'elle était le fondement d'une morale solide.

---

109 On retrouve très nettement des influences hindoues dans ces légendes qui ont été reprises plus tard par le taoïsme. Originaire de Ts'i était également le philosophe Tsou Yen (vers 336-280) qui, à la différence des autres philosophes, se livrait à des spéculations cosmologiques qui, par la doctrine des cinq éléments, se rapprochaient des spéculations hindoues. Beaucoup lui attribuent même la géographie fantastique Shan Haï King ; ainsi que nous le montrerons plus loin, ces influences se sont beaucoup accentuées dans la suite.

Après l'unification des lois et des règlements, ce fut le tour des mesures de pesanteur et des mesures de longueur ; les chars eurent des essieux de dimensions identiques ; tous les objets furent conformes à un modèle type. Enfin Li-se imposa l'emploi de caractères d'écriture nouveaux. Les caractères ta-tchouan qui avaient été inventés en 820 par un scribe des Tcheou et étaient devenus d'usage courant avaient subi avec le temps des déformations particulières dans les divers pays. Parmi ces systèmes d'écriture, Li-se en choisit huit et chacun d'eux dut être employé pour un genre littéraire déterminé. Cette réforme de l'écriture, poursuivie par les Han, a été l'origine des caractères dont les Chinois se servent aujourd'hui. Elle a eu de grosses conséquences pour la vie intellectuelle chinoise. Car, lorsque les anciens écrits que Ts'in Che-houang-ti avait interdits reparurent pus tard, personne ne fut capable de lire les caractères dont ils étaient composés. Il fallut les transcrire dans la nouvelle écriture et l'opération ne s'effectua pas sans de nombreuses altérations des textes. La rupture de continuité de la tradition écrite fut poussée encore plus loin. Toutes les fois que l'on découvrait un édit de l'antiquité, il fallait le transcrire, et accompagner le texte de nouvelles explications, puisque l'ancienne tradition était perdue. D'ailleurs, il est indiscutable que le confucianisme des Han diffère entièrement de la doctrine confucienne originale. L'époque des Ts'in les a séparés.

4° LA GRANDE MURAILLE.

On a généralement attribué à Ts'in Che-chouang-ti la construction de la Grande Muraille qui est située dans la Chine septentrionale. L'expression « Muraille de Chine » est employée couramment dans le sens de barrière artificielle au progrès de la civilisation humaine. En réalité, il s'agit de tout autre chose. Pendant les guerres continuelles de l'époque des Royaumes Combattants on en était arrivé à protéger les frontières par des lignes de postes fortifiés qui rappelaient les limes des Romains.

Dès que Ts'in eut unifié l'empire, les murs devinrent inutiles et furent démolis. D'un autre côté, avec l'extension des territoires frontières et l'accroissement de leur population, les habitants de la Chine cherchèrent à se protéger contre les barbares qu'ils désignaient sous les noms de Yi, Ti, Young et Man. Parmi ces États barbares figuraient ceux de Ts'in à l'ouest, de Tch'ou au sud, de Wou et de Yue au sud-est. Quand ils furent arrivés à fondre leurs civilisations avec celle des Chinois, on se mit à chercher des fondateurs et des ancêtres communs aux occupants de ces régions et aux aïeux des Chinois. Le prolongement de la tradition chinoise vers un passé de plus en plus éloigné tient essentiellement au fait que les nouveaux ancêtres se voyaient assigner des époques antérieures à celles pendant lesquelles avaient vécu les ancêtres déjà connus et reconnus. C'est ainsi que se trouva reculée la frontière séparant la Chine proprement dite des « Barbares ». En fait il ne se produisit plus d'incursions barbares venant des régions méridionales, tandis que les attaques des tribus qui vivaient dans les plaines du nord et de l'ouest de l'empire se renouvelaient périodiquement. Des anciens États, ceux de Tsin au nord-ouest et de Yen au nord-est étaient les plus exposés aux invasions. Les tribus du nord étaient généralement désignées sous le nom de Hou et les tribus de l'ouest sous celui de Young. Il fallait sans cesse livrer bataille pour les repousser. Au cours de ces combats, l'État de Tchao construisit au nord-ouest un mur fortifié, amorce de ce qui devint plus tard la Grande Muraille, et l'État de Yen en fit autant à l'est. Les territoires qui avaient été conquis sur les tribus barbares et se trouvaient à l'intérieur des murs furent alors annexés par les deux États.

Pendant que l'État de Ts'in étendait sa domination sur le pays tout entier, les peuplades nomades du nord de la Chine, appelées les Hioung-nou,[110] étaient devenues très puissantes et, après avoir soumis les autres tribus, avaient occupé les frontières de la Chine depuis la Corée à l'est jusqu'au Kan-sou à l'ouest. Ts'in Che-houang-ti comprit le danger qui le menaçait de ce côté. En 215, il donna 300.000 hommes au général Mong t'ien et le chargea de repousser les envahisseurs du nord. Tout le territoire compris dans la boucle nord du Fleuve Jaune fut conquis. Les anciens ouvrages furent réunis entre eux par des murs et constituèrent une ligne de défense continue le long de la frontière septentrionale : telle fut l'origine de la fameuse « Grande Muraille de 10.000 lis ».[111]

On peut se demander, comme à propos du limes romain, si cette muraille avait une utilité réelle. Elle constituait évidemment, sous des gouvernements forts, un point d'appui solide pour les avant-postes qui étaient chargés de la surveillance des frontières septentrionales. Mais les obstacles matériels étaient insuffisants pour résister au mouvement qui poussait les hommes du nord vers les plaines chinoises. C'était là la conséquence d'une situation politique et géographique particulière. Les tribus de civilisation relativement primitive qui occupaient les plateaux dénudés du nord cédaient à l'attraction naturelle qu'exerçaient sur elles les terres fertiles qui s'étendaient au pied de leurs montagnes. Leur tentation pouvait bien être refoulée de temps à autre, mais il était impossible de la supprimer complètement.

Profitant des troubles qui suivirent la chute des Ts'in, les Hioung-nou envahirent la Chine. L'empereur Kao-ti, de la

---

110 Ce sont les Hiun-yue des époques antérieures, généralement identifiés avec les Huns.

111 La Grande Muraille qui se dresse aujourd'hui au nord de la Chine est de construction beaucoup plus récente. L'ancien mur a été détruit au cours des attaques répétées des Huns. Sa reconstruction, commencée à l'époque des T'sang, n'était pas encore achevée à l'époque des Ming.

dynastie des Han, trouva dans leur chef Mao-toun un adversaire digne de lui. Ayant pris le commandement d'une expédition dirigée contre les Hioung-nou, l'empereur fut cerné avec ses troupes et ne dut son salut qu'aux cadeaux qu'il envoya à la femme du Khan, afin qu'elle intervînt auprès de son mari. L'impératrice Lu, femme et successeur de Kao-ti, ne put vivre en paix avec les Huns qu'en donnant en mariage à leur chef une princesse impériale. Dans la suite, les Han ont repoussé les Hioung-nou à différentes reprises, mais la tranquillité n'a jamais été durable.

En résumé, la Grande Muraille, ce chef-d'œuvre de la volonté humaine, construite dans les larmes et le sang, n'est pour nous qu'un monument qui rappelle les combats incessants qui ont eu lieu dans la Chine du nord. Elle témoigne, il est vrai, de la volonté puissante que Ts'in Che-houang-ti apportait dans toutes ses entreprises. La plupart des mesures réalisées par cette volonté ont été efficaces, parce qu'elles répondaient aux besoins du moment. C'est ainsi que l'unification de la Chine ne présentait que des avantages pour des populations de civilisations différentes. Par ailleurs, Ts'in Che-houang-ti a exercé par ses actes une certaine influence sur les événements, sans les diriger comme il l'aurait désiré. Enfin, bien des espoirs qu'il avait nourris, entre autres celui de fonder une dynastie durable, se sont pitoyablement écroulés après sa disparition de la scène. Il a été maudit par les générations. Et si on lui a injustement reproché beaucoup d'actes dont il n'était pas coupable, son absence de scrupules et sa cruauté qui ont laissé sur son passage des traces de sang lui ont justement attiré la haine générale.

Ts'in Che-houang-ti a été, non le créateur d'une civilisation, mais une de ces natures démoniaques qui sont appelées à renverser de vieux mondes, pour préparer le terrain sur lequel seront édifiés des mondes nouveaux.

CHAPITRE VI

LA MONARCHIE NATIONALE DES HAN (206 AV. J.-C. À 220 AP. J.-C.)

I. — ORGANISATION POLITIQUE ET ÉCONOMIQUE

Les réformes radicales que Ts'in Che-houang-ti avait apportées dans l'administration, en vue d'unifier l'empire, devaient naturellement provoquer le mécontentement des princes. Les divers États acceptaient difficilement de n'être plus que des divisions administratives de l'empire. De plus, la cruauté du nouveau système le rendait odieux. Aussi, la chute soudaine des Ts'in fut-elle le signal d'un soulèvement général et de combats acharnés au nom de l'idée d'après laquelle le monde ne pouvait être la propriété privée d'un homme. C'est dans ces circonstances que le romantique Hiang-tsie, qui avait lutté avec autant d'ingéniosité que de cruauté pour assurer la prépondérance de Tchou qu'il avait édifiée, se proposa de rétablir les États feudataires dans le but de se rendre populaire. Ce fut, en somme, la résurrection de l'idée fédéraliste. Il fonda un empire qui comprenait un territoire impérial (purement nominal), un État hégémon (dont il était le chef) et dix-huit royaumes (dont il fit lui-même la répartition).

L'organisation projetée de l'empire ne fut jamais réalisée. Mais les anciens royaumes étaient séduits par l'idée qu'ils recouvreraient leur puissance d'autrefois. Ils pensaient que l'exemple du roi Wou des Tcheou distribuant généreusement les fiefs allait être suivi dans un avenir immédiat. La victoire ne sourit pas au romantique Hiang-tsie. Elle réserva ses faveurs à Liou-pang, paysan tenace, rusé et positif qui, nommé d'abord duc de P'ei, devint, par la victoire qu'il remporta sur ses rivaux, le premier empereur de la dynastie des Han. Cet homme comprit la nécessité de faire des concessions à l'opinion publique, car il avait un profond sens pratique. Il donna des fiefs à ses amis et à ceux qui l'avaient soutenu dans les combats, mais conserva les divisions administratives du pays et l'organisation des fonctionnaires qui existaient. Les deux pouvoirs fonctionnaient l'un à côté de l'autre.

Il tenait surtout à avoir un bon corps de fonctionnaires. Quant aux États feudataires, ils étaient là surtout pour la forme. Liou-pang surveillait de près ces derniers et les traitait sans pitié quand il en avait l'occasion. Il se débarrassa, sous un prétexte ou sous un autre, des vassaux de la première heure et donna les fiefs à des princes des Han. En agissant ainsi, il avait espéré remédier aux inconvénients qu'entraînait la division de l'autorité et assurer à jamais la suprématie des Han. Vains espoirs ! Il avait compté sans sa femme, l'impératrice Lu. Après sa mort, celle-ci gouverna avec despotisme et cruauté. Les divers États à la tête desquels avaient été placés des parents de la famille régnante se soulevèrent et se disputèrent le pouvoir. Il apparut bientôt qu'une surveillance sévère pourrait seule rétablir le calme. Finalement, l'attribution des fiefs devint de plus en plus une simple formalité. Les princes qui avaient été nommés chefs d'un État résidèrent à la cour et portèrent le titre de roi, mais ne possédèrent aucune autorité. Le titre de « roi » fut dépouillé de son ancienne signification, pour se rapprocher tout à fait de celui de « prince ».

C'est de la dynastie des Han que date la division de l'empire chinois en provinces. Il y avait au début 241 États feudataires et 103 districts formant un ensemble de 1.314 préfectures. Les territoires frontières étaient appelés tao (districts supérieurs). L'empire fut réparti plus tard en 13 provinces, subdivisées elles-mêmes en préfectures et sous-préfectures. C'est de cette époque que date la division tripartite du système administratif chinois : préfecture, district, province.

Les conditions des paysans ne furent pas modifiées. Toutefois les corvées que la construction de la Grande Muraille, des mausolées et des palais impériaux avait fait peser si lourdement sur la population à l'époque des Ts'in furent allégées, pour peu de temps d'ailleurs, Il semble que l'agriculture ait bénéficié de certaines améliorations telles que la culture des terres alternée tous les trois ans.

D'une façon générale, du reste, les Han ont témoigné beaucoup moins d'intérêt à la campagne qu'aux villes. Après l'incendie qui détruisit des palais admirables et la précieuse bibliothèque de la capitale des Ts'in pendant les combats pour la suprématie — catastrophe dont l'ancienne littérature a infiniment plus souffert que de la destruction de livres par Ts'in- che-houang-ti — le fondateur de la dynastie des Han ordonna d'édifier une nouvelle capitale à Tch'ang-an (près de l'ancienne résidence impériale de Hien-yang). Les services du gouvernement furent réunis dans cette ville qui devint ainsi le moteur de tous les rouages de la machine administrative de l'empire et acquit une importance considérable.

L'extension du système monétaire est la conséquence de la civilisation urbaine et du rapide développement du commerce qui caractérisent l'époque des Han. Dès son début, la dynastie a frappé différentes monnaies. Sous les Ts'in les grosses sommes avaient été payées en or et les petites en alliages de cuivre et d'étain. Les cours étaient fonction de la valeur du métal. L'État n'intervint pas dans la frappe des monnaies, tant que celle-ci ne comporta qu'une indication de poids. Il en a été de même pour l'argent jusqu'à une époque toute récente. Les firmes apposaient sur les lingots un cachet de garantie qui engageait leur responsabilité. La situation changea quand le gouvernement manquant d'argent se mit à frapper des monnaies ayant cours forcé. Pour parer à la détresse de ses finances, l'empereur Wou-ti créa, en 119, des monnaies d'étain et d'argent mélangés. Les grandes, de forme ronde et percées d'un trou central ; représentaient un dragon et pesaient 8 onces ; les moyennes étaient carrées, représentaient un cheval et pesaient 6 onces ; les petites étaient ovales, représentaient une tortue et pesaient 4 onces.[112] Les faux-monnayeurs devinrent rapidement très nombreux et il se produisit une telle inflation qu'il fallut suspendre l'émission de ce genre de monnaies. Elles furent remplacées par des morceaux de cuir longs d'un pied qui provenaient des cerfs blancs élevés dans les parcs impériaux. Ces pièces avaient une valeur forcée considérable. Ce sont certainement les premiers ancêtres du papier-monnaie. Les grands payaient très cher ces morceaux de peau qui leur étaient indispensables pour être admis à la cour ou reçus en audience. Avant de nous occuper des conséquences économiques de l'expansion géographique de l'Empire, jetons encore un coup d'œil sur l'état de la civilisation à l'époque des Han.

2. — LE MOUVEMENT INTELLECTUEL SOUS LES HAN

a) *Les magiciens.* — Sous l'action de diverses influences extérieures, la mentalité de l'époque était devenue beaucoup plus primitive qu'à la fin des Tcheou. La croyance générale au surnaturel avait remplacé les sophismes et le scepticisme auxquels se plaisaient les intellectuels. Fatigués des essais infructueux qu'ils avaient tentés en vue de rétablir l'ordre dans le monde par des moyens intellectuels, les hommes aspiraient à s'évader de la réalité et prêtaient une oreille complaisante aux paroles des devins et des sorciers. Ces dispositions d'esprit, que l'on a déjà pu constater à l'époque de Ts'in che-houang-ti, furent beaucoup plus marquées sous les Han. L'angoisse humaine atteignit son plus haut point. Quelques-unes des chansons populaires de cette époque comptent parmi les plus mélancoliques que l'on connaisse. Yang-tchou avait déjà insisté sur la vanité des biens de ce monde. Mais sa liberté d'esprit lui permettait de considérer d'un point de vue objectif, pour ainsi

112 Cf. H. Cordier, *Histoire générale de la Chine*, I, p. 239.

dire, ses actions et celles des autres et il laissait les choses suivre leur cours, sans s'en préoccuper.

L'individu peut se placer à ce point de vue ; une communauté entière ne le peut pas. En outre, il faut tenir compte de l'essor de la mythologie que les pays situés sur les frontières méridionales avaient introduite dans l'empire. Le grand poème de K'iu-yuan, *Affliction dans la misère,* nous initie à un monde nouveau. L'espace est peuplé d'une infinité d'esprits et de dieux. Ce ne sont pas des puissances anonymes, comme en connaissait le confucianisme ; ce sont des êtres particuliers, doués de conscience et de volonté, qui vivent et se meuvent autour de nous. Bien des indices font croire qu'en ces temps éloignés l'Inde exerçait déjà sur les conceptions chinoises une influence dont nous ne connaissons pas encore toute l'importance.

Ces idées mythologiques et religieuses étaient exploitées par les *fang-che* (magiciens) qui jouaient un grand rôle à la cour, car plus d'un empereur avait espéré arriver grâce à eux à faire de l'or et à découvrir le breuvage d'immortalité. Les magiciens ont repris la religion chinoise d'autrefois et l'ont interprétée à leur façon. Ils ont fait de même pour le taoïsme en se servant des points communs que constituaient les métaphores et les personnifications de Tchouang-tse et y ont introduit des conceptions mythologiques qui l'ont complètement transformé. Toutefois la nouvelle religion s'est révélée durable. Les philosophes taoïstes, depuis Lao-tse jusqu'à Tchouang-tse, sont devenus les sages et les saints de cette religion populaire et la nécromancie des fang-che a été incorporée à leurs doctrines. Tel fut le premier stade de la religion taoïste qui acquit la stabilité indispensable à une communauté religieuse quand elle eut adopté l'organisation des bouddhistes. Notons en passant que les taoïstes ont vénéré plus tard comme ancêtre de leurs « seigneurs célestes » (Tien-chi) un des paladins du fondateur de la dynastie des Han.

b) *Le Confucianisme.* — La religion des magiciens qui avait emprunté sa philosophie au taoïsme présentait également des points de contact avec le confucianisme. Une des branches, au moins, de l'école confucienne a exprimé, dans le *Tchoung-young* (*Mesure et Milieu*) par exemple, des idées qui se rapprochent beaucoup des principes fondamentaux de Lao-tse. D'un autre côté, Tchouang-tse appartient à l'école de Confucius par son maître T'ientse-fang. Enfin, le *Livre des Changements* (*Yi-king*), qui expose des idées communes au confucianisme et au taoïsme, forme un lien de plus entre les deux philosophies. A vrai dire, du confucianisme sont nées d'autres doctrines. Il s'occupait des rites qui règlent les détails des cérémonies, il avait également des préoccupations historiques dont nous parlerons plus loin et professait certaines théories politiques comme celles de Siun-k'ouang qui se rapprochaient de l'école des Légistes et d'une branche de l'école néomeitiste qui avait pour représentants des lettrés comme Han-fei-tse et Li-se. Ces doctrines différentes ont été le sujet de vives discussions et l'on a vu plus tard les confucianistes prendre fait et cause pour les magiciens que Ts'in che-houang-ti avait fait mettre à mort. Sous les Han, Toung-tchoung-chou et d'autres, s'inspirant en même temps de la philosophie taoïste de la nature et des principes historiques de Confucius, ont interprété les *Annales du Printemps et de l'Automne* d'après la doctrine dualiste (Yin-yang) du taoïsme. C'est sous cette forme que le confucianisme a acquis son prestige et son influence à l'époque des Han.

Toutefois, les débuts de la nouvelle dynastie ne lui furent pas favorables. Le fondateur des Han était totalement illettré et éprouvait à l'égard du savoir un profond mépris qu'il exprimait à l'occasion d'une manière grotesque. Il était très sceptique et les actes seuls comptaient pour lui. Il professait une grande indifférence à l'égard des rites et des cérémonies. Toutefois, écœuré par le manque de tenue de ses courtisans, il chargea un lettré confucien de capacité moyenne de composer un cérémonial de cour sur le modèle de celui de Ts'in. Quand le cérémonial lui fut présenté, l'empereur s'écria, dit-on :

— Je sais maintenant ce qu'est la dignité impériale.

Il ne rapporta pas cependant l'interdit prononcé contre les écrits de Confucius. Mais il alla visiter le tombeau du Sage — par curiosité, du reste.

Le confucianisme ne devait pas tarder à triompher. Si les empereurs s'étaient sentis personnellement attirés par les pratiques des magiciens de la cour, le confucianisme n'en était pas moins resté, pour ainsi dire, la philosophie officielle. Peu à peu, un changement se produisit. Tout d'abord, les édits de persécution furent abrogés. Puis, les confucianistes furent nommés à toutes les charges importantes et des récompenses furent promises à quiconque retrouverait des écrits des classiques perdus. Enfin la connaissance d'un ouvrage classique fut déclarée indispensable pour tout lettré qui aspirait à une charge officielle. La victoire de l'école confucienne était décisive. Les luttes que les lettrés confucianistes avaient soutenues pour défendre leurs principes avec courage et constance étaient terminées. Désormais, le confucianisme suivra une voie triomphale, malgré quelques arrêts.

La doctrine qui triomphait n'était cependant plus le confucianisme pur. Au cours de la lutte avec ses rivales, elle leur avait pris tout ce qu'elle avait pu. Elle avait emprunté au taoïsme et aux légistes un grand nombre d'idées excellentes, mais elle n'avait pu s'assimiler l'universalisme de Mei-ti, qui était trop contraire à ses principes, et l'avait rejeté. Cette dernière doctrine, quoiqu'elle ait été organisée en Église, ne dura pas longtemps. Après avoir partagé pendant quelque temps avec le confucianisme la faveur des pays de civilisation chinoise, elle fut abandonnée à cause de sa sévérité et de son ascétisme. Il serait intéressant de rechercher pourquoi la doctrine théiste de l'amour universel n'a pas eu autant de succès en Orient qu'en Occident où elle a été pendant des millénaires la base de la vie religieuse. Ce fait provient de raisons diverses. Les théories activistes de Mei-ti convenaient à une mentalité plus « jeune », pourrait-on dire. Les Chinois étaient déjà trop blasés à cette époque, pour croire naïvement que l'amour universel pourrait améliorer le monde. En outre, en voulant faire prévaloir un point de vue, on crée sûrement le point de vue contraire. Tel a été le cas pour l'amour universel. L'histoire du christianisme l'a montré aussi nettement que le sort qui a frappé le meitisme en Chine. Le christianisme a conservé toutefois un pouvoir au moins apparent, alors que le meitisme a disparu. Ces différences tiennent peut-être à ce que le christianisme ne s'est pas heurté à une philosophie aussi mûrie, aussi claire et aussi douce, que le confucianisme ou, plus probablement, aux différences entre l'Occident où l'individualisme se développait et l'Orient qui ne pouvait se délivrer des entraves de la communauté familiale. C'est dans ce dernier que le confucianisme, basé sur les liens naturels de la famille, devait triompher. L'éveil de l'âme que le christianisme avait provoqué en Occident fut accompli de la même façon en Orient par le bouddhisme Mahayana, compte tenu naturellement de la mentalité des différentes populations.

c) *La victoire du confucianisme. Le Canon.* — La constitution d'un canon des livres sacrés et l'élaboration d'une théorie du gouvernement furent les conséquences de la victoire du confucianisme.

Une sélection des écrits authentiques les plus anciens donna le *Livre des Changements* (*Yi-king*), le *Livre des Annales* (*Chou-king*), le *Livre des Odes* (*Che-king*) et les *Annales du Printemps et de l'Automne* (*Tch'oun-tsieou*). Tous ces ouvrages concernent l'école confucienne qui les expliquait et les utilisait comme manuels. On s'est demandé quelle part Confucius avait prise à leur rédaction. Autrefois la plus grande partie de ces écrits étaient attribués à Confucius et à ses disciples, mais aujourd'hui les érudits chinois sont très sceptiques à ce sujet. Seules les *Annales du Printemps et de l'Automne* ou *Chronique politique de la principauté de Lou,* sont sans contestation possible de la main de Confucius. On n'admet pas d'une façon aussi unanime que le Maître ait réuni et édité les chants du *Livre des Odes ;* mais on lui attribue les airs, ou plutôt la révision des airs de musique qui accompagnaient les chants.[113] Le *Livre des Annales* contient des retouches et des additions — même postérieures aux Han — qui sont probablement l'œuvre de fonctionnaires désireux de recevoir les récompenses promises à ceux qui découvriraient d'anciens écrits. Il est admis toutefois que ce livre a été une des sources de l'enseignement de Confucius, car il renferme des idées qui correspondent exactement à celles du *Loun-yu,* par exemple. On constate que l'école confucienne l'a utilisé comme manuel dès le début.[114] Des doutes ont également été émis récemment au sujet de la part que Confucius a prise à la composition du *Livre des Changements.* Mais la tradition concernant ce sujet est assez solide, comme nous l'avons déjà dit, pour que des doutes raisonnables ne l'ébranlent pas. Outre ces ouvrages dont les uns n'ont jamais été perdus, tandis que d'autres ont reparu d'une façon plus ou moins miraculeuse, on a découvert et canonisé à l'époque des Han un certain nombre d'écrits. Au temps de Confucius, les rites étaient enseignés pratiquement et de vive voix. Ils n'étaient probablement pas réunis en *King* (canon) ou, s'il existait un recueil de ce genre, ce qui est encore possible, il a été perdu depuis. Sous les Han, les frères Tai ont recueilli les rites traditionnels et en ont publié deux recensions sous le nom de *Mémorial des rites* (*Li-ki*). Il est généralement ajouté aux quatre ouvrages cités plus haut et leur ensemble forme les cinq King.[115] Leur nombre fut porté plus tard à sept, par l'adjonction du *Tcheou-li* et *Yi-li*, qui sont les écrits apocryphes dont nous avons parlé plus haut, puis à neuf

---

113 C'est l'opinion exprimée par Liang-k'i-tch'ao dans les conférences sur la littérature chinoise de l'antiquité qu'il a faites à l'Université Ts'ing-houa.

114 Cf. divers passages du *Loun-yu* et du *Mong-tse.*

115 On parle quelquefois de six *King* correspondant aux six arts libéraux (Liou-yi). Ce sont les cinq *King* auxquels on ajoute la Musique. Or, il n'y a pas de Livre de la Musique. Ce qu'on désigne ainsi se trouve aujourd'hui dans le *Li-ki.*

quand on y eut ajouté le *Tch'oun-ts'iou* accompagné des commentaires de Koung-yang et de Kou-liang, et le *Tso-tchouan* auquel nous reviendrons. Finalement — le *Livre de la piété filiale* (Hiao-king), les *Entretiens de Confucius* (Loun-yu), le *Dictionnaire Eul-ya* et les *Ecrits de Mong-tse* forment, avec les ouvrages précédents, les treize livres qui ont constitué le canon de l'époque des Han. Ils ont été plus tard gravés sur pierre et considérés jusqu'à l'époque des Soung comme ouvrages authentiques de l'école confucienne.

d) *Le conservatisme de l'État.* — Le confucianisme a exercé sur la forme du gouvernement une influence encore plus grande que sur la littérature. L'État chinois a conservé pendant des millénaires les parties essentielles de l'organisation qu'il possédait à cette époque. L'adaptation aux diverses circonstances a évidemment entraîné des modifications nombreuses, mais les principes sur lesquels reposait l'État sont restés immuables, malgré les changements de dynasties, jusqu'à la révolution qui a établi la république en Chine.

La consolidation eut lieu pendant le long règne de l'empereur Wou-ti (140-87). Des légendes et des mythes se sont formés au cours des siècles autour de ce souverain. Très fantasque et passionné, il s'est beaucoup intéressé aux doctrines des magiciens. Ces gens habiles abusèrent de la crédulité de leur noble dupe et lui firent accomplir de longs voyages jusqu'aux rivages de la mer orientale pour voir les génies bienheureux.[116]

---

116 Ce serait alors que la montagne Laoschan, dans l'ancienne région de Kiao-tchou, aurait reçu son nom. Elle s'appelait précédemment Ao-Chan d'après le monstre marin Ao. Cet « Ao » a été transformé en « Lao » (misère) par la population à laquelle les voyages de l'empereur imposèrent de pénibles corvées et contributions en argent (voir la préface à la chronique de Lao-tchan).

Quand l'un d'eux était démasqué, l'impulsif empereur le faisait exécuter sur le champ. Mais il en revenait toujours à la magie. Un jour les eunuques tirèrent parti de la superstition de l'empereur pour perdre le prince héritier. Celui-ci fut dégradé et se donna la mort. Parmi les hauts fonctionnaires compromis dans cette affaire se trouvait un descendant de Confucius qui avait découvert une antique édition des classiques. Finalement, mais trop tard, l'Empereur reconnut son erreur.[117] Il était d'une nature très impulsive. Tout en attirant à sa cour et tout en traitant avec égards les lettrés et les poètes, il infligeait dans un mouvement de colère les châtiments les plus cruels aux innocents, comme il le fit pour l'historien Se-ma-ts'ien. Mais pendant que l'empereur était le jouet de ses passions, d'habiles fonctionnaires poursuivaient l'œuvre de la consolidation de l'État.

Le confucianisme a pu devenir la religion d'État, grâce aux efforts d'hommes comme Wei-kouan et Toung-tchoung-chou.[118] Ce confucianisme avait déjà divinisé Confucius sous le nom de « Dieu sans couronne », et lui attribuait des paroles qui ont été pour l'époque des Han une sorte de prophétie messianique. Placées sous les auspices de l'antiquité restaurée, les réformes furent bien accueillies, mais l'adhésion trop absolue à l'antiquité imprima au mouvement réformiste un caractère profondément conservateur. On en vint à une conception de la nature qui reposait sur l'immutabilité du ciel et des lois de l'univers (tao), et par suite s'opposait aux progrès de l'humanité. L'antiquité était l'époque idéale. Elle exerçait son influence sur tous les siècles et fournissait naturellement les moyens de satisfaire aux besoins des temps modernes. On adopta le calendrier des Hia qui prenait le 1er février comme début de l'année, parce que Confucius l'avait

---

117 Voir les détails de cette affaire p.195 seq.

118 Cf. O. Franke, *Studien zur Geschichte des konfuzianischen Dogmas*, Hambourg, 1920.

recommandé. On sut trouver également dans l'antiquité la justification d'un pouvoir qui tendait toujours davantage à l'absolutisme et de son instrument, la bureaucratie officielle. Mais comme les intéressés, malgré les interprétations les plus ingénieuses, ne pouvaient baser leurs innovations sur des ouvrages incontestablement anciens, on créa des traditions secondaires.[119]

C'est alors que fut constituée une cosmogonie cohérente qui s'inspirait autant des conceptions des *fang-che* (magiciens impériaux) que des idées du pur confucianisme. Elle fut généralement acceptée et se développa systématiquement. Elle embrassait l'univers, le ciel, la terre et tous les êtres. Tous les phénomènes, les actes et les pensées étaient régis par les deux modalités, *Yin* et *Yang*, de l'Unité suprême et par la rotation des *Wou hing*, ou cinq agents naturels. Ce panlogisme s'est substitué peu à peu à toutes les autres conceptions du monde et a en même temps miné les sciences techniques qui florissaient à la fin de l'époque des Tcheou. La tradition les a remplacées.

Cette théorie a été combattue par quelques philosophes. A la fin des Han le sceptique Wang-tch'oung (27-97 après J.-C.) publia le *Loun-heng*[120] dans lequel il attaquait ce que l'on croyait être la vérité et maniait la controverse avec plus de vigueur que de logique. Après lui, Tchan-houng, qui, en tant que mathématicien et astronome, doutait de la tradition littéraire, réforma le calendrier et construisit, semble-t-il, d'intéressants instruments de sismologie. L'opposition fut représentée sous

[119] Outre les *King* ou écrits canoniques, littéralement : chaîne d'un tissu, il y eut les *Wei* ou traditions, littéralement : trame d'un tissu. Quoique leur authenticité ait été mise en doute de très bonne heure, les *Wei* n'en sont pas moins des documents officiels. La vie légendaire de Confucius date également de cette époque et a été transmise sans changement jusqu'à nos jours.

[120] Traduit en anglais par Forke.

les T'ang par Liou-tche-ki (vers 713) et enfin, sous les Ts'ing, par Ts'oui-chou (1739-1816)[121] et d'autres lettrés. Mais non seulement ces adversaires d'une tradition immuable ont été les seuls de leur temps, mais leur scepticisme visait uniquement l'image déformée du confucianisme qui leur était présentée. Ils voulaient le dégager des retouches qu'il avait subies aux diverses époques. Seules restaient pour eux intangibles les paroles du Maître.

Ce serait cependant une erreur de croire que la pensée chinoise avait été saisie alors d'un engourdissement définitif. Elle était seulement attirée ailleurs. Et, à ce point de vue, les grands voyages vers l'occident et l'établissement de relations avec les peuples étrangers qui entouraient la Chine ouvraient de nouveaux horizons. C'est de l'extérieur — surtout par la pénétration du bouddhisme — que sont venues les stimulations qui ont imprimé plus d'intensité à la vie spirituelle chinoise, comme le christianisme l'avait fait en Europe.

3. — EXPANSION TERRITORIALE SOUS LES HAN

Depuis le début de la dynastie des Han, les Hioung-nou du nord-ouest avaient toujours été des ennemis dangereux. La Grande Muraille était assurément un moyen de défense, mais les hordes de Huns montés sur leurs rapides chevaux réussissaient toujours à découvrir un passage non gardé et causaient les plus grands ravages. Tant que la Chine se tint sur la défensive et se contenta de repousser les incursions des pillards, la situation resta la même. Il fallut changer radicalement de méthode. Ce n'est pas un désir de conquêtes qui détermina Wou-ti à prendre l'offensive, mais l'attaque était le seul procédé qui pût donner la sécurité aux frontières. Les événements se déroulèrent de la même façon que ceux qui ont

[121] Cf. l'important article de Hou-che dans le Kouo-hio-ki-kan, vol. II.

accompagné l'extension de l'Empire Romain. Il faut reconnaître que l'empereur, par sa volonté et son énergie à toute épreuve, a donné une ampleur considérable au mouvement d'extension qui était historiquement nécessaire. Car le mouvement s'étendit, non seulement au nord, mais encore à l'extrême ouest et à l'est (Corée), à l'extrême sud (Canton) et au sud-est (Fou-kien), puis au sud-ouest (Se-tch'ouan et Tibet). C'est sous les Han que, pour la première fois, l'empire a réuni dans ses frontières tous les territoires qu'on appelle aujourd'hui la Chine. Sous ce rapport, les résultats obtenus par les Han sont de beaucoup supérieurs à ceux des Ts'in.

Comme bien on l'imagine, l'extension territoriale de l'empire eut des conséquences importantes pour la civilisation des Chinois. Le monde leur fut ouvert tout à coup par les voyages d'exploration scientifique et par les expéditions militaires. On est naturellement porté à rapprocher leurs effets de ceux que la découverte de l'Amérique a produits sur la civilisation européenne. Or, du point de vue psychologique les effets sont différents, suivant que l'expansion se produit sur terre ou au delà des mers. Il est donc plus exact de dire que les expéditions et les explorations des Han ont eu en Chine les mêmes résultats que les Croisades en Europe. Nous allons successivement passer en revue les diverses régions.

a) *Les Huns.* — Ayant constaté que pour mettre fin aux incursions continuelles des Huns, il ne suffisait pas de les repousser, Wou-ti décida que les territoires évacués par l'ennemi seraient occupés aussitôt et annexés à l'empire. Il agrandit ainsi les frontières septentrionales d'une façon considérable. Nous n'entrerons pas dans le détail des victoires et des défaites des armées chinoises, mais nous noterons deux des résultats des opérations. Les combats avec les Hioung-nou n'étaient pas continuels et avec le temps on fit des échanges avec eux. Les Chinois qui étaient venus coloniser les territoires pris aux Huns se trouvaient dans de nouvelles conditions auxquelles il leur fallait s'adapter. Des relations s'établirent entre les soldats et les ennemis. Plus d'une fois un général chinois fait prisonnier par les Huns resta parmi eux, épousa une de leurs princesses et les initia aux mœurs et aux coutumes chinoises, au point de les mettre en mesure de repousser les attaques des Chinois. Ces déserteurs étaient des désespérés. Lorsqu'un général tombait, même sans le vouloir, aux mains de l'ennemi, l'empereur déchargeait souvent sa colère sur les membres de la famille du général et les faisait exterminer. Il n'est donc pas étonnant après cela que le survivant se soit attaché à la fortune des ennemis de l'empire. Une des poésies de l'époque des Han raconte l'histoire émouvante des deux amis, Li-ling et Sou-wou. Le premier, général chinois que les circonstances ont obligé à se rendre aux Huns déplore son malheureux sort. Le second, retenu prisonnier par les Huns chez lesquels il était venu comme ambassadeur, reste fidèle à l'empereur, malgré les rigueurs de la captivité. Condamné à paître les troupeaux des nomades dans les steppes du nord, il conserve en mains nuit et jour, pendant les dix-neuf ans que dure sa servitude, l'insigne de sa mission d'ambassadeur impérial.

Mais entre les Chinois et les Huns il n'y avait pas que des relations d'hostilité. Les revers militaires et la diplomatie chinoise avaient semé le mécontentement parmi les tribus. A un moment donné cinq chefs (chan-yu) étaient aux prises. Appliquant le principe *divide et impera,* la Chine conclut des traités d'amitié pour se débarrasser de ses ennemis. Les mariages politiques ont dû jouer un grand rôle dans ces accords. La peinture et la poésie ont célébré à l'envi la princesse Tchao-kiun, mariée à Hou-han-ye, khan des Huns, et dont le cœur était partagé entre sa patrie et les enfants qu'elle avait eus dans le pays, et la princesse Si-kiun mariée au khan des Wou-soun.

Finalement les Huns furent soumis et leurs territoires annexés à la Chine. Désormais, ils n'osèrent plus se mesurer avec l'empereur. Certains savants ont établi un rapport entre le recul des Huns et les mouvements vers l'ouest des populations du nord-ouest de l'Asie qui ont été la cause indirecte de la migration des peuples et, par suite, de la chute de l'Empire romain. Il faut se garder de conclusions prématurées à ce sujet. D'autre part, on peut admettre que la poussée chinoise qui a ébranlé tous ces pays a contribué indirectement à l'exode des peuples vers l'occident. Nous reviendrons plus tard sur cet événement.

b) *Les pays d'Occident.* — A la suite de l'insuccès de ses premières attaques contre les Huns, l'empereur Wou-ti eut l'idée de s'allier aux Yue-tche ou Yue-ti (Gètes, Indo-Scythes) qui brûlaient du désir de se venger des Huns qui les avaient chassés.

Tchang-k'ien, que ses explorations ont rendu célèbre, fut chargé de conclure une alliance avec ces peuples. Il se heurta au début à de grandes difficultés. Les Huns l'arrêtèrent et le gardèrent pendant dix ans. Il réussit à leur échapper et se dirigea vers l'ouest. Le bassin du Tarim et le Pamir avaient été occupés successivement par les Perses, puis par Alexandre. La Bactriane et la Sogdiane appartenaient aux Séleucides. Et même après la conquête de la Bactriane par les Gètes, la Sogdiane, avec sa capitale Ouriatioube, resta sous l'autorité des rois grecs. Tchang-k'ien visita le bassin du Tarim, la Sogdiane, Samarkande et le Ferghana des Gètes. Il reconnut les routes qui conduisaient dans l'Inde par Caboul et Khotan et émit l'opinion qu'il devait exister plus au sud un chemin direct pour y accéder.

Il a ainsi découvert la route qui a servi plus tard aux relations directes avec les parties les plus orientales de l'Empire romain. Les Chinois désignaient cet empire d'occident sous le nom de Ta-ts'in[122] et les Romains appelaient les Chinois habitants du

---

122 Hess, de Zurich, l'identifie avec Ktésiphon ; il est vrai que d'autres auteurs contestent cette manière de voir.

pays de la soie. Cette route commerciale, qui avait été longtemps coupée par de nombreux petits États turcs, formait alors un moyen de liaison entre l'orient et l'occident.

Tchang-k'ien rapporta de ses voyages la vigne,[123] la noix, le bambou à nœuds et le chanvre ; un de ses généraux rapporta une statue (bouddhique ?) en or. C'est ainsi que la civilisation de l'occident pénétra en Chine où elle devait plus tard produire ses effets. Il est hors de doute que la plastique bouddhique a profondément subi l'influence de l'art hellénique et que le Bouddha présente au moins une certaine ressemblance avec Apollon. Il est très probable, de plus, que cet art a exercé son action en Chine à l'époque des Han. Il ne faut pas cependant exagérer ces influences. Dans tous les cas, l'orient et l'occident n'ont été unis à cette époque que par un lien ténu.

Les contrées de l'ouest furent possessions de la Chine pendant des siècles. Ce fut au déclin de la puissance chinoise, devenue manifeste après la dynastie des Han, que cette porte ouverte sur le monde occidental se ferma de nouveau et que le nomade, puis le sable du désert qui ensevelit tout, mirent fin aux essais de civilisation que la Chine avait tentés dans ces pays.

Ces avant-postes de la puissance et de la civilisation chinoises, établis parmi les populations de races diverses, ont été ensevelis dans le sable sans laisser de traces. Mais le sable du désert a conservé intactes les ruines qu'il recouvre. Les fouilles de Marc Aurel Stein, Paul Pelliot, Sven Hedin, Grundwedel, Le Coq, etc., ont mis au jour des objets qui donnent une idée exacte de ce qu'était la vie de ces anciennes colonies militaires. Comme à Pompéi, une civilisation disparue depuis longtemps a été retrouvée ici.

---

[123] En chinois *P'ut'ao*, transcription phonétique du mot grec βοδρυς.

Les objets de toutes sortes qui ont été exhumés, les peintures et les manuscrits sur papier, sur bois et sur bambou nous font pénétrer dans la vie et participer aux actions des officiers chinois qui unissaient à la discipline sévère des Romains la tranquillité sereine des Grecs. Ils nous donnent une idée de la précision et de la régularité avec lesquelles fonctionnaient les rouages de la machine administrative. Ils nous montrent ce qu'étaient la vie de famille de ces hommes dans leurs lointains postes de garde, leur douleur d'être séparés de leurs amis, leurs soucis pour le sort des femmes et des enfants. On trouve parmi les écrits de courtes lettres et des invitations à un repas commun, des exercices littéraires et des essais calligraphiques en caractères nouveaux, à côté d'cxercices de calcul maladroits, tracés par une main d'enfant.[124]

En réalité, cette vie agitée dissimulait le sombre destin menaçant comme une nuée d'orage. Les découvertes avaient agrandi le monde, mais l'homme transporté dans une région étrangère se trouvait encore plus isolé.

On a conservé des odes où s'expriment les pensées des guerriers en campagne, leur désir de retourner dans leur pays où les attend l'affection des leurs. L'une d'elles dit :

« Au sud, les combats, au nord, la mort. Celui qui meurt en pleins champs, privé de sépulture, sera la proie des noirs corbeaux. Dites aux corbeaux : « Ne mangez pas les héros. Celui qui meurt en pleins champs, privé de sépulture, n'a que des os pourris, Triste est le murmure de l'eau, lugubre le bruissement des roseaux. Nous combattons fièrement sur nos

124 Cf. la vivante description de Conradi, *Die chinesischen Handschriften und sonstigen Kleinfunde Sven Hedins in Leou-lan,* Stockholm, 1920. Nous pouvons ici laisser de côté le point de savoir si l'endroit découvert était réellement Leou-Lan, ce dont des savants chinois, comme Lou-Tchen-Ye, doutent. Pour la vie coloniale dans ces contrées, les découvertes en question sont d'une valeur inappréciable.

fougueux coursiers ; quand nous tombons, les chevaux errent à l'aventure en hennissant.

Il est à noter que l'extension de l'empire à l'ouest a provoqué l'appréhension générale. Le destin avait déjà marqué pour la destruction les nouvelles conquêtes. Toutes les colonies qui avaient été établies pour protéger le chemin menant à travers le désert vers le lointain occident et les marchandises qui l'utilisaient ont été finalement, après une lutte longue et violente, ensevelies sous les sables. La possibilité entrevue un moment a disparu.

c) *La Corée.* — Les événements prirent une tournure toute différente à l'est de l'empire. La Corée était gouvernée par une dynastie qui remontait à l'époque où le roi Wou de Tcheou avait donné le pays en apanage aux descendants des Yin. Quoique les liens politiques entre les deux pays se fussent beaucoup relâchés, la Corée n'en avait pas moins conservé les coutumes et les mœurs chinoises. Sous l'empereur Wou-ti des Han, un intrigant ayant rassemblé des mécontents et des gens sans aveu, occupa une partie du territoire, fonda un royaume et se déclara indépendant. Des attaques combinées au sud et à l'ouest eurent pour résultat la soumission de la Corée, puis son annexion à l'empire.

d) *Les pays méridionaux.* — Pendant que l'empire s'étendait à l'est et au nord — sans parler de l'ouest — bien au delà de ses anciennes frontières, la pénétration se poursuivit dans le sud suivant divers procédés. La Chine conquit Canton et la région environnante. Les royaumes indépendants qui s'étaient établis à diverses époques avaient déjà adopté la civilisation chinoise. Celle-ci possédait une force morale à laquelle les populations voisines ne pouvaient résister. Par suite, la conquête politique ne rencontra pas d'obstacles.

Seule la pacification de la province actuelle du Fou-kien, dont les montagnes étaient des défenses naturelles de premier ordre, se révéla plus difficile. L'empereur ordonna de transporter la population en bloc entre le Yang-tse et la Houai, de sorte que le pays devint à peu près désert et il n'y fut pas créé de nouveau centre administratif. Le Fou-kien doit peut-être à cette circonstance son langage particulier qui, aujourd'hui encore, diffère beaucoup de celui du reste de la Chine. Au sud-est, les Chinois conquirent encore le pays compris entre Yun-nan fou et Ta-li fou et devinrent maîtres de la route du Tibet.

L'extension de l'Empire avait pour but, comme ce fut le cas de l'Empire romain, d'assurer la sécurité des frontières. Avec des voisins combatifs, il était imprudent de se tenir sur la défensive, de laisser se produire les attaques, pour les repousser ensuite. Il va sans dire que les guerres continuelles que nécessitait cette politique pesaient lourdement sur les populations. Ce n'en fut pas moins une époque très importante pour la civilisation chinoise. On a pour ainsi dire jalonné le champ sur lequel devait s'exercer l'activité de cette civilisation. Mais le fait que celle-ci s'assimila en même temps beaucoup d'éléments étrangers fut également d'une grande importance historique.

4. — DÉCLIN INTÉRIEUR ET TENTATIVES DE RÉFORMES

Pendant que la Chine s'agrandissait sous l'impulsion de Wou-ti, dont le règne a été en quelque sorte l'Âge d'or de la civilisation chinoise, la dynastie commençait à donner des signes de décadence. Ils furent tout d'abord peu visibles dans l'État. Le pouvoir et les opérations militaires étaient confiés à des fonctionnaires capables qui traitaient les affaires en s'inspirant des circonstances. C'est ainsi que des méthodes de combat appropriées furent adoptées au cours des guerres contre les pays voisins. Les lourds chars de combat de l'antiquité, soutenus par des gens à pied armés à la légère, s'étaient révélés inefficaces contre les hordes mobiles des cavaliers huns. Ils disparurent à l'époque des Han et furent remplacés par la cavalerie légère et une infanterie pesamment armée. Si, malgré des pertes nombreuses, le pays n'a pas souffert des guerres autant qu'on pourrait le supposer, cela tient à ce que les corps d'opérations extérieurs étaient composés en grande partie de condamnés et d'aventuriers. Si ceux-ci disparaissaient, ils n'étaient pas regrettés. S'ils échappaient à la mort, ils colonisaient les territoires frontières et contribuaient au développement de l'influence chinoise dans ces régions dangereuses. Comme la guerre préparait la route au commerce, il fallait de l'argent pour organiser les expéditions. Toujours est-il que, pour tirer parti de troupes aussi dangereuses, les généraux devaient être doués de qualités particulières. Du reste, les nombreuses défaites subies par les armées chinoises, au cours des combats avec les Hioung-nou, par exemple, étaient dues en grande partie à l'insuffisante discipline des troupes. On comprend, par suite, que Wou-ti ait manifesté de la nervosité à la pensée qu'un de ses généraux, fait prisonnier par l'ennemi, n'avait peut-être pas fait son devoir. L'extermination de toute la famille du coupable, réel ou présumé, était un châtiment qu'il a dû plus d'une fois infliger.

La corruption, dont Wou-ti avait donné l'exemple pendant son long règne, envahit peu à peu la cour des empereurs des Han. La puissance croissante des eunuques et des femmes finit par exercer ses effets funestes sur le gouvernement. Quelques empereurs avaient déjà subi leurs influences autrefois, mais ce n'était qu'exceptionnellement, tandis que l'immoralité a été la règle sous les empereurs des Han.

La vie brillante de la cour de cette époque est presque légendaire. Le charme de la femme s'exerçait partout, même sur la politique. Quand une dame du palais avait captivé le cœur du souverain, elle devenait toute puissante et éclipsait ses rivales, quelquefois même l'impératrice. Il arrivait fréquemment que les frères ou d'autres parents de la favorite bénéficiassent de la faveur impériale : les plus ambitieux et les plus intrigants parmi eux cherchaient par tous les moyens à acquérir une influence suffisante pour faire arriver leur famille au pouvoir. C'est ainsi que se sont formées des dynasties de ministres et de généraux qui ont détenu l'autorité des générations durant, jusqu'au moment où ils ont été supplantés par des partis rivaux.

Les mignons de l'empereur et les eunuques attiraient également autour d'eux les intrigants et les gens sans scrupules. Ils ne songeaient pas à fonder des dynasties, car leur seul but était de s'emparer de l'esprit du souverain. L'influence de cette racaille ambitieuse et de basse extraction était plus dangereuse que celle des parents des dames du palais qui appartenaient en général à des familles distinguées et, une fois arrivés au pouvoir, se conformaient au moins dans une certaine mesure à la tradition. Enfin, une bande de magiciens et de sorciers vivaient de la crédulité des courtisans et mettaient le comble au désordre général.

Sous le règne de Wou-ti, une intrigue de cour provoqua une catastrophe qui illustre l'histoire de l'époque. L'impératrice Wei, qui était dans les bonnes grâces de l'empereur, avait réussi à faire désigner comme héritier présomptif son fils Kin. A la suite d'intrigues de toutes sortes, des officiers et des eunuques du palais résolurent de profiter de la crédulité de l'empereur pour se défaire du jeune prince. Comme nous l'avons dit, les magiciens et les sorciers affolaient les esprits par leurs prodiges. Ils avaient leurs entrées libres au palais et se mettaient volontiers au service des femmes du harem. Ils fabriquaient des figures en papier et en bois qu'ils animaient au moyen de certaines incantations et par l'intermédiaire desquelles ils pouvaient nuire aux personnes qui leur étaient désignées. L'empereur avait eu vent de ces pratiques ; mais il ne s'en était pas inquiété. Un jour qu'il faisait la sieste selon sa coutume, il vit en songe des milliers d'hommes de bois armés de bâtons qui cherchaient à le frapper. Il s'éveilla de frayeur et fut atteint d'une langueur chronique. Un certain Kiang-tch'oung, ennemi personnel du prince impérial, persuada au Fils du Ciel que sa maladie provenait d'un maléfice et qu'il fallait en rechercher l'origine. L'empereur lui donna pleins pouvoirs pour poursuivre les coupables. Kiang-tch'oung en profita pour se venger des ennemis qu'il avait parmi les plus nobles familles de la capitale. Il fit perquisitionner dans les maisons et creuser le sol pour rechercher les figurines. Quand on découvrait quelque chose de suspect, les habitants de la maison étaient arrêtés. Ors leur arrachait ensuite des aveux forcés en les torturant. Ces malheureux en dénonçaient d'autres qui étaient aussitôt arrêtés et torturés de même. Des ruisseaux de sang coulèrent dans la capitale. Cette inquisition fit, dit-on, des dizaines de milliers de victimes.

Après s'être ainsi débarrassé des ennemis qu'il comptait dans la capitale, Kiang-tch'oung fit savoir à l'empereur qu'il y avait un foyer de maléfices dans le palais impérial même. Aidé de l'eunuque Sou-Wen, il arriva bientôt aux appartements de l'impératrice Wei et de son fils, le prince héritier. Comme peu après il faisait courir le bruit qu'on y avait découvert sous les parquets des figurines destinées à jeter le mauvais sort, le prince héritier, indigné, le tua de sa main. L'eunuque Sou-Wen s'enfuit et courut annoncer à l'empereur qui se trouvait au palais de plaisance de Kan-ts'iuan que le prince héritier s'était révolté et en voulait à la vie du souverain. Wou-ti entra dans une violente colère et ordonna de couper le mal par la racine. Le prince héritier se tua et l'impératrice Wei fut contrainte au suicide. Les familiers du prince, ses amis, ses partisans furent exterminés avec leur parenté de la façon la plus cruelle.

Cette scandaleuse affaire souleva l'indignation générale à tel point que l'empereur, dont la santé était rétablie, avoua s'être trompé. Il pleura son fils, fit exterminer toute la parenté de Kiang-tch'oung et brûler vif l'eunuque Sou-Wen. Il reconnut solennellement son erreur et promit de s'amender à l'avenir.

L'empereur Wou qui a régné tant d'années était incontestablement un homme supérieur. Mais on comprend aisément que les intrigues du genre de celles qui se sont déroulées à sa cour aient eu les conséquences les plus funestes sous des souverains moins énergiques que lui. L'histoire de la cour des Han n'est qu'une « chronique scandaleuse » de faits de ce genre. Les événements qui se déroulaient entre les murs du harem présenteraient peu d'intérêt pour l'historien, s'ils n'avaient eu leur répercussion sur la vie économique de la nation.

Par suite de l'intérêt spécial dont les villes étaient l'objet sous les Han, l'agriculture était négligée et les habitants des campagnes se trouvaient dans une situation difficile que les luttes de partis aggravaient encore. De grandes propriétés se constituèrent, les paysans étaient tenus dans une servitude toujours plus pénible et, comme la lutte pour le pouvoir exigeait beaucoup de ressources, on pressurait les paysans, comme si le poids de la guerre n'était pas assez lourd pour eux. Car depuis l'application de la nouvelle méthode de combat et la suppression du char du seigneur autour duquel se rassemblaient les hommes armés à la légère, les classes supérieures jugeaient inutile de prendre personnellement part à la guerre. Le service militaire et ses charges finirent par retomber entièrement sur la partie de la population qui n'avait pas les moyens d'y échapper.

Le travail de désorganisation progressive qui s'accomplissait dans la société finit par constituer une menace pour la famille régnante, et une fois de plus une nouvelle dynastie se prépara à monter sur le trône à la faveur de combats et des troubles intérieurs. Un concours de circonstances remarquable détourna toutefois le cours des événements. Durant les dernières décades avant l'ère chrétienne, les parents de l'impératrice Wang avaient obtenu des charges importantes. L'un d'eux, Wang-mang, se distingua d'une façon particulière et devint tout-puissant sous les empereurs Ai et P'ing. Il sut s'attacher des partisans et sa prédilection pour l'antiquité lui conquit la faveur d'une branche confucienne dont les représentants les plus célèbres étaient l'écrivain Liou-hin et le philosophe Yang-hioung. Puis, il se fit attribuer par ses partisans les charges suprêmes de l'empire, tout en paraissant les accepter à contre-cœur, procédé qui est resté très en honneur jusqu'à une époque toute récente. Enfin, il fit empoisonner l'empereur P'ing, et mit sur le trône un tout jeune enfant au nom duquel il gouverna l'empire — comme deuxième duc de Tcheou, dit-on — jusqu'au moment qu'il jugea propice pour remplacer son titre de régent par celui d'empereur et fonder la dynastie Sin (nouvelle). Profitant de ce que les institutions étaient devenues tout à fait intolérables, Wang-mang prescrivit des mesures nouvelles, diamétralement opposées aux anciennes. Il réforma tout et ne conserva rien de ce qui existait. Le seul point original de sa politique est qu'il ne cherchait pas à répondre aux besoins du moment, mais jugeait nécessaire en toutes choses de prendre modèle sur la plus haute antiquité, dans l'espoir que le prestige de celle-ci donnerait plus de force à ses réformes. En cela il se trompait. Les temps étaient changés, et l'antiquité n'avait plus l'autorité qu'il lui supposait. Le formalisme de ses méthodes surannées eut pour résultat de rendre ses réformes gênantes et impopulaires pour tous, sauf pour quelques obscurs lettrés qu'elles satisfaisaient.

Ces réformes constituaient même un curieux mélange de principes économiques très avancés et de mesures désuètes. Elles représentent le premier essai d'organisation communiste de la société qui ait été tenté, pour remplacer l'ancien régime fondé sur l'exagération, poussée à l'extrême, du principe de la propriété privée. C'était là une utopie. Car tout le système était modelé sur le communisme primitif de la famille et de l'État dans l'antiquité et ne pouvait naturellement pas être appliqué instantanément à l'organisme compliqué qu'était l'État à l'époque des Han. Les réformes économiques et sociales ne peuvent produire leurs effets que si elles correspondent au degré de civilisation que la société a atteint, et non à un degré plus primitif.

Les réformes de Wang-mang portèrent sur cinq points principaux :

1° *Fonctionnaires.* — Il rétablit les dignités et les titres usités dans l'antiquité. Le ministre de l'Agriculture fut appelé Hi-ho (ensemble de deux noms portés dans le *Livre des Annales* par des familles de ministres de Yao) ; il donna au grand forestier le nom de Yn, au grand ingénieur celui de Koung-Koung, etc., tous noms mythologiques.

2° *Agriculture.* — La politique agricole de la haute noblesse avait eu pour conséquence une répartition si inégale des terres qu'il avait été question à différentes reprises de fixer l'étendue maxima que pourraient avoir les propriétés foncières. Les nobles s'y étaient toujours opposés. Wang-mang décréta que la terre et ceux qui la cultivaient appartiendraient à l'empereur. Ni l'une ni les autres ne pourraient être vendus. A toute famille comptant moins de huit membres il était concédé un *tsing* de terrain — conformément à l'ancien système ; l'excédent de terrain qu'ils possédaient au moment de l'application du décret fut distribué à leurs parents ou à leurs voisins. Tous ceux qui, n'ayant rien possédé jusqu'alors, devenaient propriétaires, se conformèrent volontiers à la loi. Tous ceux qui critiquaient ce système, déclaré sacré, furent exécutés.

3° *Organisation économique.* — Sur les conseils de Liou-hing, on créa un corps de fonctionnaires chargés de surveiller la production et la vente du sel, du vin, du fer, du bois et de la monnaie, la distribution de l'eau et la fonte du cuivre, toutes ces industries étant devenues monopoles de l'État. Les contrevenants étaient punis de mort.

4° *Monnaies.*- Sous la dynastie des Ts'in on employait déjà les pièces de bronze fondu, du poids d'une demi-once. L'empereur Wou des Han fit fondre des monnaies qui pesaient cinq dixièmes d'once et par suite étaient très commodes. Wang-mang commença par employer les matières les plus variées comme moyens de paiement.[125] Ceux-ci ayant été reconnus peu pratiques, il créa une petite sapèque, qui fut l'unité monétaire, et une grosse sapèque en forme de couteau qui valut cinquante unités. Ce système monétaire fut d'ailleurs, lui aussi, modifié ultérieurement.

5° *Régime féodal.* — La récente découverte du rituel de la dynastie des Tcheou donna l'idée à Wang-mang de procéder à une nouvelle division de l'empire et de donner aux fonctionnaires de nouveaux titres qui rappelleraient l'ancien régime féodal. Les innombrables principautés qui existaient dans l'antiquité furent rétablies.

Les entreprises de Wang-mang étaient irréalisables. Dans sa présomption, le souverain se vantait de donner le bonheur au peuple en employant des méthodes différentes de celles de ses prédécesseurs. Il faut toujours reconnaître qu'il a essayé de remédier aux graves inconvénients que présentait pour l'ordre social la possession de « latifundia » par la noblesse. Il a également songé à étendre le contrôle de l'État aux produits du sol, dans le but de les soustraire à l'exploitation privée. Ces idées étaient en elles-mêmes excellentes au point de vue social, mais la forme surannée sous laquelle elles étaient présentées a empêché leur réalisation. Ce qu'il voulait, c'était, ni plus ni moins, réaliser d'un seul coup toutes les utopies qui se trouvent accumulées dans la littérature, comme descriptions de l'âge d'or.

---

125 L'or, le bronze, le cuivre, l'écaille de tortue et les cauris étaient employés pour la fabrication de monnaies. Comme moyen d'échange, on se servait du bronze, de l'or, de l'argent, d'écailles de tortue, de drap, de coquillages. Il y avait six sortes de monnaies d'échange ; en outre, une sorte de monnaie en or, deux en argent, quatre en écailles, cinq en coquillages, dix en draps : en tout 28 sortes.

Le souverain manquait, en outre, du sang-froid qui permet d'agir avec prudence et de savoir attendre. Il fallait tout accomplir en un clin d'œil. Une idée suivait l'autre. Dès qu'elle était conçue, un édit en prescrivait l'application immédiate. Il arrivait ainsi qu'un édit défendît le soir ce qu'un autre avait ordonné le matin. Les noms et les titres étaient modifiés à chaque instant. Finalement on en revint à l'ancien ordre de choses. Car, pour se faire mieux comprendre, il fallait souvent ajouter aux noms nouveaux ceux qui avaient été supprimés. Les réformes hâtives et à jet continu jetaient le trouble partout et nuisaient au bon fonctionnement de l'administration. Personne ne savait plus ce qu'il devait faire et l'incertitude était générale.

Cependant les nouvelles mesures avaient eu certains résultats. Une nouvelle classe rurale s'était édifiée sur les terres morcelées des grands propriétaires. Les paysans étaient rassasiés et n'avaient plus aucun intérêt au maintien d'un gouvernement socialiste, puisque leurs besoins étaient satisfaits. Il y avait toutefois des mécontents, et des bandes de brigands se levèrent de tous côtés et se répandirent dans tout le pays. Le peuple n'avait pas encore perdu le souvenir de la dynastie des Han. Devant l'impuissance de l'État, il oubliait les inconvénients du temps passé et n'aspirait qu'au retour aux anciennes lois. C'est alors que Liou-siou, jeune chef de bande, qui descendait de l'empereur King des Han, profitant du désarroi général, s'était acquis une grande renommée et groupa autour de lui un grand nombre de rebelles. Wang-mang s'avança contre lui à la tête d'une armée et fut vaincu. La capitale fut assiégée, prise, pillée et incendiée. Wang-mang s'enfuit et fut tué peu après. Sa tête fut suspendue sur la place du marché à Yuan, capitale provisoire de Liou-siou, puis la populace la brisa à coups de pierres. Ainsi se termina le premier essai de réformes sociales en Chine.

Quand Liou-siou fut monté sur le trône et devenu l'empereur Kouang-wou, il soumit les rebelles. La capitale fut transférée à l'est, dans l'antique Lo-yang où les Tcheou avaient résidé jadis.

C'est pourquoi la nouvelle dynastie fut désignée sous le nom de dynastie des Han orientaux. Il est à noter cependant que les annales chinoises ne comptent pas Wang-mang au nombre des empereurs et que les années pendant lesquelles il a occupé le trône (de 9 à 25) sont considérées comme un interrègne.

5. — DYNASTIE DES HAN POSTÉRIEURS OU ORIENTAUX (25-220)

Le règne de l'empereur Kouang-wou constitue point lumineux dans l'histoire de la civilisation chinoise. Le souverain avait grandi au milieu du peuple. Lettré confucien, il n'admettait dans son entourage que ceux qui pensaient comme lui. Aussi le nouveau rituel officiel concernant le culte du Souverain-d'en-haut fut-il conçu d'une toute autre faon que ne l'avaient été les codes des cérémonies officielles, établis au hasard par le fondateur de la première dynastie des Han, le paysan Liou-pang. On remarque dans les rites sacrificiels institués par Kouang-wou l'influence très nette des conceptions taoïstes. L'antagonisme du taoïsme et du confucianisme qui devait se manifester plus tard n'existait pas encore en ces temps qui s'en tenaient toujours, depuis la doctrine de Toung-tchoung-chou et autres lettrés, à un mélange de philosophie taoïste de la nature et des principes de la morale confucienne. Ce qui caractérise le règne de l'empereur Kouang-Wou, c'est d'avoir mis la morale au service de la politique. On parlait alors avec attendrissement des « relations de loyauté existant entre le prince et ses serviteurs » et on saluait ce qu'on appelait la « renaissance de la dynastie », expressions qui se sont maintenues pendant tout le cours de l'histoire chinoise et ont exercé sur elle une influence des plus fécondes. Non content d'entretenir des relations cordiales avec ses sujets, à la différence de ce qui s'était passé sous le règne du fondateur de la première dynastie Han, il s'attacha à développer par tous les moyens l'instruction. Les écoles enseignaient non seulement les sciences, mais aussi la morale, et inculquaient aux élèves des idéals déterminés. L'empereur était très populaire et n'oubliait pas qu'il avait vécu au milieu du peuple. Il écoutait toujours les plaintes et les réclamations des petites gens.

Le respect qu'il témoignait aux sages et aux officiers fidèles de l'antiquité lui servait tout particulièrement à faire pénétrer sa politique dans le cœur du peuple. Les honneurs qu'il leur rendait agissaient peu à peu sur l'esprit populaire et il sut faire comprendre sous cette expression symbolique assez claire quelles étaient ses intentions. De cette façon, le fondement moral sur lequel reposait la civilisation sera pendant des siècles pour ses partisans un appui solide qui facilitera leur travail, puisqu'ils pourront s'appuyer sur ces précédents pour le légitimer. C'est là une différence entre les deux dynasties des Han.

La dynastie ne tarda pas à connaître les maux dont les dynasties précédentes avaient souffert. Les eunuques et les favorites, ainsi que leurs familles, accaparèrent une fois de plus le pouvoir. La vénalité et la cupidité finirent par atteindre le trône. A la fin des Han, la vente des charges officielles qui, par la suite, est devenue courante en Chine, se pratiqua sur une grande échelle.

Les confucianistes qui représentaient l'opinion publique protestèrent hautement contre ces procédés. Il y eut toujours, même aux moments les plus troublés, des hommes honnêtes qui ne cachaient pas leur façon de penser et créaient une conscience publique très forte. Les gens de basse extraction, arrivés au pouvoir, n'avaient plus licence de s'abandonner à leurs passions. Ils étaient tenus de prendre des ménagements et de sauvegarder au moins les apparences. Ces représentants de la conscience publique que l'on appelait *ts'ing-yi*, les censeurs intègres, ont exercé de tout temps une grande influence. L'opinion publique jouait, elle aussi, un très grand rôle, comme le montre le fait suivant. Un certain Houang-yun jouissait de la faveur d'un homme influent nommé Yuan-kouei qui voulut lui donner sa fille. Houang-yun était déjà marié. Il dut répudier sa femme pour des motifs insuffisants, ce qui lui valut, à partir de ce moment, une réputation d'homme sans honneur.

Les censeurs intègres ne dirigeaient pas seulement l'opinion publique. Ils avaient aussi le courage de défendre leurs convictions et, au besoin, de souffrir pour elles. Il se forma dans la capitale même un parti de lettrés assez fort qui exerça une surveillance sur la moralité du gouvernement et dont les ministres eux-mêmes redoutaient les critiques.

Seuls les eunuques osèrent se mesurer avec eux dans le but de détruire un parti dont l'hostilité était un danger pour les favoris les plus chers à l'empereur. La première attaque se produisit en 166. Les eunuques accusèrent les chefs du parti de s'être associés aux académiciens et d'avoir formé avec eux un parti ministériel ayant pour programme de discréditer le gouvernement impérial. Le faible empereur Houan qui régnait alors entra dans une violente colère et ordonna l'arrestation des membres du parti. Un censeur protesta énergiquement contre cette mesure. La colère de l'empereur en fut accrue. Il ordonna l'emprisonnement de tous les partisans de ceux qui avaient été arrêtés et promit des récompenses pour l'arrestation des autres. Grâce à l'intervention de Teou-wou, père de l'impératrice et Grand Maréchal, ils furent renvoyés dans leurs pays respectifs et strictement surveillés. L'opinion publique fut favorable à ces martyrs d'une noble cause. On parlait d'eux en termes flatteurs, leurs souffrances, leur dignité dans le malheur étaient le sujet de toutes les conversations et l'injustice dont ils étaient victimes augmentait encore leur prestige.

La lutte recommença avec plus de violence en 169, sous le règne de l'empereur Ling. Comprenant que leur existence était en jeu, les eunuques ne gardèrent plus de ménagements. Ils obtinrent d'abord l'exécution d'une centaine de lettrés qu'ils avaient accusés et l'exil de leurs familles sur les frontières. Teou-wou fut du nombre des victimes et les eunuques profitèrent de sa disparition pour faire de terribles ravages dans les rangs de leurs adversaires. Ils s'assurèrent de la personne de l'empereur et firent rapidement le procès de quiconque leur déplaisait. Sept ou huit cents lettrés furent emprisonnés ou exécutés. Ce ne fut qu'en 184, quand éclata le soulèvement des Turbans Jaunes, que craignant que le souvenir de ces persécutions ne fournit un prétexte de plus aux révolutionnaires, qu'on remit en liberté les survivants. Mais la chute de la dynastie était inévitable. Une fois de plus, les signes avant-coureurs de la fin se précisaient. Les masses paysannes s'enrôlaient sous les bannières de chefs qui leur promettaient des réformes sociales ou un secours surnaturel. Et la dynastie des Han, qui avait brisé elle-même ses meilleurs soutiens, finit sans gloire entre les mains de mercenaires ambitieux qui s'étaient emparés du pouvoir et entraînaient partout où ils allaient l'empereur sans défense.

6. — NAISSANCE DES COMMUNAUTÉS RELIGIEUSES À L'ÉPOQUE DES HAN POSTÉRIEURS

En Chine, il n'y avait pas de communautés religieuses dans l'antiquité. Le culte était rendu par le souverain au nom de ses sujets et par le chef de famille pour tous les siens. En dehors des employés du temple, il n'y avait pas de prêtres, le souverain et le chef de famille en tenaient lieu. Il se peut que le meïtisme ait fondé une Église, car il a manifesté plus que toutes les autres doctrines originaires de la Chine une tendance à la hiérarchisation ecclésiastique. Mais il a disparu à l'époque dite des Royaumes Combattants, sans laisser de traces sous ce rapport. C'est encore l'organisation des magiciens (fang-che) qui se rapproche le plus de celle d'une Église. L'influence qu'ils exerçaient sur la politique n'était pas négligeable et ils ont joué un grand rôle sous les règnes de Ts'in Che-houang-ti et de Han Wou-ti. Wang-mang a espéré jusqu'à la fin, qu'une intervention divine le protégerait contre les armées des Han. Et, d'un autre côté, si Kouang-wou, le fondateur les Han Postérieurs, brigua l'empire, ce fut à la suite des prophéties d'un taoïste.[126] En outre, Toung-tchoung-chou a présenté sous les Han un système philosophique qu'il prétendait à tort être la doctrine primitive de Confucius et qui en réalité est inspiré des conceptions des magiciens. On constate le fait dans la façon dont il interprète le *Livre des Changements* et les *Annales du Printemps et de l'Automne* de Confucius, en s'appuyant sur les théories du Yin-Yang, et des cinq agents naturels. Un grand nombre de confucianistes ont marché sur ses traces. On peut dire que l'empire chinois avait atteint sous les Han un degré de civilisation qui lui faisait aspirer, comme ce fut le cas de l'Empire Romain, à une religion universelle et d'ailleurs tous les autres évènements de l'époque présentaient une grande analogie avec ceux qui ont précédé la naissance du christianisme dans l'Empire Romain.

A ce point de vue, le bouddhisme occupe en Chine une place qui correspond à celle du christianisme en Europe. D'origine étrangère tous les deux, ils ont subi des modifications dans leurs nouvelles patries et emprunté certains éléments aux religions rivales. Le bouddhisme fut officiellement établi en Chine par l'empereur Ming au retour d'une ambassade qu'il avait envoyée dans l'Inde (61-67) pour rechercher, dit-on, le dieu dont l'image en or lui était apparue en songe. Lo-yang fut son centre. Mais des indices sûrs montrent que bien avant cette date les doctrines et les images bouddhiques avaient pénétré en Chine par l'Asie centrale où le bouddhisme était très répandu depuis longtemps. A partir de la destruction de Yi-Kin et de l'établissement de relations commerciales entre les Ts'in et les régions occidentales, l'histoire parle à différentes reprises de

---

126 Fait assez amusant : le bibliothécaire de la cour de Wang-mang, nommé Liou-hin, ayant appris par l'oracle qu'un Liou hériterait de l'Empire, changea son nom en celui de Liou-Siou, dans l'espoir de profiter ainsi de l'aubaine. Mais il en fut pour ses frais. Le sort finit par mettre en avant le vrai Liou-Siou, qui devint plus tard empereur sous le nom de Kouang-wou.

statues d'or par exemple, celles de facture helléno-bouddhique qui se trouvaient dans les palais impériaux ; car l'art de la statuaire pénétra en Chine à la suite du bouddhisme et il révèle, tout comme l'ancien art chrétien, son origine hellénique. C'est sous l'empereur Ai qu'il est fait mention des soutras en Chine pour la première fois. Puis, sous l'empereur Ming, eut lieu l'ambassade dont nous avons parlé et qui rapporta sur un cheval blanc des soutras et des statues. Les précieux objets furent déposés dans un *se* (ce mot indiquait à l'origine l'habitation des eunuques impériaux, et, plus tard, un pied-à-terre pour fonctionnaires), et c'est là que les Hindous ramenés par la mission traduisirent en chinois un grand nombre d'ouvrages bouddhiques. Après leur mort, l'endroit fut appelé Monastère Bouddhique du Cheval blanc et, depuis, le mot *se* a toujours désigné un monastère bouddhique.

Toutefois, on ne peut dire du bouddhisme, pas plus que du christianisme, qu'il ait été une religion autorisée pendant les premiers siècles. Pour des raisons politiques ou autres, les empereurs ont de tout temps toléré à la capitale les édifices consacrés à des cultes étrangers, sans que pour cela l'exercice de ces cultes ait été autorisé.[127]

Il est évident, en tout cas, que les campagnes des généraux Ma-yuan et Pan-tchao dans les régions occidentales, qui, après une interruption de soixante-cinq ans furent de nouveau incorporées à la Chine, ont beaucoup favorisé l'initiation des Chinois à la doctrine bouddhique.

Un frère de l'empereur, qui était devenu un adepte fervent du bouddhisme et, par suite, suspect au point de vue politique, fut exilé et dégradé. Il se donna la mort. Le scandale qui en résulta,

---

[127] De nos jours encore, les églises catholiques et russo-orthodoxes à Pékin, ainsi que différents temples lamaïstes, ne jouissent en Chine que d'une simple tolérance officielle.

et qui entraîna des poursuites contre plus de mille personnes, n'encouragea guère les courtisans à suivre la nouvelle doctrine. Cependant, le bouddhisme Mahayana qui, au point de vue social et morphologique, correspond à l'ancienne Eglise catholique, faisait des progrès rapides dans le peuple qui, aspirant toujours plus ardemment au salut, sentait le besoin d'avoir une religion. Ses adeptes pouvaient faire partie de la communauté uniquement comme laïcs. Il était interdit aux Chinois de se raser la tête et d'entrer dans un couvent. Les prêtres-moines appartenaient aux peuplades des Hou-an occidentaux, de sorte que le bouddhisme conserva encore en Chine toute sa physionomie étrangère. C'est seulement sous le règne de l'empereur Wen de la dynastie des Wei que les Chinois furent autorisés à prononcer les vœux et à entrer dans les monastères.

A côté des influences directes que le bouddhisme a exercées sur la Chine, il en est d'indirectes. Quand le bouddhisme pénétra dans le pays, les magiciens des époques des Ts'in et des Han lui empruntèrent divers éléments pour fonder un système religieux d'après le sien. Dans ce but ils adoptèrent peu à peu les règles de la discipline des moines bouddhiques, si bien que la constitution du taoïsme est devenue la reproduction de celle du bouddhisme. Mais tout ceci ne se fit que plus tard, et c'est surtout à l'époque des T'ang, alors que Lao-tse a été l'objet de la plus grande vénération — on voyait en lui l'ancêtre de la dynastie —, que le taoïsme a pénétré profondément à travers la brèche ouverte par le bouddhisme.

Sous les Han, les magiciens ont formé deux écoles distinctes. L'une (l'école de la méditation) cherchait à obtenir l'immortalité par la méditation sur les mystères de la pierre philosophale. L'autre (l'école des charmes) prétendait écarter les maladies et les esprits malfaisants au moyen de charmes et d'amulettes. Cette dernière se donna très vite une organisation religieuse. Après l'introduction du bouddhisme, elle fit de Lao-tse un dieu comparable au Bouddha et lui décerna le titre de T'ai-chang-lao-kiun (le grand vieux souverain de là-haut). Et de même que, d'après les légendes taoïstes, le confucianisme aurait été inspiré jadis par Lao-tse, il se forma avec le temps un mythe racontant comment le vieux philosophe, après sa retraite du monde, fit un séjour chez les Hou où il répandit sa doctrine et prépara ainsi le chemin au bouddhisme dans ces contrées. Le taoïsme devint aussi une communauté religieuse. Son fondateur fut Tchang-tao-lin, descendant de Tchang-liang, le célèbre conseiller du premier empereur de la dynastie des Han. Après avoir longtemps parcouru l'empire et séjourné au Se-tch'ouan qui est encore, de nos jours, le pays des manifestations religieuses, il composa un ouvrage, déclara qu'il avait obtenu le tao et se retira sur la montagne du Dragon et du Tigre (Loung-hou-chan), dans la province actuelle de Kiang-si. Il se donnait le titre de Maître céleste et composait des charmes qui avaient le pouvoir d'écarter les maladies et les esprits malfaisants. Après sa mort, ses descendants héritèrent de son pouvoir magique et de son titre de maître céleste et s'adonnèrent sur le Loung-hou-chan aux mêmes pratiques que leur ancêtre. L'appellation de papes taoïstes que l'on a souvent employée pour désigner les Maîtres célestes est inexacte, car les titulaires n'exerçaient sur la communauté taoïste de Chine qu'un pouvoir moral et n'ont jamais eu à leur disposition une hiérarchie comme celle de l'Église catholique.

Vers la fin de la dynastie des Han, les soulèvements provoqués par les sectes taoïstes des Turbans Jaunes, des Voleurs de riz, etc ... , montrent pour la première fois l'étroite relation, très caractéristique, qui, depuis lors, a toujours existé en Chine entre l'action des sociétés religieuses secrètes et les révolutions politiques. Jusqu'au XIXe siècle, de nouvelles sectes religieuses sont nées des époques de troubles et de révolutions et vice-versa. Les persécutions exercées contre elles ont été motivées en grande partie par leur activité politique. Car le gouvernement chinois a généralement fait preuve d'une large tolérance à l'égard des sociétés religieuses, tant qu'elles ne se sont pas occupées de politique.

Néanmoins, à côté de ces sectes diverses qui portent en elles les germes invisibles de bien des modifications sociales et politiques, il s'est formé, sous l'influence des Maîtres célestes successif, une sorte d'Église taoïste. Sa doctrine s'est établie avec le temps et, grâce aux nombreux emprunts qu'elle a fait au bouddhisme pendant des siècles, elle est devenue une religion nationale aussi complète et aussi puissante que sa rivale.

CHAPITRE VII

LES TEMPS OBSCURS.

PÉRIODE DE DIVISIONS POLITIQUES (220-588)

1. — CHUTE DE LA DYNASTIE. LES TROIS ROYAUMES

L'époque des Han peut être comparée à celle de l'Empire Romain en Europe. Mais il ne s'agit pas seulement d'une coïncidence dans le temps, car, de même qu'en Europe où elle s'était répandue la civilisation grecque se fondait — dans le creuset du Christianisme qui venait de naître — avec les éléments religieux et philosophiques de l'orient, la Chine rassemblait pour la première fois, sous les Han, tout ce que l'antiquité lui avait légué. Il existe encore une autre analogie entre la Chine et la Rome antique : tout, comme celle-ci, elle a subi les influences religieuses venues de l'Asie antérieure et de l'Asie centrale et qui, en s'amalgamant, ont préparé le lit au bouddhisme et contribué à en faire une religion universelle. Les deux civilisations sont entrées en contact à leur périphérie du moins. Il est même probable que MarcAurèle a envoyé une ambassade en Chine.[128] Dans tous les cas, les relations qui avaient été établies par les Han Antérieurs duraient encore sous les Han postérieurs. En échange, la Chine fit bénéficier l'occident de ses découvertes pratiques. L'invention de l'écriture au pinceau, faite par Mong-t'ien en 115 avant Jésus-Christ, fut suivie de celle du papier par Ts'ai-loun en 105 après Jésus-Christ. En 175, les écrits de Confucius furent gravés sur

[128] En 166, un marchand syrien amena en Chine une mission qu'il déclarait envoyée par le roi An-toun du Ta-ts'in.

des stèles de pierre et fixés pour la première fois. On en prenait l'empreinte avec des feuilles de papier. Cet usage se répandit beaucoup, quand l'encre eut été inventée vers l'an 400, et les estampages obtenus servirent à graver des planches de bois pour imprimer les caractères. L'imprimerie ne fut découverte qu'au cours de la période suivante.[129]

Toutes ces inventions ont été importées en occident. Il est du reste facile de suivre la route que le papier et l'imprimerie ont prise pour passer d'orient en occident.

La dynastie des Han Orientaux sombra dans un chaos de luttes insensées que se livraient les prétendants au trône. Des deux grands maux dont les empereurs des Han ont souffert, le premier était causé par la présence à la cour des parents de l'impératrice. A plusieurs reprises — en dernier lieu sous Wang-mang — ceux-ci firent courir le plus grand danger à la dynastie.

Le second mal était causé par les eunuques qui avaient fait périr de 166 à 169 les lettrés qui leur étaient défavorables. La chute de la dynastie survint pendant une lutte à mort qui avait mis aux prises les deux partis. Un parent de l'impératrice avait résolu de supprimer les eunuques et s'était assuré le concours d'un général. Avant même qu'il eût le temps d'agir, il fut attiré au palais dans un guet-apens et tué par les eunuques. Mais il ne tarda pas à être vengé. Le général qui se sentait menacé à son tour envahit le palais avec ses troupes et massacra 2.000 eunuques. Un autre général, le brutal et gros Toung-tchouo, profita du désordre qui régnait pour s'emparer de l'empereur lui-même. Après avoir pillé et brûlé la ville de Lo-yang, sans épargner les tombeaux impériaux et ceux des nobles, il emmena

---

[129] Les premiers essais ont été faits dans les couvents bouddhiques au VIIe siècle. L'épreuve d'imprimerie la plus ancienne qui existe encore date de 770 et a été exécutée au Japon sur l'ordre d'une souveraine bouddhiste.

l'empereur vers l'ouest, ainsi que plusieurs millions d'habitants ; dans l'intention de faire de nouveau de Tch'ang-an la capitale de l'empire. Ce fut la fin de la civilisation des Han. Le pillage et l'incendie causèrent la perte d'un nombre considérable de trésors artistiques et de monuments de la littérature irremplaçables. D'autres troupes ayant été lancées à sa poursuite, Toung-Tchouo pressa la marche qui devint bientôt une fuite désordonnée. Puis, des disputes et des rivalités éclatèrent dans l'armée. Toung-tchouo fut assassiné et son cadavre outragé de toute les manières.

Au cours de ces luttes, Ts'ao-ts'ao se fit remarquer par la discipline de ses troupes et son intelligence supérieure. Il tint en tutelle le dernier souverain des Han et ouvrit ainsi à sa famille le chemin du trône. Ts'ao-ts'ao joue un grand rôle dans la civilisation chinoise. Il est rempli d'esprit — on possède de lui un grand nombre de poèmes et d'essais littéraires — mais on l'accuse de fourberie et de manque de scrupules. Il est le traître personnifié. C'est d'ailleurs pour cette raison que la dynastie fondée par sa famille n'a jamais été officiellement reconnue. Car, étant donné le territoire sur lequel elle exerçait son autorité, cette dynastie, qui avait pris le nom de Wei, était incontestablement la continuatrice de celle des Han. Toutefois, elle n'a pas réussi à soumettre les pays méridionaux. A la suite de la destruction de sa flotte fluviale en 208 au Mur Rouge, sur le Yang-tse, les pays situés au sud du fleuve se séparèrent de ceux du nord, comme ils l'ont fait si souvent dans la suite. Les Wei occupèrent le nord de la Chine, tandis que les Wou (Yang-tse inférieur) et la petite dynastie des Han (partie occidentale de l'empire) se partagèrent le sud. C'est l'époque des Trois Royaumes, l'âge héroïque de la Chine, dont les principaux personnages Liou-pei, le descendant des Han, Kouan-yu, son fidèle général, devenu plus tard le dieu de la guerre, le rusé Tchou-ko-liang et son adversaire, le fourbe Ts'ao-ts'ao, ont été immortalisés dans le roman populaire et sont aujourd'hui encore représentés sur la scène du théâtre chinois.

Les caractéristiques générales de l'époque des Trois Royaumes sont la misère et les effusions de sang. Il faut noter aussi un arrêt de la vie économique de l'empire dû, en partie, à l'interruption des relations commerciales avec l'étranger que les Han avaient établies et dont l'État était tributaire. L'existence devint très difficile et fut rendue plus pénible encore par les guerres et la famine. L'unification de l'empire par le général des Wei qui fonda la dynastie Tsin n'améliora pas la situation économique. En 280, le dénombrement de la population donna 13.863.000 adultes valides. La moitié de la population avait péri pendant les guerres des Trois Royaumes.

Il convient d'ajouter à tout cela que les Hou, peuplades turques qui prétendaient descendre des Han et avaient pris le nom de Liou, étaient devenus tout puissants au nord de la Chine. Ils saccagèrent successivement les deux capitales : Lo-yang en 311, Tch'ang-an en 316. D'autres peuplades étrangères ayant fondé des royaumes dans la partie septentrionale du pays, les Tsin durent se retirer plus au sud et l'empire fut de nouveau partagé. C'est ce que les histoire chinoises appellent « l'oppression de la Chine par les cinq Hou », bien qu'il ne s'agisse en réalité que de trois peuples appartenant respectivement aux races turque, mongole et tibétaine. Les To-pa formèrent le plus puissant des divers États du nord de la Chine. Ils prirent le nom dynastique de Wei, établirent leur capitale d'abord à Yun-kang, puis, plus tard, à Lo-yang. Les sculptures bouddhiques qu'ils ont fait exécuter dans les grottes de Yun-kang et de Loung-men les ont rendus célèbres dans l'histoire de l'art. C'est cette dynastie étrangère qui, la première, autorisa le libre exercice de la religion bouddhique.

C'est l'époque des migrations chinoises qui correspond sous beaucoup de rapports aux temps obscurs dans lesquels vivait l'Europe avant la Renaissance carolingienne. On constate des deux côtés, en Chine comme dans l'Empire Romain, un recul rapide des peuples porteurs de civilisations. Les peuplades barbares, qui ont fait irruption, infusent un sang nouveau aux anciennes populations et créent de nouvelles races. Pendant ce temps une religion universelle, venue de l'étranger, s'implante dans le pays. Les deux religions universelles — ici le bouddhisme, là le christianisme — ont ceci de particulier qu'elles détruisent les anciens liens moraux et sociaux et, en même temps, affranchissent le monde de la crainte de la mort. La vie de l'homme perd sa signification réelle et est projetée dans un monde métaphysique de rédemption consolatrice. Il est à remarquer qu'en s'étendant sur une contrée nouvelle, les deux religions universelles se sont écartées de leurs doctrines originelles. Le christianisme, dont l'escatologie ne concernait primitivement que la vie présente et prévoyait la fin du monde que devait suivre la venue du royaume de Dieu sur cette terre, devint transcendant. Le royaume de Dieu fut reporté au ciel où les âmes des croyants pouvaient chercher un refuge contre tous les maux de cette terre. Sa venue sur terre devint toujours de plus en plus problématique et son attente se limita aux mouvements isolés d'exaltation religieuse du peuple. La doctrine du bouddhisme se modifia également. Après avoir nié la vie comme source de la souffrance, il devint la douce religion de la Terre Pure donnant aux hommes l'espérance de renaître dans le bienheureux Paradis de l'Occident, espérance qui finit par l'emporter sur la croyance au Nirvana.

Il est à constater que la religion produisit des effets très différents en Orient et en Occident. La décadence de la civilisation avait été beaucoup moins grave en Chine qu'en Europe. C'est pourquoi la première s'en releva plus vite que la seconde. Vers l'an 600, la Chine possédait une civilisation comparable à celle de l'Europe après la prise de Constantinople.

Le fait a des causes multiples. En Europe, la vitalité et la densité de la population du foyer de la civilisation avaient beaucoup diminué. Tandis que l'Italie et la Grèce étaient ravagées par les incursions des barbares, de nouveaux États se constituaient, principalement dans les districts frontières de la Germanie. La civilisation n'y avait pas encore jeté de profondes racines et, par suite, l'état social était rude et grossier. Il ne faut pas oublier que l'ignorance était si générale que les souverains même ne savaient pas écrire et remplaçaient leur nom par une croix. Les gens nourris de l'ancienne civilisation avaient tous cherché refuge dans les monastères, et l'Église romaine représentait la culture de Rome qui était antipathique et étrangère aux nouvelles races. Il se produisit ainsi une brèche irréparable dans l'organisme de la civilisation. Or, les civilisations sont des formations très fragiles. Il suffit qu'une ou deux générations aient négligé de transmettre leur acquis intellectuel, pour qu'une culture soit irrémédiablement perdue. Il fallut donc créer en Europe — sans aucun doute sous l'influence de la culture romaine — quelque chose d'entièrement neuf qui, regardé à tort comme une renaissance ou une régénération, est un produit purement hybride. Car, dans l'histoire de la civilisation, il n'y a pas de renaissance. Il y a de nouvelles naissances ayant leur berceau dans des civilisations anciennes, ou bien il s'agit de réapparition d'éléments de civilisation qui, laissés un certain temps dans l'ombre, n'en existaient pas moins.

En Chine, les éléments de l'ancienne civilisation avaient beaucoup souffert, mais ils n'étaient pas détruits entièrement. Le fil de la tradition subsistait. Et le fait s'explique. Les territoires extérieurs contigus aux frontières — qui ont été en Europe le théâtre principal de l'histoire nouvelle — ne se sont pas montrés rebelles à la civilisation. Au contraire : les royaumes barbares établis sur le sol de l'empire chinois estimèrent toujours nécessaire de conserver la culture chinoise. Les To-pa, par exemple, ont imposé l'adoption de la langue et des coutumes chinoises à leurs peuplades. En outre, plusieurs souverains turcs ont été les promoteurs de la culture chinoise. Le Sud, où celle-ci avait été importée et s'était fortement enracinée depuis des millénaires, demeurait un centre permanent de tradition vivante. Après les preuves de courage données par ses partisans, le confucianisme était devenu une force morale à laquelle devait se soumettre, sinon de fait, du moins en apparence, quiconque ambitionnait le pouvoir. La réputation de la civilisation chinoise en a été accrue.

De plus, le bouddhisme avait introduit en Chine des influences indiennes, grecques, et même persanes, si l'on tient compte du culte d'Amida. Il était, non le gardien de la civilisation ancienne, mais plutôt le représentant d'une civilisation équivalente. Le nombre des esprits supérieurs que leurs convictions religieuses entraînaient vers le bouddhisme n'a cessé de croître, mais il faut reconnaître que le bouddhisme y a gagné en considération plus que la civilisation chinoise proprement dite.

La Chine, dont l'aristocratie nouvellement reconstituée avait rehaussé le prestige, était une puissance intellectuelle devant laquelle les souverains étrangers s'inclinaient. Le genre spécial de la littérature chinoise est peut-être une des raisons pour lesquelles la culture traditionnelle de la Chine a été plus durable que celle de Rome. L'écriture alphabétique usitée en Europe représente uniquement les sons. Quand le son change, la langue parlée devient incompréhensible et la littérature n'a plus de sens. C'est ainsi que la littérature répondant aux phases anciennes de la langue est reléguée dans le domaine des antiquités, y tombe en poussière et ne présente plus aucun intérêt pour la civilisation. Il en est tout autrement de l'écriture chinoise qui représente graphiquement les idées. Certes, la prononciation était apprise par cœur et se transmettait avec le caractère d'écriture qu'elle concernait. Mais les changements de prononciation et même des modifications radicales de sons que l'on constate après l'arrivée des populations étrangères n'ont jamais rendu l'écriture incompréhensible. Celle-ci, au contraire, a eu pendant des siècles une existence indépendante du langage et a été l'inventaire pour ainsi dire vivant des progrès de la civilisation. C'est principalement pour cette raison que la culture chinoise ne perd jamais complètement ce qu'elle a acquis et que ses traditions ont résisté à tous les changements de races et de langages. En Allemagne, par exemple, le gothique a cessé d'être un élément vivant de la civilisation et la littérature courante ne comprend que les productions de deux siècles tout au plus, tandis qu'en Chine Confucius et Mong-tse sont toujours l'âme de la civilisation. C'est ainsi que l'écriture idéographique, qu'on juge si souvent fastidieuse et nuisible au progrès, a beaucoup contribué à la durée de la culture chinoise et au rythme des périodes historiques. Les progrès continus que les mathématiques ont faits en Europe et leurs applications remarquables à la science moderne ont peut-être les mêmes causes. Les signes mathématiques sont, comme les caractères de l'écriture chinoise, indépendants de leur prononciation. Et l'on comprend que Leibnitz, qui était précisément un mathématicien, ait jugé que l'écriture chinoise était le meilleur instrument pour réaliser une entente scientifique universelle.

Ajoutons en outre que le système économique qui a toujours régi la Chine, malgré tous les changements, a également contribué à la continuité de la civilisation.

2. — LE MOUVEMENT SPIRITUEL PENDANT LA PÉRIODE DE DÉMEMBREMENT

Nous avons vu que sous les Han des conceptions magiques avaient été introduites dans le confucianisme et en avaient déformé le dogme. Toung-tchoung-chou a particulièrement contribué à ce résultat.[130] Sous les Han Postérieurs, Wang-tch'oung, ainsi que nous l'avons dit, opposa au dogme confucien ses doctrines rationnelles — en partie rationalistes. Il s'appuyait dans une certaine mesure sur le naturalisme des taoïstes. On trouve dans le taoïsme de cette époque, à côté des procédés magiques qui tenaient en sujétion l'opinion publique, une école véritablement scientifique qui, d'un côté, était adonnée au naturalisme — la « Voie du ciel » est pour elle la loi impersonnelle de la nature — et, de l'autre, proclamait la liberté

---

130 Cf. O. Franke, *Studien zur Geschichte des konfuzianischenDogmas.*

de l'homme, en opposition avec la théorie du pouvoir absolu de l'État. Elle allait même jusqu'à l'anarchisme, car elle niait formellement que les rites eussent le moindre effet sur la société. Les penseurs de la fin des Han et du commencement des Trois Royaumes se montrent de plus en plus sympathiques à cette tendance et n'hésitent pas à exprimer librement leurs idées, même au péril de leur vie, et à critiquer les opinions contraires. Les écrits taoïstes de Tchouang-tse et de Lao-tse sont réédités et accompagnés de commentaires dans lesquels domine le point de vue scientifique du naturaliste. Lorsqu'on dit que le caractère *ciel*, par exemple, désigne « l'ensemble du ciel, de la terre et de tous les êtres », il est évident que cela équivaut à l'élimination de toute conception anthropomorphe de Dieu. Wang-pi est le premier qui ait donné une interprétation philosophique des anciens ouvrages. Quoiqu'il soit mort à vingt-quatre ans, sous les Wei, il a ouvert des voies nouvelles par ses commentaires du *Livre des Changements* et de Lao-tse. Le premier de ces ouvrages contenait des explications qui, surchargées d'indications sur les antiques méthodes de divination et de symboles de toutes sortes, le rendaient incompréhensible. Wang-pi en a fait un livre de philosophie dont les images et les expressions symboliques sont un point d'appui solide pour le penseur. Il a trouvé un sens logique et, cohérent à l'ouvrage de Lao-tse et fait d'un abrégé de méditations magiques un recueil d'aphorismes philosophiques.

Pendant que les dynasties invoquaient l'exemple des modèles de vertu de l'antiquité, pour justifier une usurpation du trône qui était en quelque sorte la règle, le confucianisme tendait à devenir la religion officielle du monde civilisé. Toutefois, en cachant les faits réels et en masquant les événements sous des noms et des formes agréables, il ne fut bientôt qu'une apparence. Le confucianisme pur d'autrefois fut remplacé par un confucianisme opportuniste de salon qui dissimulait la laide réalité sous des expressions telles que « l'éducation par les rites ». De tout temps les philosophes de cour ont été prêts à susciter toutes sortes de difficultés aux penseurs indépendants

— non en réfutant leurs opinions au moyen d'arguments philosophiques, mais en ayant recours au bras séculier pour imposer silence à leurs adversaires.

A partir de la dynastie des Wei, des penseurs indépendants exposant des idées hardies qui n'étaient autres que les principes de Lao-tse et de Tchouangtse se font de plus en plus nombreux. Ils exaltaient le Vide, délaissaient la politique pour la métaphysique et cherchaient dans le vin un dérivatif aux misères de l'existence. Les plus connus sont les lettrés, philosophes et poètes, qui avaient fondé le club des Sept Sages du Bosquet de Bambous et vivaient à l'écart de la société. Leur chef était Yuan-tsi, gai Compagnon qui se moquait des rites et des lois et auquel un de ses adversaires reprochait d'avoir mangé de la viande à l'enterrement de sa mère. Malgré cela, les Se-ma, qui ont usurpé le trône et fondé la dynastie des Tsin, désirèrent obtenir l'appui moral de cet homme que son intelligence supérieure faisait redouter. Ils voulurent même se l'attacher par un mariage et le poète ne réussit à mettre fin aux poursuites dont il était l'objet qu'en s'enivrant pendant dix jours consécutifs. Cette catégorie de penseurs était désignée sous le nom de Ts'ing-tan, c'est-à-dire « École du pur langage, parce qu'ils planaient entre la pure spiritualité et la nature et qu'il leur répugnait de souiller leur conversation de considérations relatives à ce bas monde. Il est possible qu'une grande partie des œuvres attribuées aujourd'hui à Tchouang-tse, à Lie-tse et même à Lao-tse provienne de ce milieu, mais il serait exagéré de faire remonter l'origine de l'ensemble à cette époque.

Les partisans du pragmatisme enveloppé dans la phraséologie confucienne déclarèrent une guerre sans merci aux représentants de la liberté de pensée. Détenant le pouvoir, ils firent bannir ou exécuter leurs adversaires. Mais les armes ne prévalent pas contre l'esprit, et les penseurs indépendants ont laissé des traces ineffaçables dans la littérature. Le poète T'ao-yuan-ming, auteur du *Retour au Foyer* et de *La Source aux fleurs de pêcher,* a contribué à la renommée de la fin de la dynastie des

Tsin bien plus que ne l'ont fait les nombreux courtisans avec leur langue acérée et leurs armes dangereuses. La liberté a passé du confucianisme immuable dans le clan des ermites taoïstes. Et le naturalisme de ces penseurs indépendants a préparé la voie au nihilisme et à l'aspiration à la délivrance de la religion bouddhique. La méthode critique, inaugurée par Wang-tch'oung, a été adoptée par la religion bouddhiste dans laquelle elle plongea comme une pierre dans l'Océan, alors que le taoïsme dégénérait et recherchait la pierre philosophale et le breuvage d'immortalité. En outre, sous les Soung, le bouddhisme allait donner l'impulsion à la réforme piétiste du Confucianisme qui a repris et continué l'œuvre de Wang-Pi.

3. — CRÉATION D'UNE NOUVELLE ARISTOCRATIE ET SES CONSÉQUENCES

Notre exposé serait incomplet si nous omettions de parler de la nouvelle noblesse qui s'est formée à la suite de l'entrée des populations barbares dans la sphère de la civilisation chinoise.

Nous avons vu que les transformations économiques qui se sont produites au cours des siècles après Confucius avaient entraîné la suppression des anciens rangs sociaux établis par les Tcheou et que, depuis Ts'in Che-houang-ti, il n'y avait plus, d'une part, que les sujets, et de l'autre, le souverain. Sous les Wei et les Tsin, les circonstances furent plus favorables à la formation d'une aristocratie nouvelle. Dans le but de recruter des fonctionnaires aptes à remplir leurs fonctions, l'empereur prescrivit de rechercher dans tout l'empire les hommes instruits et capables et de les recommander pour l'obtention d'une charge de l'État. Les fonctionnaires furent classés en neuf degrés, évidemment pour constituer une aristocratie officielle. Mais le choix fut exercé de telle sorte que l'influence et l'autorité revinrent aux grandes familles qui, à la faveur des troubles et des révolutions, étaient devenues propriétaires de terrains considérables. Les chefs de ces familles habitaient les villes et intervenaient dans les décisions du gouvernement. Ils avaient l'avantage, en outre, de pouvoir toujours se retirer dans leurs terres pour un motif quelconque, s'ils le désiraient. Il en résulta que, peu à peu, l'autorité passa du gouvernement central à l'aristocratie foncière du pays. Les charges principales furent confiées aux nobles. Si « capable et vertueux » qu'il fût, un homme du peuple ne pouvait jamais accéder qu'aux charges inférieures. Aussi, pour avoir une situation officielle, les gens pauvres entraient-ils au service de nobles influents. Ils se disaient les « disciples » d'un « maître », mais ils étaient en réalité secrétaires et employés de la famille noble. Il se produisit de cette façon une séparation nette entre la noblesse et la bourgeoisie. Les nobles eux-mêmes étaient classés, d'ailleurs, suivant une hiérarchie très stricte dont les grades étaient « ancienne porte », « deuxième porte », « porte nouvelle », « porte noble ». Mais si les nobles se trouvaient ainsi divisés en plusieurs classes distinctes, la séparation qui existait entre eux et la bourgeoisie était encore plus complète. L'union de deux personnes de classes différentes était déshonorante, ce qui n'empêchait pas la bourgeoisie d'imiter, autant qu'elle le pouvait, les façons et les manières des nobles. Chacun voulait paraître plus qu'il n'était et le parvenu était pleinement satisfait quand il avait réussi à nouer des relations avec les anciennes familles.

L'exclusive prononcée par la noblesse fut encore plus sévère à la suite des mélanges de races auxquels avait donné lieu, surtout dans le nord, l'entrée en Chine des populations étrangères. Les nobles évitèrent plus que jamais les mésalliances. Ils regardaient avec mépris les dynasties qui se succédaient et dont les représentants n'étaient que des parvenus. Ils se montraient moins intransigeants dans le sud où les familles régnantes étaient d'origine chinoise. A vrai dire, les familles Liou de P'eng-tch'eng, Siao de Lan-ling et Tch'en de Wou-hing n'étaient pas de sang absolument pur, mais, depuis qu'elles étaient montées sur le trône, on fermait les yeux, et même les alliances avec elles n'étaient pas jugées ignominieuses. Aussi voit-on, de temps à autre, un descendant d'une des grandes familles des Wang et des Sie épouser une princesse ou une fille d'une de ces familles et monter sur le trône, sans que les cercles fermés prêtent attention à ces irrégularités. Il en était tout autrement dans le nord où l'opposition des races jouait un grand rôle. Parmi les 25 impératrices de la dynastie des Wei, 11 seulement sont d'origine chinoise et pas une n'appartient à l'ancienne noblesse. Les conditions n'ont pas varié jusqu'à l'époque des T'ang. Il est certain que les sept familles les plus illustres de la noblesse n'osaient pas braver ouvertement l'édit impérial qui interdisait aux nobles les mariages pour ainsi dire endogamiques. Mais elles n'en continuaient pas moins, en sous-main, à donner aux filles des maris de leur caste. Jamais elles ne concluaient un mariage hors de ce cercle fermé. Comme toutes les situations, celle-ci présente un côté satirique. Bien des noms étant homophones dans la noblesse et la bourgeoisie, les familles bourgeoises sont arrivées à se rattacher d'une façon quelconque aux arbres généalogiques des grandes familles et à faire partie de ces dernières. Avec le temps, tous les Chinois ont été anoblis en tant que fils des Han. Faire valoir sa noblesse devint, dans ces conditions, un jeu inoffensif.

En réalité, les phénomènes de ce genre sont des indices de la situation économique du pays. Ils sont la conséquence de la division du territoire en grandes propriétés foncières. Privée de relations avec le reste du monde, la Chine a subi une réaction. Les soulèvements de paysans, cause de la chute du vieil empire à la fin de la dynastie des Han, avaient ramené le pays à une existence plus laborieuse. Mais, au cours de cette période d'isolement, les habitants avaient retrouvé une vigueur nouvelle. Les races étrangères avaient été assimilées progressivement. La religion bouddhique s'était répandue dans l'immense empire. Les empereurs entraient dans les monastères et l'influence que le bouddhisme exerçait sur l'existence était si profonde que l'on peut dire qu'à cette époque la Chine était aussi bouddhiste que l'Europe était chrétienne.

C'est ainsi que la Chine affirme de nouveau sa tendance à l'unité. Les petites dynasties disparaissent les unes après les autres. L'empire passe sans violents combats aux mains des Soui et est unifié de nouveau.

CHAPITRE VIII

APOGÉE DE LA CIVILISATION

DYNASTIES DES SOUI (589-618) ET DES T'ANG (618-907)

1. — SITUATION GÉNÉRALE

La dynastie des Soui monta sur le trône rapidement et, en quelque sorte, poussée par les circonstances, car le premier empereur, homme faible et irrésolu, aussi bien que le second, prodigue, capricieux et rêveur, auraient été incapables de préparer leur avènement. Ils ne sont qu'un élément de la chaîne continue de l'histoire. L'unité de l'empire a été la conséquence naturelle des tendances de l'époque et comme Yang, le fondateur de la dynastie, n'était pas l'homme que réclamait la situation, les Soui ont été bientôt chassés par les T'ang.

Néanmoins l'époque des Soui a été une période de grande activité. Au nord, on prolongea la Grande Muraille et commença les travaux de ce qui devint plus tard le canal impérial. Des expéditions furent entreprises contre la Corée, à l'ouest et dans le sud. On édifia des palais et on lança des flottes. Des réformes se succédaient dans les finances et dans la justice. Dans le but de briser la puissance des nobles, on institua un nouveau mode d'examens pour le recrutement des fonctionnaires. Ce sont là des indices des progrès que faisait la civilisation chinoise. Et quand les T'ang eurent remplacé sur le trône le souverain dépravé des Soui, elle prit un essor sans pareil qui, non seulement est antérieur à celui de l'empire de

Charlemagne et des khalifes d'Arabie, mais encore dépasse en ampleur les deux Renaissances occidentales.

Le transfert de la capitale à Tch'ang-an, dans l'ouest de la Chine, a été un fait caractéristique du début de cette renaissance, car il signifiait l'intention de reprendre le projet d'unification de l'Empire. Nous rencontrons ici un de ces faits remarquables qui aident à comprendre l'histoire, beaucoup mieux que si elle était divisée par dates et par règnes. Les Han Postérieurs ont employé un procédé de reconstitution de la race chinoise qui n'a été au point que cinq cents ans plus tard.[131] Les Hioung-nou septentrionaux et occidentaux — plus communément appelés Huns — qui étaient au début les ennemis de la culture chinoise avaient fini par l'adopter, à la suite soit des mariage de leurs chefs avec des princesses chinoises, soit de leur établissement dans les contrées soumises à l'influence chinoise, soit enfin de conquêtes de territoires Chinois où ils s'étaient entièrement sinisés, — comme les To-pa qui avaient remplacé leur langage et leur costume par ceux des Chinois. Plusieurs fois ce processus a détruit les formes extérieures de l'unité chinoise et a même menacé ses principes fondamentaux. Il avait maintenant obtenu un plein succès et les T'ang ont constaté les résultats de l'œuvre que les Han avaient entreprise un demi-millénaire auparavant. La Chine était de nouveau réunie sous un sceptre unique. L'Empire prit une nouvelle extension à l'occident et ce mouvement favorisa le développement du bouddhisme qui introduisit dans le pays des influences helléniques. Celles-ci, une fois résorbées, donnèrent naissance à un art classique noble et libre qui supporte la comparaison avec n'importe quel autre.

---

[131] Un demi-siècle est, d'après le philosophe chinois Mong-tse, la durée de la période d'incubation de ce processus. Cf. l'Essai de philosophie sociale qui se trouve à la fin de l'ouvrage de Mong-Tse, et que Se-ma-tsien développe avec plus de raison encore en parlant de lui-même et de son attitude à l'égard du confucianisme.

Un homme doué de talents remarquables contribua à faire de cette renaissance une des plus brillantes de l'histoire. Ce fut Li-che-min, fils du comte de T'ai-yuan. Suivant ses conseils, son père se révolta et, après avoir assassiné l'empereur Yang des Soui, monta sur le trône. Il abdiqua peu après en faveur de Li-che-min qui sut conserver le pouvoir, malgré les intrigues de ses frères. Pendant la période Tcheng-Kouan (627-649), le nouveau souverain imposa une administration unique de l'empire. Il était non seulement empereur de Chine, mais aussi Grand Khan des peuplades établies à l'intérieur des frontières et qui n'étaient plus les ennemis d'autrefois — Hioung-nou, Sien-pi, Yue-tche, K'iang, etc. — depuis qu'elles avaient adopté la civilisation chinoise.

Quand on pense au temps qui s'est écoulé sous les Saxons et les Francs, avant que l'empire Romain ait célébré sa renaissance, on a le droit de conclure que la Chine s'est trouvée dans des circonstances plus favorables que l'Europe. Le Yang-tse était une frontière au delà de laquelle les tribus ne pouvaient aller bien loin. Et au nord, la fusion des tribus étrangères s'était faite sous le signe de la civilisation chinoise, comme nous le savons. On en trouve une preuve, entre autres, dans le fait que les ouvrages en langue Sien-pi qui faisaient partie de la littérature de l'époque des Soui ne figurent plus dans celle des T'ang. Personne ne les lisait plus.

Parmi les 98 Premiers Ministres qui ont détenu le pouvoir pendant les trois cents années de règne des T'ang, 11 étaient d'extraction étrangère. La famille impériale a même conclu des mariages avec des familles étrangères dès le règne de T'ang T'ai-tsoung (Li-che-min). C'est ce qui différencie la civilisation des T'ang de celle des anciennes époques.

Les tribus étrangères avec lesquelles la Chine eut à faire alors sont, tout d'abord, les Turcs (Tou-kiue), puis les Tibétains (T'ou-fan) et les Ouïgours (Houei-ho) ; au nord, les ancêtres des Mongols et des Mandchoux, les Coréens et les Japonais ; au sud, les tribus des pays qui sont aujourd'hui le Yunnan et l'Annam.

Les relations avec les pays d'occident furent rétablies. Il n'était pas toujours facile de retrouver les points qui avaient été occupés à l'époque des Han. En bien des endroits les habitants avaient changé et les noms n'étaient plus les mêmes.[132] De plus, la traduction des ouvrages bouddhiques avait appris aux Chinois à reproduire phonétiquement les mots étrangers et, l'on cherchait maintenant à rendre exactement les sons étrangers, tandis que sous les Han les noms étrangers avaient été représentés par des mots chinois qui étaient leurs équivalents les plus proches, de même qu'en France on a pris l'habitude de dire Milan et Venise quand on parle de Milano et Venezia. Les relations avec les pays étrangers eurent des effets considérables sur la religion et sur la culture. Hiuan-tsang et Yi-tsing firent des voyages dans l'Inde et en rapportèrent des ouvrages bouddhiques. Des ambassades et des visiteurs étrangers arrivèrent en Chine. Les messagers d'Haroun-al-Raschid furent reçus à la cour impériale, comme ceux de Marc-Aurèle l'avaient été jadis. L'activité des Chinois ne s'exerçait pas uniquement sur terre. Elle s'étendait aussi sur mer et les jonques de l'empire allaient jusqu'au Golfe Persique. Et le Japon n'est pas le seul pays à juger aujourd'hui que la civilisation chinoise avait atteint son apogée à l'époque des T'ang, car, dans l'Océan Pacifique, les Chinois sont appelés « Fils des T'ang ».

132 Sous les T'ang, la route méridionale des Pamirs avait été coupée par les Tibétains (Tou-fan), malgré une campagne victorieuse des Chinois. La puissance des Tibétains a atteint son apogée au VIIIe siècle, au moment où ils occupaient Tch'ang-an ; elle fut détruite par les Ouïgours.

2. — LE SYSTÈME D'EXAMENS ET LA RENAISSANCE LITTÉRAIRE

La civilisation chinoise a atteint son apogée sous les T'ang, grâce au concours de toutes les forces spirituelles de l'empire. La littérature et l'art ont brillé d'un éclat que l'on constate rarement dans l'histoire de la culture classique. La poésie lyrique est représentée par Li-t'ai-po, Tou-fou et Po-kiu-yi, auxquels on peut ajouter un nombre correspondant de calligraphes dont les noms sont encore inconnus en Europe, uniquement parce que leur art n'y a pas encore été apprécié, Les peintres les plus renommés sont Yen-li-pen, Li-se-hiun, Wang-wei (également poète) et Wou-tao-tse. La musique de l'empereur Ming-houang était célèbre et l'art plastique avait un représentant distingué en Yang-houei-tche. Nous ne citons ici que les noms les plus marquants parmi des milliers d'artistes.

Le mode d'examens institué pour le recrutement des fonctionnaires, qui a joué plus tard un rôle considérable en Chine, fonctionna d'une façon satisfaisante pour la première fois sous les T'ang. Nous avons vu précédemment que le procédé de sélection locale, employé pour rechercher les hommes intègres et capables, avait donné aux nobles une puissance devant laquelle l'empereur lui-même était quelquefois obligé de s'incliner. Aussi, dès que les Soui eurent réuni l'empire entre leurs mains, ils envisagèrent le moyen de détruire la puissance de leurs adversaires, en attribuant les charges au seul mérite personnel. Dans ce but, ils instituèrent les examens. La dynastie des Soui resta trop peu de temps au pouvoir pour mener à bien cette réforme. Mais, sous les T'ang, nul ne put accéder aux charges officielles, sans avoir subi les examens prescrits. Au début, les matières exigées comprenaient les mathématiques, l'histoire, la jurisprudence et la calligraphie. Peu après, elles furent remplacées par les ouvrages classiques dont la connaissance donnait droit au titre de tsin-che. Les plus estimés de ces ouvrages à l'époque des T'ang étaient le *Li-ki* (*Mémorial des Rites*) et le *Tso-tchouan* (Commentaires de *Tso*).

Sous les T'ang, les examens ne furent toutefois qu'un des nombreux moyens employés pour obtenir des charges et des distinctions. L'empereur avait toujours le droit de conférer une charge importante a un homme qu'il jugeait particulièrement méritant ou qui lui avait été recommandé comme tel. Mais ces nominations devenaient de plus en plus exceptionnelles et avaient beaucoup moins de prestige aux yeux du peuple qu'un avancement obtenu à la suite d'examens successifs. Le candidat, en effet, avait à subir non un seul examen, mais plusieurs, avant d'arriver au sommet de l'échelle et d'être lui-même examinateur.

Il est à remarquer que ce mode d'examen a fini par ruiner la puissance de la noblesse héréditaire et a créé à la place de celle-ci une sorte d'aristocratie intellectuelle. Il faut avouer que l'institution a perdu beaucoup de sa valeur avec le temps, que les examens ont toujours été soumis aux mêmes principes invariables et que l'éducation des fonctionnaires a été, surtout dans les derniers siècles, superficielle et formaliste. Car les questions posées aux examens ont une grande influence sur les études et le travail des candidats. Il ne faut pas perdre de vue, d'ailleurs, que ces essais n'ont pas complètement détruit la puissance de la noblesse héréditaire. Les anciennes familles étaient encore toutes-puissantes. Pour donner à leurs enfants l'instruction convenable, elles avaient à leur disposition d'autres moyens que les habitants ignorants des campagnes dont les enfants étaient probablement préparés aux examens par un candidat malheureux. En outre, il convient de tenir compte du rôle important que la tradition et les relations personnelles jouent dans l'instruction générale et dans l'éducation. Néanmoins, les examens conservèrent la faveur du peuple. Ils devinrent une sorte d'idole qui hypnotisait la vie intellectuelle de générations entières en fixant leurs regards sur le but glorieux : une charge officielle, et le chemin qui y conduisait :

les examens. Quoique les familles distinguées aient conservé leur autorité traditionnelle — et continué à jouir d'une grande influence morale dans le pays tout entier — il est hors de doute qu'un sang nouveau fut continuellement infusé à l'ancienne race et qu'un élément démocratique, introduit peu à peu dans la carrière administrative, réconcilia le peuple avec tout le système. Quiconque avait du zèle et des capacités pouvait arriver au pouvoir et devenir un de ces hommes que l'on admirait et, peut-être, enviait. Mais on les supportait et l'homme du commun nourrissait l'espoir que lui ou les siens prendraient place un jour à la table des dieux. Au point de vue objectif, l'intérêt suscité par les examens — passion commune aux Chinois et à d'autres peuples — était évidemment nuisible au progrès. Mais, au point de vue subjectif, c'était pour les gouvernants un moyen précieux de détourner l'attention du pays, des intellectuels en particulier, des abus que le gouvernement aurait pu commettre, et de se faire de ceux-ci d'ardents défenseurs en réalisant lentement leurs espoirs.

Mais l'époque des T'ang fut aussi celle d'un essor remarquable dans tous les arts. Malheureusement, cet essor ne fut pas de longue durée, car après le règne illustre de T'ai-tsoung, vinrent les jours sombres de l'impératrice Wou, connue dans l'histoire pour ses cruautés. Émule de l'impératrice Lu des Han, elle essaya de renverser les T'ang et de placer sur le trône un des membres de sa famille. Elle a été une de ces souveraines, douées d'une intelligence supérieure et d'une mâle énergie, qui apparaissent de temps en temps dans l'histoire de la Chine et qui, dans la situation exceptionnelle qu'elles occupaient, ont fait plus de mal que de bien. La cour de Ming-houang (Hiuan-tsoun, 713-755) était le séjour des Muses. Elle doit sa renommée autant à Li-t'ai-po et à Tou-fou qu'à la belle et dangereuse Yang-kouei-fei qui fut victime de sa criminelle passion pour le Turc An-lou-chan et provoqua sa propre perte et des désordres dans tout l'empire. Les ravages exercés dans la capitale portèrent un prestige de la dynastie une atteinte dont elle ne se releva pas et les derniers règnes témoignent d'un déclin politique constant.

En Grèce, le déclin d'Athènes qui suivit la courte période de prospérité dont elle avait joui sous Périclès n'avait pas arrêté les progrès des arts ni empêché la production d'ouvrages en prose. Il en a été de même en Chine. Sous les T'ang, la poésie a atteint son point de développement culminant, tandis que la prose n'en était encore qu'à son début. La poésie est représentée par des poèmes courts et concis en vers, d'un rythme approprié au sujet. L'harmonie que ces poèmes établissent entre le thème et la forme peut être comparée à celle de la sonate dans la musique classique. Il est tout naturel, par suite, que la poésie des T'ang ait employé fréquemment d'anciens éléments, principalement des Han, et les ait adaptés à son époque. Sous leur nouvelle forme, ils sont comme une pierre précieuse dont une nouvelle taille aurait ravivé l'éclat. Or, précisément parce qu'elle était classique, cette forme ne pouvait servir à exprimer des idées nouvelles et personnelles. Aussi Po-kiu-yi, le poète le plus subjectif de la fin des T'ang, emploie-t-il souvent des formes plus libres.

Nous avons dit que la période des T'ang avait été pour la prose le début d'une ère nouvelle. Cela peut surprendre tout d'abord, parce qu'on constate, semble-t-il, une renaissance, une restauration de l'antiquité. Mais que l'on ne s'y trompe pas. Une renaissance véritable est plus qu'un renouvellement. Et il en a été ainsi sous les T'ang. L'antique prose chinoise est caractérisée par un style très concis, presque rythmé, dans lequel le parallélisme est employé pour exprimer la pensée. Sous les Six Dynasties, surtout depuis l'époque des « Sept Génies de la période kien-an », les œuvres littéraires n'étaient que dissertations vagues et dénuées d'idées, de sorte que sous la dynastie des Soui et au commencement de celle des T'ang, on n'appréciait dans un ouvrage que les artifices de style. La cour encouragea longtemps cette façon d'écrire. Mais au début de la dynastie, quelques lettrés inaugurèrent une prose plus naturelle et plus libre, tout en conservant « l'ancien » style. Le plus connu d'entre eux est Han-yu. Adepte du confucianisme et adversaire acharné de ce qu'il appelait les superstitions du bouddhisme et du taoïsme, il apparaît comme un original et un partisan outré de l'archaïsme. Personnalité honnête et lucide de vieux style.[133]

Le style créé par Han-yu et adopté par ses disciples a été employé jusqu'à notre époque, en même temps que le style concis. Pour apprécier les effets qu'il a exercés sur la culture, il faut l'étudier dans ses rapports avec la poésie. Nous avons dit plus haut que la poésie avait acquis à la cour des T'ang la forme la plus parfaite qu'on pût imaginer. Cependant elle n'est pas régie par des règles. La facilité toute naturelle avec laquelle les poètes évoluent dans les étroites limites de la forme est le mérite particulier de leur art. Il faut se souvenir aussi qu'à l'époque des T'ang, outre la poésie de cour, il existait aussi une poésie populaire et que Po-kiu-yi était l'interprète fidèle des sentiments du peuple. L'histoire note qu'il lisait ses vers à une vieille femme et les retouchait jusqu'à ce qu'ils fussent assez clairs pour être compris par elle. Il faut admettre que depuis l'annexion à l'empire des peuplades étrangères, la langue chinoise des Han a subi beaucoup de modifications. Et l'on peut voir dans tout ce mouvement littéraire un effort tenté en vue de briser les formes traditionnelles et de rapprocher le style de la langue parlée. On retrouve les mêmes tendances dans les ouvrages de Tchou-hi et dans ceux de ses disciples sous les Soung, dans les drames de la dynastie mongole, dans les

---

[133] En tout cas, il a employé les procédés des sorciers dans sa lutte contre la sorcellerie. L'histoire rapporte qu'il fut banni et, envoyé comme fonctionnaire parmi les tribu sauvages au sud de l'empire. Il entra en relations avec les peuplades et leur enseigna le confucianisme. Un crocodile répandait la terreur dans le pays et causait des ravages parmi les gens et les animaux, sans que personne osât rien entreprendre contre lui. On a conservé un ordre de Han-yu — qui est un modèle de la prose nouvelle — enjoignant à l'animal de quitter le pays et lui offrant même un porc comme cadeau. Obéissant, le crocodile disparut.

romans de l'époque des Ming et de celle des Ts'ing. Aujourd'hui le mouvement qui se manifeste en faveur de l'introduction des formes du langage courant dans le style a pris une ampleur telle qu'on lui donne le nom de révolution littéraire.

3. — LES RELIGIONS ÉTRANGÈRES EN CHINE

Si les relations nombreuses que les T'ang entretenaient avec l'étranger leur ont permis de répandre en occident l'influence chinoise (papier, boussole, etc.), en retour, elles ont ouvert l'empire aux religions étrangères. La grande tolérance qui était la règle de la dynastie fut propice au développement de la vie religieuse. Sans adopter une des religions en particulier, les empereurs les laissèrent vivre côte à côte et favorisèrent tantôt l'une, tantôt l'autre, soit par inclination personnelle, soit dans un but politique.

1° Le mahométisme a fait de très bonne heure son apparition en Chine. Mahomet connaissait la Chine, et les Chinois paraissent avoir fait du commerce avec les Arabes dès la première moitié du Ve siècle. A l'époque des T'ang, les jonques chinoises de Canton se rendaient à Bassorah dans le Golfe Persique. Les Chinois désignaient l'Arabie sous le nom de Ta-che, qui était une transcription persane du nom du pays. Le mahométisme fut introduit pour la première fois en Chine par des émissaires, au début du VIIe siècle, et une mosquée fut édifiée dans la province de Canton ; plus tard il pénétra du nord, par l'intermédiaire des Ouïgours.[134] Le judaïsme semble

---

134 En chinois Houei-ho ou Houei-hou. C'est l'origine du terme « Houeis Houei » sous lequel les Chinois désignent les musulmans. L'Islam est très répandu en Chine, surtout dans le sud, mais uniquement parmi les familles d'origine étrangère. Les musulmans portent bien des noms chinois, mais ceux-ci décèlent les origines des titulaires. Par exemple, un grand nombre s'appellent Ma, qui est une abréviation de Mahomet.

avoir pénétré en Chine également par l'ouest, bien qu'il ait eu des adeptes dans les villes côtières. Il s'est maintenu le plus longtemps à Kai-fong fou où l'on en trouvait encore des représentants au XIXe siècle.

Le mahométisme a été librement pratiqué jusqu'au règne de Wou-tsoung. Il fut alors interdit par l'empereur qui était un taoïste convaincu, ennemi des religions étrangères. En 876, il eut beaucoup à souffrir des graves troubles que la rébellion de Houang-tch'ao avait provoqués dans tout l'empire. Après la prise de Canton qui était un port international de premier ordre, 120.000 musulmans, juifs, chrétiens et mazdéens périrent. Cet événement marque l'arrêt de l'activité spirituelle et la fin de la prospérité chinoise. Le soulèvement fut bien réprimé. Mais la chute de la dynastie, qui survint peu après, n'a pas permis d'établir une statistique exacte des désastres causés en Chine par cette catastrophe. Les historiens sont unanimes pour reconnaître que ce soulèvement a eu des conséquences plus terribles que celui du Turc An-lou-chan qui, pense-t-on, avait coûté la vie à trente-six millions de personnes.

2° Le christianisme s'est établi en Chine à l'époque des T'ang sous sa forme nestorienne.[135] Des couvents persans furent construits dans différentes grandes villes et plusieurs empereurs, le célèbre Ming-houang entre autres, s'intéressèrent beaucoup à la nouvelle religion étrangère. Celle-ci conserva le même prestige après l'invasion de la Perse par les Arabes. Mais les monastères qui avaient jusqu'alors porté le nom de Po-se (monastères persans) furent appelés Ta-ts'in-se (monastères romains ou, plus exactement, monastères syriaques). La stèle qui a été érigée en 781 dans Tch'ang-an (aujourd'hui Si-an fou), l'ancienne capitale, expose en détail l'expansion du

[135] En chinois King-kiao. C'est sous le règne de Wou-tsoung que le moine O lo pen arriva en Chine. L'empereur lui fit donner une habitation dans la capitale et le chargea de traduire les Écritures chrétiennes.

nestorianisme en Chine. Certaines particularités de la secte taoïste du Kin-tan kiao (ou breuvage d'immortalité) laissent supposer que le taoïsme, creuset où se transmuaient toutes les religions étrangères, a également subi l'influence du nestorianisme. Sous le règne de T'ai-tsoung, dont nous venons de parler, les monastères nestoriens furent fermés. La stèle fut enfouie dans la terre et ne fut déterrée que sous la dynastie des Ming. Mais le christianisme s'éteignit dans le pays peu à peu.

3° Le mazdéisme, religion dualiste de la Perse dont les fidèles vénèrent le feu, pénétra également en Chine. Lorsque la propagation du mahométisme en Asie centrale eut provoqué des persécutions contre les autres religions, les partisans de Zarathustra se réfugièrent en Chine, où on se montra tolérant à leur égard. Le mazdéisme paraît y avoir eu peu de succès. En tout cas, tous ses prêtres étaient des étrangers. L'empereur n'en tolérait pas moins l'exercice officiel du culte, dans le but d'en attacher les fidèles par les liens de la religion — comme on l'a fait beaucoup plus tard pour le temple des lamas mongols de Péking. La question s'est posée de savoir si le culte bouddhique d'Amida ne contenait pas des éléments de mazdéisme ; mais elle n'est pas encore résolue.

4° La Chine accueillit non seulement la religion orthodoxe de la Perse, mais aussi la grande hérésie de celle-ci qu'est le manichéisme. Cette curieuse religion universelle qui, toujours et partout, a été considérée comme une secte perverse ne présentait aucun attrait pour les Chinois. Au contraire, ils étaient choqués par l'obligation du célibat, par l'interdiction de l'usage des médicaments auxquels étaient substituées des prières et par l'enterrement des corps complètement nus. Si bien que Ming-houang, si tolérant par ailleurs, interdit cette religion aux Chinois, tout en laissant les étrangers libres de la pratiquer. Le manichéisme était la religion populaire des seuls Ouïgours et les Chinois avaient eu si souvent recours à leur aide qu'il fallut faire preuve de tolérance. On construisit des monastères manichéens dans les villes désignées à cet effet et l'empereur fit placer dans plusieurs d'entre eux des inscriptions qu'il avait composées lui-même. Il y eut par suite des monastères des trois religions étrangères, c'est-à-dire mazdéens, manichéens et syriaques. Ce fut encore l'empereur Wou-tsoung qui mit fin au manichéisme. Seuls les Ouïgours le pratiquèrent jusqu'à l'époque des Soung.

5° La prospérité de ces religions dépendait plus ou moins de la faveur impériale. Aucune d'elles, à part le mahométisme peut-être, ne s'est implantée en Chine d'une manière solide et définitive. A ce point de vue, elles n'ont donc pu faire concurrence aux anciennes religions.

Le taoïsme avait acquis une influence particulière avant l'époque des T'ang, principalement sous les dynasties du nord. Sous les T'ang, il devint tout-puissant du fait que Lao-tse, son fondateur, portait le nom de famille Li qui était également celui de la famille impériale. Celle-ci, s'identifiant aux descendants de Lao-tse dont on pouvait suivre les noms jusqu'aux Han, déclara qu'elle descendait du Vieux Maître et vénéra celui-ci dans le temple impérial et lui décerna, comme ancêtre de la dynastie, le titre de « Maître et Dieu suprême et merveilleusement primitif ». L'empereur Wou-tsoung surtout, par sa ferveur exclusive pour le taoïsme qui se manifestait sous la forme d'une intolérance absolue vis-à-vis des autres religions, a été, au moins sa vie durant et tant qu'il a gouverné, un puissant protecteur de la doctrine de son ancêtre.

6° Néanmoins, malgré toutes les persécutions,[136] le bouddhisme n'en est pas moins resté la véritable religion de la Chine.

---

[136] Les plus violentes ont été, d'après les ouvrages bouddhiques, celles des trois Wou, c'est-à-dire celles qui ont été exercées par les empereurs Tao-wou de la dynastie des Wei postérieurs, Wou de la dynastie des Tcheou du nord et Wou de la dynastie des T'ang.

Il se répandit surtout dans le nord. Cependant les lettrés distingués des régions du midi mettaient également en pratique ses doctrines. L'empereur Wou de la dynastie des Liang fut un soutien fidèle de la religion à laquelle il s'était converti en 517 et finit sa vie dans un monastère bouddhique. C'est sous son règne que le religieux indien Bodhidarma, figure populaire (connu en Chine sous le nom de Ta-mo), vint en Chine enseigner la doctrine de la méditation (tch'an).[137] Il franchit le Yang-tse, se rendit à Lo-yang et prépara l'accord entre les écoles bouddhiques du nord et du sud.

L'époque des T'ang fut témoin des voyages fameux de Hiuan-tsang et de Yi-tsing dans l'Inde et de ceux que firent en Chine des bouddhistes célèbres, comme le tantriste Amogha-P'ou-koung. C'est aussi le moment où furent entreprises les traductions des ouvrages sanscrits qui adaptèrent le bouddhisme à la mentalité chinoise. Il faut reconnaître que le bouddhisme manquait d'unité et que ses diverses écoles étaient très divisées sur le dogme. Mais elles faisaient preuve d'une activité spirituelle intense. L'école Tien-t'ai et celle de la Terre Pure (amidisme) ont obtenu un grand succès. Et le bouddhisme a exercé une influence décisive sur la vie intellectuelle chinoise, même sur celle qui subissait l'emprise du confucianisme, comme on le verra dans la période suivante, celle des Soung.

4. — DÉCLIN ET FIN DU MOYEN ÂGE

Nous avons vu se produire sous les T'ang plusieurs catastrophes qui ont décimé la population et porté un coup

---

[137] Tsch'a. En japonais : Zen. Dans cette doctrine, comme dans le mouvement tantriste qui était alors en voie de formation et qui préconisait, entre autres, l'incinération de papier lors des enterrements, beaucoup d'éléments pré-bouddhistes se trouvent associés à des influences bouddhistes proprement dites. C'est sans doute ce qui a contribué à sa diffusion.

mortel à la civilisation chinoise. Ces événements étaient en partie les conséquences de la situation intérieure. A première vue, on a peine à croire que la révolution du Turc An-lou-chan, qui s'est produite pendant la période la plus prospère de l'empire, ait pu provoquer un si profond désordre dans le pays et faire tomber la capitale sous ses coups. Un examen attentif permet cependant de découvrir les causes multiples de ces faits et de leurs conséquences.

La prospérité remarquable dont la Chine a joui au début de la dynastie des T'ang a été en grande partie l'œuvre du prince impérial Li-che-min qui possédait les plus rares talents. Mais les qualités personnelles seules ne suffisent pas à assurer la pérennité d'une œuvre et l'on constate que la famille impériale n'a pas tardé à retomber dans les mêmes fautes que les dynasties précédentes. Le pouvoir des femmes, la révolution tentée par une impératrice ambitieuse, les intrigues de cour et les menées des eunuques sont les principaux faits de l'histoire des T'ang, comme ils l'ont été ceux de l'histoire des Han.

Cependant un fait beaucoup plus grave était le mouvement centrifuge qui secouait l'empire et n'allait pas tarder à le conduire à la ruine. Depuis que le pays était pacifié, les commandants militaires résidant dans les villes importantes, surtout celles des provinces frontières, étaient chargés de l'administration de plusieurs districts et détenaient ainsi l'autorité civile en sus du pouvoir militaire. Bien que la charge ne fût pas héréditaire, ces chefs militaires puissants jouissaient, tout comme les margraves du Saint-Empire Romain, d'une indépendance quasi complète vis-à-vis du pouvoir central et quand la révolte de An-lou-chan leur eut fait comprendre que leur situation particulière leur permettait de renverser le gouvernement central, leur arrogance ne connut plus de bornes. De véritables centres de puissance se formèrent et les choses allèrent si loin qu'à la mort d'un de ces généraux, le fils prenait le commandement des troupes de son père et refusait de reconnaître le successeur désigné par l'Empereur ; ou bien les troupes élisaient un chef et obligeaient ensuite le gouvernement à sanctionner leur choix. Si ce système de satrapies, qui, de tout temps, a répondu aux idées régionalistes des Chinois, contribuait beaucoup à relâcher les liens qui unissaient les différentes parties de l'empire, la possession d'une partie du pouvoir central par de hauts fonctionnaires divisés en deux camps constituait un autre danger. On comprend, par suite, que le pays ait été épuisé par les efforts soutenus qu'il dut fournir pour réprimer la révolte de Houang-tch'ao. Celle-ci se termina d'une façon pathétique. Parmi les généraux qui avaient vaincu Houang-tch'ao, se trouvaient deux rivaux. L'un était Tchou-wen, ancien chef de bande de Houang-tch'ao, passé au service de l'empereur, et l'autre, le général turc Li-k'o-young. Celui-ci demanda la permission de se venger de Tchou-wen. Sur le refus de l'empereur, il pilla la capitale. L'empereur prit la fuite et mourut. Son frère lui succéda en 889. Pendant que les deux rivaux se livraient bataille, les eunuques s'emparèrent du jeune empereur et gouvernèrent en son nom. Tchou-wen délivra l'empereur et massacra les eunuques. Finalement, il tua l'empereur et mit à sa place un enfant en bas âge. Ayant invité ensuite tous les princes à un banquet, il les étrangla, puis fit assassiner une nuit tous les parents encore vivants de l'empereur. Il monta alors sur le trône et fonda la dynastie des Liang.

Ce fut le signal d'un nouveau démembrement de l'empire, car les autres généraux refusèrent de reconnaître son autorité. Pendant plus de cinquante ans le désordre régna partout. Les historiens modernes ont essayé de mettre un peu d'ordre dans ce chaos, mais ils n'ont pas vu plus clair dans cette période que dans les événements qui se déroulent en Chine actuellement. Les généraux luttent les uns contre les autres, occupent des territoires plus ou moins grands, mais ne reconnaissent personne au-dessus d'eux. L'autorité impériale n'existe plus. Le nom de « Cinq dynasties postérieures », sous lequel les histoires chinoises désignent cette époque, est donc inexact. L'ordre de succession des dynasties repose sur le fait que chacune des familles est montée sur le trône après avoir renversé celle qui l'occupait et que la plupart d'entre elles ont eu K'ai-fong fou pour capitale. Outre les territoires occupés par ces familles, il y avait encore un grand nombre de principautés : entre autres, la région de Se-tch'ouan qui a contribué dans une certaine mesure au progrès de la civilisation.

L'ancienne splendeur de la Chine disparaît dans la sombre nuit de cette époque. La guerre étend partout ses ravages. Si les combats n'ont jamais de résultats décisifs, ils n'en dévastent pas moins le pays et appauvrissent le peuple. Les classes aisées, constamment exposées au vol et au pillage, tombent dans la misère. L'existence est encore plus difficile pour le paysan qui ne possède rien. Il en est réduit pour vivre à se mêler aux bandes de brigands qui parcourent les pays en pillant et en incendiant. ou à entrer au service de l'armée ou de l'administration. L'ambition de tout chef est de fonder une dynastie grande et puissante. S'il n'a pas de fils, il adopte des enfants étrangers, uniquement pour s'assurer un successeur au trône. C'est pour cette raison que les souverains d'une même dynastie portent quelquefois des noms différents. Che-king-t'ang, souverain de la dynastie des Tsin Postérieurs, fit mieux encore. Étant monté sur le trône impérial avec l'aide des K'i-tan toungouses, il leur céda seize districts du nord et ne rougit pas de reconnaître pour père adoptif le chef de cette peuplade barbare.[138]

---

138 Cette cession de territoires chinois a fait la fortune des K'i-tan qui étaient des Tartares orientaux. En 937, ils fondèrent dans le nord une dynastie à laquelle ils donnèrent le nom de Liao et établirent leur capitale à Liao-yang, et plus tard à Péking. Kitai ou Cathay, nom sous lequel les Européens désignaient la Chine autrefois vient de K'i-tan. Les Liao furent ensuite chassés par les Jou-tchen (Djourtchen) auxquels ils étaient apparentés. Ils fondèrent le royaume des Kara-Kitai en Kachgarie, tandis que les Jou-tchen prirent plus tard le nom de Kin et s'emparèrent de tout le nord de la Chine, d'où finalement ils furent chassés par les Mongols. Les Mandchoux qui ont donné à la Chine ses derniers empereurs étaient les parents des Kin.

Bien entendu, le sérieux esprit confucien qui était en honneur sous les Han avait disparu. Les lettrés de talent, qui désiraient occuper une charge, composaient des mémoires dans lesquels ils faisaient leur propre éloge. L'histoire de cette époque possède aussi son Talleyrand en Foung-tao, le « Vieillard toujours gai », qui avait servi successivement sept empereurs différents et réussi, malgré les révolutions, à diriger habilement sa barque parmi les écueils. Le plus touchant de son histoire, c'est qu'il écrivit son propre éloge, dans lequel il énumérait avec satisfaction tous les honneurs et toutes les dignités qu'il avait obtenus au cours de sa carrière agitée.

Néanmoins ces généralités ne suffisent pas à donner une idée de la vie d'une époque. Tandis que tout menaçait ruine, le travail spirituel se poursuivait. Et c'est ainsi que ces temps troublés ont laissé un héritage qui devait ouvrir une ère nouvelle non seulement pour la Chine mais pour l'humanité : l'invention de l'imprimerie.

Depuis longtemps déjà les habitants du Se-tch'ouan, les bouddhistes principalement, imprimaient des livres et obtenaient de bons résultats. Toutefois la diffusion de l'imprimerie dans l'empire est due à Foung-tao, le gai vieillard dont il a été question plus haut. Elle fut la conséquence de l'établissement d'une nouvelle édition de classiques.

Dans un but de conservation, on avait fait graver sur des stèles de pierre les textes des livres classiques confuciens, une première fois sous les Han, et plus récemment sous les T'ang. Des estampages des textes, obtenus en passant une brosse imbibée d'encre sur une feuille de papier préalablement appliquée sur la stèle, donnaient des caractères blancs sur fond noir. Foung-tao proposa de substituer aux stèles de pierre des planches en bois. En 932, les Tcheou Postérieurs prescrivirent l'emploi de ce procédé, et en 953 l'impression des neuf classiques fut achevée.

A partir de ce moment, l'imprimerie sur planche prit de l'extension. Sous les Soung, les livres imprimés eurent une grande vogue et furent notablement améliorés. Ils furent un moyen commode pour répandre l'instruction dans le peuple et le confucianisme leur doit son succès. C'est également sous les Soung que Pi-cheng inventa les caractères mobiles. A la faveur des relations commerciales, ceux-ci passèrent en occident, comme le papier et la boussole l'avaient fait autrefois, et la nouvelle invention fut exploitée par Gutenberg et les autres imprimeurs européens pour le plus grand avantage de l'humanité.

LES TEMPS MODERNES

CHAPITRE IX

ÉPOQUE DE RECUEILLEMENT.

DYNASTIE DES SOUNG (960-1279)

1. — RÉORGANISATION DE L'ÉTAT ET RELATIONS AVEC LES PAYS VOISINS

L'époque des Soung signifie dans l'histoire de la Chine à la fois une fin et un recommencement. D'une part, on passe en revue toutes les conquêtes de la civilisation réalisées jusqu'alors et on en tire les conséquences qu'elles comportent. D'autre part, on fait l'inventaire de la situation politique et on constate que cette situation a beaucoup empiré depuis l'expansionnisme de l'époque des T'ang. Les relations avec l'Occident étaient interrompues. Les hordes des Mongols orientaux, les K'i-t'an Liao, les You-tchen et les Kin, avaient, les unes après les autres, envahi les plaines du nord et jeté les fondements d'un nouvel État. Le reste de l'Empire demeurait cependant centralisé. Dans le domaine intellectuel, on fait également l'inventaire du passé. L'ère des grandes collections et des encyclopédies commence. Au point de vue religieux et philosophique, le bouddhisme a pénétré dans le cœur et dans l'esprit chinois. Les échanges avec l'Inde ont pris fin, sans doute depuis que le bouddhisme était opprimé dans sa propre patrie, et le confucianisme profite de tous les emprunts qui été faits aux conceptions bouddhiques.

D'autre part, un besoin urgent de réformes se faisait sentir. Le problème agraire réclamait une solution qui a été obtenue à la suite de luttes de partis, aux issues changeantes. De nouvelles forces apparaissent dans le domaine spirituel. Les arts s'épanouissent en se rapprochant de la nature. La peinture remplace la sculpture. Dans le drame et le roman apparaissent des genres nouveaux. Et le néo-confucianisme, malgré la routine et l'engourdissement spirituels qui lui sont inhérents, provoque de nouvelles idées qui s'expriment sous la forme qu'on retrouve aux époques de réforme et de renaissance des Ming et des Ts'ing.

Le fondateur de la dynastie des Soung quitta son camp pour monter sur le trône. Revêtu de la robe jaune par ses officiers et presque malgré lui, il dut, pour sa sécurité, lutter pour conserver soit trône. Homme franc et loyal, il était réputé pour son bon sens pratique bien plus que pour son intelligence, Il affichait de profondes convictions confuciennes qui lui valurent les appuis nécessaires à la consolidation de la nouvelle dynastie. L'annexion des États jusqu'alors indépendants se fit sans grandes difficultés et l'empire fut de nouveau unifié. L'empereur savait ce qu'il voulait. De même que le fondateur de la dynastie des Han, il avait été placé sur le trône par ses officiers. Le rusé paysan des Han avait récompensé ses généraux en les faisant exécuter l'un après l'autre et avait réuni l'empire sous son autorité. Le fondateur de la dynastie des Soung, Tchao-k'ouang-yin, agit plus loyalement. Quand il fut monté sur le trône, il réunit ses officiers et leur proposa simplement de renoncer à leurs commandements militaires. Tous ayant accepté, l'empereur leur donna en récompense des charges lucratives. Il fut ainsi dispensé de leur attribuer des postes de gouverneurs des frontières qui ont toujours été si dangereux pour l'État. En fait, il réussit à rattacher au pouvoir central l'autorité militaire et le contrôle des finances. C'était là un point important pour la centralisation du gouvernement. En tout cas, cette organisation avait des inconvénients et quand, plus tard, Yo-fei défendit la Chine contre les ennemis du nord, les généraux en campagne furent paralysés par les intrigues de la cour. De plus, tant que la capitale a été établie dans les environs du Kai-fong-fou actuel, il a été très difficile de défendre de là les frontières. Nous avons vu que, à l'époque des incursions barbares d'ouest en est et des conquêtes chinoises en sens inverse, celles-ci avaient lieu quand la capitale se trouvait à l'ouest, près de la frontière, tandis que son transfert à l'est indiquait invariablement un affaiblissement du pouvoir. A l'époque des Soung, les invasions avaient changé de direction. Il faut voir là une conséquence des modifications climatiques qui, au cours des siècles, ont transformé en déserts les plaines de l'ouest, tandis que les territoires nord-est de la Mandchourie actuelle acquéraient une importance croissante. En tout cas, les incursions barbares viennent désormais du nord. Et les anciennes capitales de l'est et de l'ouest seront remplacées à l'avenir par une capitale du sud (Nankin) et une capitale du nord (Péking). Mais les conséquences du transfert de la capitale au nord ne seront visibles que pendant la période Young-lo des Ming. Pour le moment les peuplades du nord gardent une attitude d'offensive décidée.

Lorsque la dynastie eut été solidement établie, plusieurs expéditions, dont quelques-unes commandées par l'empereur en personne, avaient tenté de soumettre les barbares ou, tout au moins, de reprendre les territoires perdus. Elles n'avaient obtenu aucun succès. Les revers furent tels qu'il fallut renoncer à la lutte et supporter le voisinage d'un État étranger qui, d'ailleurs, adoptait peu à peu les mœurs chinoises.

Le royaume du nord fut tout d'abord occupé par les K'i-tan, branche de la race des Sien-pi. Ce royaume avait pour limites : à l'est la mer, à l'ouest les monts Altaï, au nord l'embouchure de l'Amour et au sud la Grande Muraille qui forme encore la limite septentrionale de la province du Tche-li où se trouve Péking. Le royaume portait le nom de royaume de Liao. Sa capitale a été d'abord Liao-yang, dans la presqu'île du Liao-toung, puis Péking. Il prétendait monopoliser le titre d'empereur en faveur de son souverain. Toutes les attaques des Soung furent repoussées avec des pertes énormes. Les autres peuplades du nord, les Tartares, les Jou-tchen et les Coréens firent alliance avec les K'i-tan. Ceux-ci réclamèrent aux Soung ceux des territoires situés au sud de la Grande Muraille qu'ils avaient temporairement occupés autrefois. Ne pouvant se résoudre à une cession de territoire, les Soung consentirent toutefois à leur payer un tribut annuel de 100.000 onces d'argent et 200.000 pièces de soie. Dans le traité conclu entre les deux parties, le souverain du Liao reconnaissait l'empereur de Chine pour frère aîné et celui-ci, l'impératrice douairière de Liao pour tante. Le tribut fut augmenté en 1042, mais la paix fut maintenue. En évitant de céder une partie du territoire national, la Chine avait sauvé la face.

D'autres embarras vinrent encore du nord-ouest où les Si-hia avaient fondé un royaume qui, hésitant entre les Liao et les Soung, obtint les garanties des uns et des autres et finalement se constitua en empire. Le souverain des Si-hia prit le nom de Tchao, qui était celui de la famille impériale, et reçut annuellement des subsides pour l'entretien de troupes auxiliaires. Ces paiements étaient en réalité une nouvelle contribution versée sous une autre forme aux Liao. En fait, les Si-hia agissaient comme ils l'entendaient.

2. — RÉFORMES DE WANG-AN-CHE

Inutile de dire que ces contributions annuelles constituaient de lourdes charges pour les finances chinoises. A la fin elles devinrent insupportables et l'on étudia les réformes intérieures qui pourraient aider l'empire à sortir de la mauvaise situation dans laquelle il se trouvait. C'est à cette occasion que le célèbre Wang-an-che, auteur d'un projet de réforme agraire, fut nommé premier ministre.

Wang-an-che, qui détint le pouvoir de 1069 à 1076, était un homme d'État très énergique. Ses méthodes et la façon brutale dont il les appliquait font songer à celles de l'Occident. Ses idées étaient très raisonnables. Mais il n'a pu rester au pouvoir, parce que leur mise en pratique lui a suscité trop d'ennemis. Il a soulevé entre les novateurs et les conservateurs des controverses qui ont duré des dizaines d'années et au cours desquelles les adversaires ont pratiquement changé de camps. Néanmoins, en matière de taxes agraires, il a posé plusieurs principes qui ont été suivis par l'administration des contributions de toutes les époques

Ses réformes concernaient les finances et l'armée. Tout le reste se trouva reculé à l'arrière-plan. Elles se résumaient ainsi :

1° *Réforme financière*. — Les finances de l'État ont été transmises par la dynastie précédente dans un état lamentable et l'on ne peut dire que les Soung aient fait quelque chose pour les remettre en état. Wang-an-che créa des fonctionnaires qui furent chargés d'établir un budget des dépenses et des recettes de l'État, d'après un programme fixe, qu'on ne devait dépasser sous aucun prétexte. On réduisit ainsi les dépenses de 40%.

La réorganisation financière s'étendit à tous les domaines. Elle comprenait les fameuses avances de semences aux paysans. Au printemps, les fonctionnaires désignés dans ce but prêtaient aux paysans, suivant leurs besoins, des sommes d'argent que ceux-ci devaient employer à la mise en valeur de leurs champs. Après la récolte d'automne les prêts, augmentés d'un intérêt, étaient restitués par les bénéficiaires. Cette méthode mettait les agriculteurs à même de faire les dépenses nécessaires pour augmenter le rendement de leurs terres.

Une autre mesure fut la suppression de la corvée. Celle-ci fut remplacée par une taxe annuelle qui constitua un fond sur lequel étaient payés les travaux publics. De cette façon, le paysan n'eut plus à craindre ce service improductif et put compter sur les fruits d'un travail régulier. Les ennemis de Wang-an-che combattirent vivement cette mesure, sous prétexte que les paysan n'avait pas d'argent et que le paiement de la taxe le mettait dans l'obligation d'abattre ses plus beaux arbres et de vendre son bétail. Elle avait néanmoins des avantages évidents, puisqu'elle était encore appliquée tout récemment.[139]

Toutes les terres furent soigneusement mesurées. Le plan cadastral permit d'évaluer leur rendement et de les taxer en conséquence. On eut ainsi une base sûre pour établissement de l'impôt foncier.

A partir de 1074, tout propriétaire fut tenu de faire la déclaration de tout ce qu'il possédait, y compris les porcs et les poules. Seuls étaient exclus les aliments journaliers et les ustensiles de table. Pour limiter les fraudes, quiconque dénonçait l'auteur d'une fausse déclaration recevait en récompense le tiers de l'amende infligée au coupable. De plus, les familles résidant dans le même district étaient solidairement responsables (pao-kia-fa), comme elles le sont encore aujourd'hui.

Le commerce fut surveillé et réglementé officiellement. Les marchandises en magasin furent frappées d'un impôt annuel de

---

139 À la suite de la création de cette taxe, qui n'était autre que l'impôt personnel, les recensements accusèrent, une forte diminution de la population. De 29.092.185 familles dont elle se composait en 1066, elle tomba à 23.807.165 en 1075 et la surface des terres cultivées diminua de moitié. Ces chiffres ne correspondaient certainement pas à la réalité. Pour se soustraire à l'impôt personnel, chacun avait intérêt à déclarer moins qu'il ne possédait. Cet impôt fut supprimé en 1727. Un recensement, qui date de 1753, accuse une population de 102.750.000 familles contre 25.284.818 en 1724. Il montre qu'on ne peut se fier à ces statistiques et que l'impôt personnel était un moyen efficace pour prévenir un accroissement excessif de la population.

20 % garanti par ces mêmes marchandises et les bâtiments qui les abritaient. Le délai de paiement écoulé, l'impôt était augmenté de 2 %. Un plan de répartition des marchandises de toutes espèces fut établi, dans le but d'équilibrer l'offre et la demande et de mettre fin aux spéculations locales autant que possible.

2° *Réforme militaire*. — Durant les guerres que la Chine avait soutenues contre les peuples des frontières, les effectifs de l'armée s'étaient accrus considérablement et étaient devenus une lourde charge pour le pays.[140] Dans cette circonstance, Wang-an-che prit encore une mesure énergique. Il laissa sur les frontières les effectifs strictement nécessaires. Puis, il constitua avec une partie des autres une armée territoriale et renvoya le reste dans ses foyers. Pour assurer le maintien de l'ordre à l'intérieur, il créa une milice dont le principe a beaucoup d'analogie avec la solidarité qui unissait les familles d'un même district.

Dix familles formèrent un secteur (pao), cinquante familles un grand secteur, dix grands secteurs un secteur général. Chacun des secteurs avait un chef. Quand une famille comprenait deux hommes, l'un d'eux faisait partie de la milice. Chaque milicien participait tous les cinq jours au service de protection commune. Les chefs étaient initiés à l'emploi des armes et l'enseignaient à leurs subordonnés. Les chevaux étaient fournis par l'administration et confiés à des familles qui en étaient responsables et, en retour, bénéficiaient d'un dégrèvement d'impôts. Des inspecteurs venaient constater tous les ans que les chevaux étaient convenablement soignés et que les armes des miliciens étaient bien entretenues.

---

140 L'effectif des troupes atteignit 378.000 hommes sous T'ai-tsou (960-977) et 1.620.000 sous Ying-tsoung (1064-1068).

Si ces réformes avaient pour but de donner à l'empire une armature militaire, il faut reconnaître qu'elles ont contribué effectivement aux succès remportés sur quelques-uns des peuples environnants. La réforme agraire a eu également pour conséquence une diminution du coût de la vie. Wang-an-che a même dit que pendant que les réformes étaient en vigueur, le riz était devenu aussi bon marché que l'eau.

Cependant Wang-an-che n'a pas remporté un succès complet et l'on voit avec étonnement les hommes éminents de son temps figurer parmi ses ennemis. D'où vient cela ? Du point de vue européen, les réformes de Wang-an-che semblent rationnelles, presque modernes dans leurs principes. L'énergie même avec laquelle il s'est attaqué à une organisation désuète aurait suffi à faire de lui un grand homme dans nos pays. Pour lui, l'État était un mécanisme d'une grande précision. La façon brutale qu'il a employée pour mettre l'État dans les conditions les plus favorables à son fonctionnement parfait lui aurait valu dans les milieux européens le succès et les concours les plus empressés.

Il en a été tout autrement en Chine. Wang-an-che appartenait au parti des novateurs : il fut disgracié. Il était encore tout-puissant quand quelques-uns des lettrés les plus éminents, insouciants du danger auquel leur acte les exposaient, l'attaquèrent et critiquèrent sa politique. Ils ne reprochaient pas seulement à Wang-an-che ses méthodes et ses buts ; ils avaient des conceptions différentes. Wang-an-che qui était un lettré, lui aussi, n'aimait pas les compositions littéraires des examens dans lesquelles le style l'emportait sur les idées. Il modifia le règlement et exigea des candidats des compositions plus libres et plus personnelles qui seraient examinées au point de vue des idées beaucoup plus qu'au point de vue du style. Comme il détestait les *Annales du Printemps et de l'Automne* à cause de ses tendances morales, il décida que le livre de Confucius ne figurait plus dans le programme.

C'est ainsi qu'aux différends qui séparaient déjà Wang-an-che de ses ennemis s'ajoutèrent des divergences d'opinions littéraires. Et les lettrés qui avaient été jusqu'alors divisés en trois partis, s'unirent pour lutter contre le novateur. On voit parmi eux des hommes comme l'historien Se-ma-kouang, l'auteur de la première histoire universelle ; l'écrivain Ngeou-yang-siou et le poète philosophe Sou-toung-p'o (Sou-che) qui fut plus tard le chef de l'école Sing-li.[141]

Les réformes n'obtinrent pas en Chine le succès qu'elles auraient pu avoir en Europe. Leur auteur était énergique et n'avait en vue que l'intérêt général. Mais parmi les fonctionnaires chargés de les exécuter certains usaient de l'autorité qu'ils possédaient pour opprimer et exploiter le peuple. En outre, l'emploi des méthodes nouvelles avait bien procuré des succès politiques tels que de légers avantages sur la frontière du nord et la soumission des Man aborigènes de l'ouest et du sud — mais ils n'étaient pas aussi décisifs qu'on l'avait espéré. Les temps étaient trop troublés pour que des réformes profondes pussent porter des fruits. D'ailleurs, la mort de l'empereur Chen-tsoung, protecteur de Wang-an-che, interrompit l'œuvre entreprise. Les ennemis du ministre ne s'entendirent pas entre eux. Ils se scindèrent en trois partis : celui de Lo dont le chef était le néo-confuciiste Tch'eng-yi, celui de Chou (Se-tch'ouan), dirigé par Sou-che et celui de So qui avait à sa tête plusieurs chefs, entre autres, Liou-an-che. Tout en se combattant sur le terrain littéraire, ils s'étaient unis pour faire opposition à Wang-an-Che. L'impératrice-douairière qui assurait la régence pendant la minorité de l'empereur s'appuya sur eux pour régner et pour assurer un appui au trône.

Ensuite, le vent tourna et les partisans de Wang-an-Che revinrent au pouvoir. Mais les réformes n'étaient plus que l'enseigne du parti. Les adversaires furent dépossédés de leurs

---

141 L'école philosophique de la raison, dont il sera question plus loin.

charges sans ménagements. On alla même jusqu'à graver leurs noms sur une stèle, pour qu'ils fussent l'objet d'un éternel mépris, et la lutte continua. Le vieux parti acquit naturellement dans cette persécution une influence et un prestige qu'il n'avait pas auparavant, tandis que le nouveau utilisa la situation à son propre avantage. Ce fut le commencement du désordre.

Les Toungouses du Liao avaient été vaincus par une autre tribu, également toungouse, les Jou-tchen, dont le chef Akouta avait fondé la dynastie des Kin. Les Soung conclurent des traités avec celle-ci et durent lui fournir des subsides considérables. Déchirée par des troubles intérieurs, 1.a Chine était incapable de se défendre. Les restes des Liao, chassés par les Kin, se retirèrent vers l'ouest et fondèrent en Kachgarie le royaume des Kara-K'itai qui a subsisté jusqu'en 1199.

Provoqués par les Soung, les Kin envahirent la Chine, arrivèrent devant la capitale et firent prisonnière la cour entière. Les Soung se retirèrent au sud du Yang-tse. Ils furent attaqués par l'ennemi. Le courageux général Yo-fei lui fit bien subir des pertes sévères, mais il fut lui-même victime des intrigues de Ts'in-koui, son rival, qui, fait prisonnier, puis relâché par les Kin, défendait leur cause à la cour impériale. Les rôles se trouvaient renversés. Car Ts'in-kouei était du parti des novateurs qui, auparavant, avaient préconisé une action vigoureuse contre l'envahisseur, tandis que les conservateurs étaient d'avis de négocier et de temporiser. Le peuple chinois conserve le souvenir vivant des deux adversaires. Pour lui Yo-fei est le chevalier sans peur et sans reproche et Ts'in-kouei, le défenseur de la paix à tout prix.

La Chine ne put échapper à sa destinée. Les Mongols achevèrent l'œuvre commencée par les Kin. Après la destruction de ceux-ci, ils attaquèrent les Soung qui avaient commis l'imprudence de leur tendre la main. En 1279, lorsque la dernière bataille navale se fut décidée en faveur des Mongols, un ministre fidèle des Soung prit sur son dos le jeune empereur âgé de neuf ans et se jeta dans la mer à Canton.

3. — L'ART ET LA CULTURE A L'ÉPOQUE DES SOUNG.

La dynastie des Soung a récolté peu de lauriers sur le terrain politique, mais elle a joué un rôle d'autant plus important dans l'histoire de la civilisation chinoise. Son époque a été celle du recueillement, de la méditation et de l'assimilation intérieure. Sous le règne de Houi-tsoung (1101-1125), le dernier empereur qui ait résidé au nord de Yang-tse (puisque les Kin rejetèrent ses successeurs au sud du fleuve), on entreprit l'étude méthodique des bronzes anciens de la collection impériale et on en publia les résultats dans un grand catalogue illustré de magnifiques gravures sur bois. Peu après parut la grande encyclopédie de Ma-touan-lin qui comprenait sous différentes rubriques toutes les connaissances de l'époque. La cour fonda des écoles de peinture qui devaient s'inspirer des traditions artistiques du passé, afin de donner à la postérité les moyens de comprendre les anciens maîtres. L'Europe n'a connu que tout dernièrement les céramiques de l'époque des Soung. Les divers fours, placés sous le contrôle de fonctionnaires impériaux, produisaient des céramiques qui provoquent l'admiration des connaisseurs. L'impression des livres, dont les débuts, comme nous l'avons montré, sont antérieurs aux Soung, a atteint sa perfection à cette époque. Les livres qui ont été publiés alors sont, au point de vue de l'impression, de la mise en page et de la présentation harmonieuse et artistique, de véritables modèles.

Ce serait pourtant une erreur de prétendre que l'époque des Soung ait été une époque d'épigones. Un nouveau sentiment du monde naît alors. Le paysage devient un objet de l'expérience interne. Et, par le paysage, on se rapproche davantage de la nature. La poésie vient féconder la peinture et, abandonnant le style sévère de la poésie lyrique de l'époque T'ang, elle adopte des formes libres, rendant possible l'expression des sentiments personnels. Ceux qui qualifient l'art Soung de naturaliste se trompent, car il peint la nature, non telle qu'elle existe dans son objectivité extérieure, mais telle qu'elle est ressentie intérieurement. Il serait plus exact de qualifier cette époque de romantique, par opposition au classicisme de l'époque T'ang. Nous ne voulons pas dire par là que l'élément personnel ait totalement fait défaut sous les T'ang, mais il était emprisonné dans la forme objective et classique, et c'est par ce qui ne s'exprime pas, mais transparaît de temps à autre à travers l'œuvre d'art qu'il donne à celle-ci la tension interne qui ne manque jamais à une œuvre vraiment classique et la préserve de la froideur. Sous les Soung, le sentiment devient souverain, non en brisant les formes, mais en devenant expansif, en s'annexant de nouveaux domaines : aussi bien les paysages de la nature que les matériaux du passé sont conquis et élaborés intérieurement. Ce n'est pas par un effet du hasard que la première histoire universelle, remontant jusqu'aux temps mythologiques, celle de Se-Ma-Kouang, a paru sous les Soung. Une époque pareille est nécessairement subjective à l'égard du passé. Tout ce qui se rapporte au passé est bien recueilli avec un respect amoureux, mais le nouveau sentiment de la vie le transforme du tout au tout. De même, la science de l'époque des Soung adopte une attitude de souveraine indépendance à l'égard des matériaux transmis par le passé. Et nul n'a traité avec plus d'arbitraire les documents de l'antiquité que le pieux savant Tchou-hi qui, après avoir détaché de l'ensemble des traditions les textes de la *Grande science* et du *Juste milieu,* leur a donné, grâce à des modifications et additions, la forme de deux ouvrages indépendants qui, avec les aphorismes des Confucius et les écrits de Mencius (Mong-tsé), devaient former les quatre sources de l'éducation intellectuelle de la Chine.

La peinture des Soung est aussi un art nouveau. On a souvent voulu y voir des manifestations de décadence, ce qui est du pur snobisme. Car l'art des Soung n'est pas plus inférieur à l'art des T'ang que le gothique ne l'est au style roman. Il ne faut pas voir un effet du hasard dans le fait que la peinture a rejeté la sculpture au second plan. La sculpture existe bien sous les Soung, mais elle a abandonné le style monumental, sévère et anonyme. Elle est animée et expressive. Elle est représentée par des statues et des ensembles composés d'un personnage et d'accessoires de paysage : la Kouan-yin est assise sur un rocher ou bien on voit surgir un tronc d'arbre. A l'encontre de la sculpture, la peinture offre toutes les ressources pour représenter un paysage. La peinture de l'époque des Soung est peut-être la première au monde qui s'y soit essayée et ait facilement reproduit la nature. Depuis l'époque des T'ang, il existait deux écoles rivales : celle du nord et celle du sud. L'école du nord s'attachait au tracé des contours et au mouvement des lignes : elle était plus conservatrice que l'autre école et cherchait surtout à reproduire les apparences extérieures des objets, non avec leurs déformations ou leurs irrégularités naturelles, mais dans leurs parties essentielles. La perspective ne jouait pas dans le dessin le même rôle qu'en Europe c'est-à-dire celui d'un exercice mathématique sur un fantôme. Elle servait à placer les objets dans le tableau de façon à donner à celui-ci toute sa signification spirituelle. L'école du sud était beaucoup plus radicale. Elle négligeait les détails et ne considérait que l'ensemble. Elle ne peignait pas des objets isolés, mais représentait les ensembles dans lesquels les objets particuliers jouaient le même rôle que les notes dans une symphonie. on comprend qu'un art de ce genre s'en soit tenu au noir et au blanc, pour exprimer les palpitations mystérieuses de l'âme. Un tableau n'était plus une juxtaposition de couleurs. Les endroits où le pinceau ne s'était pas posé contribuaient autant que ceux qui avaient été touchés à produire sur l'observateur l'impression que le peintre avait ressentie. Lao-tse a dit : « Une chose n'est efficace qu'en tant qu'elle est vide ». Il est d'accord en cela avec le peintre qui a exprimé l'idée que, dans l'exécution d'un tableau, les parties que le pinceau ne devait pas toucher étaient celles qui exigeaient le plus de réflexion. Rien d'étonnant que beaucoup de ces chefs-d'œuvre aient eu pour auteurs des moines bouddhistes qui appartenaient à l'École de la Méditation. La méditation procure en effet le même sentiment de la totalité que celui qu'éprouve l'artiste.

Rien n'aide mieux à comprendre ces faits que le mouvement religieux de cette époque et le néo-confucianisme qui en a été la conséquence. Le bouddhisme avait fait la conquête spirituelle de la Chine. Non seulement la plastique et, dans un certain sens, la peinture chinoise sont inconcevables sans l'influence du bouddhisme — l'influence grecque a été apportée en Chine par le bouddhisme, comme elle l'a été en Europe par le christianisme — mais la vie intellectuelle tout entière en était imprégnée. C'est au point que le bouddhisme chinois, qui n'était qu'une branche distincte du bouddhisme indien, a contribué activement à la formation spirituelle des Chinois. Il en résulte qu'il est aussi impossible d'écrire une histoire du dogme bouddhique, sans tenir compte de la Chine, que d'écrire une histoire du christianisme en faisant abstraction du protestantisme allemand. Mais il vint un moment où le bouddhisme, qui était, après tout, une inspiration étrangère, dut être assimilé, et c'est ce qui arriva lorsque le néo-confucianisme réalisa la fusion de cette doctrine étrangère avec le confucianisme et le taoïsme.

Pour arriver à cette fin, il fallait qu'il existât entre les maîtres et leurs élèves une intimité personnelle, semblable à celle qui avait uni jadis Confucius à ses disciples. Or les écoles et les examens officiels dont les sujets d'enseignement et les méthodes dépendaient de la politique du moment n'étaient pas faits pour la créer. Rappelons-nous les attaques violentes que le réformateur des finances Wang-an-che a menées contre ces deux institutions, pour faire condamner *le Printemps et l'Automne* de Confucius.

L'intimité requise se développa dans les écoles privées (chou-yuan). Celles-ci s'étaient fondées pour lutter contre l'enseignement officiel qui avait dégénéré en un formalisme étroit dont le seul but était d'ouvrir l'accès aux charges officielles. Les écoles privées cherchaient à développer, parmi leurs élèves, la confiance, la solidarité et une conviction sincère. Leur enseignement tendait à élever le caractère de l'homme, et non à fournir le moyen de se créer une carrière politique. A ce point de vue la comparaison que Kou-houng-ming a établie entre le néo-confucianisme et le mouvement piétiste du protestantisme européen est assez juste.

Ces communautés enseignantes avaient pour chefs des hommes réputés pour leur valeur morale et leurs talents littéraires. Elles n'étaient pas situées, comme les écoles officielles, dans les centres administratifs importants. Elles s'installaient, pour la plupart, dans les vallées boisées ou sur les bords des cours d'eau, dans des endroits idylliques, au sein de la nature. Le maître vivait en étroite communion avec ses disciples et les instruisait. Ceux-ci notaient certainement ses paroles car, aujourd'hui encore, beaucoup d'ouvrages nous initient à la vie intellectuelle de ces écoles. La constitution des écoles privées se rapproche, sans aucun doute, de celle des communautés bouddhiques, mais il ne faut pas oublier que Confucius, lui aussi, vivait avec ses disciples et les instruisait.

La découverte de l'imprimerie eut également ici sa répercussion. Tant que les maîtres durent avoir recours à l'enseignement oral, d'après des manuscrits qui seuls exposaient les doctrines des sages et étaient déposés dans les bibliothèques publiques, les écoles furent établies près de ces établissements. A la suite de l'invention des caractères gravés sur bois et de l'impression sur papier des neuf classiques par Fong-tao, les Soung publièrent les anciens manuscrits qu'ils avaient recueillis. Le livre imprimé remplaça le manuscrit long à composer et, par suite, rare et coûteux, et prit peu à peu sa forme actuelle.

L'impression et le commerce des livres n'étaient pas réservés aux grandes maisons d'éditions. Des particuliers publiaient également les ouvrages qu'ils estimaient et auxquels ils s'intéressaient. Les écoles purent se procurer facilement les livres qui étaient nécessaires à leurs travaux. Elles contribuèrent puissamment à la création de relations personnelles entre les adeptes de la doctrine confucienne et à la fondation d'une forte tradition. Elles formaient, non une Église, mais une réunion de membres sympathisants, unis par un esprit de corps sur lequel les divergences doctrinales n'avaient nul effet.

Pour mieux faire comprendre l'état d'esprit de ces écoles, il est nécessaire de dire quelques mots des sources différentes qui alimentaient leur enseignement. La première était le taoïsme, ou plus exactement la doctrine du Tao (Tao-hio). Lao-tse et Tchouang-tse, ses fondateurs, ont puisé leurs principes dans la nature. Pour eux la vie est soumise à la loi automatique de la nature. Si la loi naturelle, l'esprit universel de Lao-tse, comportait encore un certain mysticisme, elle était cependant quelque chose d'impersonnel que l'on désignait sous le nom de « mère mystérieuse de tous les êtres ». La théorie d'une loi de la nature, immanente, rationnelle et impersonnelle — telle paraît être la meilleure définition du tao de Lao-tse — était très élevée et complètement opposée aux superstitions et aux préjugés d'écoles.

Par une de ces ironies qu'on trouve si souvent dans l'histoire, cette philosophie supérieure et presque cyniquement naturaliste a fourni la base à une religion qui pratiquait les superstitions les plus basses. La transformation s'est accomplie sous les Han, quand les magiciens (fang-che) ont employé les œuvres de Lao-tse et de Tchouang-tse comme manuels de sorcellerie. Il existe un état psychique dans lequel la magie et les sciences naturelles sont très voisines. Nous avons eu aussi en Europe l'astrologie et l'alchimie. Ce sont les pratiques magiques des taoïstes qui ont fait la popularité de leur religion. Le taoïsme a séduit la cour et le peuple, parce qu'il connaissait la pierre philosophale (Kin Tan), possédait la recette du breuvage d'immortalité, avait le pouvoir de jeter des sorts et donnait aux hommes la possibilité de convertir le cinabre en or et de devenir génies. Plus d'un empereur a embrassé cette religion —

quelques-uns même sont morts après avoir absorbé l'élixir d'immortalité. L'empereur Tchen-tsoung (998-1022) des Soung devint un taoïste fervent quand il eut reçu un écrit céleste qui contenait tous les secrets de l'univers. Le taoïsme se conciliait fort bien avec la vénération due à Confucius. Pendant un de ses voyages à la montagne sacrée du T'ai-chan, ce même empereur se rendit au tombeau du sage et décerna à ce dernier le titre de roi. D'une façon générale, on ne doit pas oublier qu'outre le taoïsme des religieux — qui, après avoir emprunté aux bouddhistes leurs doctrines et leur organisation, leur livrèrent des combats acharnés d'où ils sortirent tantôt vainqueurs, tantôt vaincus — et le taoïsme des magiciens, il y avait encore le taoïsme des ermites qui s'étaient retirés dans les montagnes ou sur les bords de la mer. Vivant au milieu de la nature, loin du monde et de son agitation, au-dessus des superstitions de l'époque, ils suivaient les purs principes de Lao-tse et de Tchouang-tse et étudiaient les mystères de l'univers dans le *Livre des Changements* (Yi-king).

Ce *Livre des Changements* est le trait d'union entre le taoïsme et le confucianisme. Il expose, sous une forme qui se rapproche d'une philosophie naturaliste, les lois qui régissent les divers phénomènes de la nature, à travers tous les changements. C'est en lui que, sous les Soung, le néo-confucianisme a puisé ses principes directeurs et en même temps beaucoup d'idées taoïstes qui y avaient été introduites antérieurement. Chao-young, par exemple, un des Pères spirituels du néo-confucianisme, a vu dans le *Livre des Changements* la doctrine du Ciel antérieur (sien-t'ien), qui est d'origine taoïste — et pourrait même être l'indice d'une influence étrangère (persane) — et a interprété le monde métaphysique idéal en postulant un principe primordial, transcendantal, dont le monde de la réalité serait l'émanation. L'autre fondateur du néo-confucianisme, Tcheoun-toun-yi, a introduit dans ses commentaires du *Livre des Changements* le célèbre T'ou-ki-t'ou (qui est représenté dans l'art gothique par une vessie de poisson). Cette conception de la monade dualiste primordiale a inspiré les méthodes secrètes que les initiés employaient pour prolonger la vie humaine, mais elle n'a été introduite dans le *Livre des Changements* que beaucoup plus tard. Elle semble être, elle aussi, d'origine étrangère.

A toutes ces influences s'ajoutèrent celles de l'école bouddhique de la Méditation (tch'an hio ; en japonais : École Zen) qui recherchait la vérité dans la retraite silencieuse et la concentration intérieure. Les trois grands chefs du nouveau confucianisme, les frères Tch'eng-hao et Tch'eng-yi, ainsi que Tchang-tsai, en qui la postérité a vu des représentants du confucianisme pur, avaient adopté bien des conceptions taoïstes et bouddhiques, comme on le constate dans leur métaphysique. Celle-ci repose sur deux principes polaires qui sont : l'esprit (li) et la matière (k'i). La matière, telle qu'elle est définie, correspond exactement au « non-être » des taoïstes et au « vide » des bouddhistes. Quand cette matière (littéralement : souffle, air, force) se concentre, les êtres visibles naissent ; quand elle se raréfie, ils disparaissent dans le grand vide. Tous les phénomènes de cette sphère sont régis par la loi de l'esprit impersonnel, mais cependant raisonnable (li = norme, raison), et de la combinaison de l'esprit avec la matière naissent toutes les combinaisons possibles de l'être.

Le célèbre philosophe Tchou-hi (1130-1200), qui vivait sous les Soung méridionaux, a systématisé cette doctrine et appliqué le principe dualiste dans le domaine psychologique et moral. L'ancien confucianisme s'était partagé en deux écoles ennemies. L'une déclarait que la nature de l'homme était mauvaise, tandis que l'autre qui finit par l'emporter — soutenait que la nature de l'homme, étant le résultat d'un décret du ciel, ne pouvait qu'être essentiellement bonne. Tchou-hi admet deux principes. La nature spirituelle de l'homme (sing) est essentiellement bonne. Mais pour que l'homme devienne un être individuel, il faut que cette nature soit enveloppée dans la matière (k'i). La qualité de l'homme dépend de celle de la matière dont il est composé. Suivant que cette dernière est transparente ou trouble, fine ou grossière, les hommes sont sages ou insensés, bons ou mauvais.

La matière (k'i) se manifeste dans les instincts et les désirs. Le devoir moral de l'homme consiste à combattre et à refouler ce que la matière a produit et qui est, par conséquent, impur, c'est-à-dire les instincts et les désirs. Ceci explique l'ascétisme particulier du néo-confucianisme et montre que toute doctrine dualiste aboutit à l'ascétisme moral.

Au reste, la conception de la vie professée par cette école est très élevée. En tant qu'esprit ou être raisonnable, l'homme ne fait qu'un avec le ciel et la terre. D'un autre côté, il est de son devoir de considérer comme frères les autres hommes et de venir en aide aux pauvres et aux malheureux.

Dès les débuts on constate dans cette école deux orientations. L'une préconise l'éducation morale qui repose sur la loyauté, l'équité et le respect, et l'autre la culture scientifique qui a pour but l'acquisition de connaissances étendues. La première s'applique à la méditation et au travail intérieur et la seconde à l'étude de l'univers. Si l'une est fortement influencée par le bouddhisme et le taoïsme, l'autre s'appuie sur la *Grande Étude* (Ta-hio) mais n'en est pas moins entièrement tributaire de Tch'eng-yi.

Plus tard, les deux orientations devinrent des écoles complètement indépendantes. L'École méditative se groupa principalement autour de Lou-kiu-yuan (1139-1192), *alias* Siang-chan. Un de ses membres les plus célèbres a été Wang-yang-ming (1472-1528). Sa philosophie intuitive, si réfractaire à tout exposé discursif, a eu raison du néo-confucianisme dont le succès avait duré si longtemps. L'école scientifique qui s'est livrée à des travaux de recherche, à l'étude méthodique et à l'explication rationnelle des ouvrages de l'antiquité eut Tchou-hi pour chef. Doué d'une puissance de travail prodigieuse, celui-ci a donné une nouvelle explication de toute la littérature classique de la Chine. Il a composé des commentaires sur le *Livre des Changements* (Yi-king), le *Livre des Odes* (Che-king), les *Entretiens de Confucius* (Loun-yu), *Mencius*

(Mong-tse), la *Grande Étude* (Ta-hio) et *l'Invariable Milieu.* (Tchoung-young). Ses interprétations des anciens écrits ont été plus tard officiellement imposés et ce fut seulement le mouvement de la renaissance de l'époque de T'sin (de 1644 à nos jours) qui, appliquant consciencieusement la méthode philologique, retrouva la véritable signification historique de ces documents. Cependant l'école de Tchou-hi avait eu à subir bien des attaques avant d'arriver au succès. Le néo-confucianisme, qui déclarait que la perfection consistait pour l'homme à être aussi nature que possible, avait des tendances plus conservatrices que progressistes et les notions d'utilité et de pratique lui étaient étrangères. D'autre part, se plaçant au point de vue psychologique et moral, il prétendait que l'éducation seule avait de l'importance et il n'admettait pas les changements violents. C'est principalement pour ces raisons que l'École néo-confucienne tout entière s'est résolument opposée au novateur Wang-an-che. Toutes les fois que le parti de Wang-an-che a occupé le pouvoir, les néo-confucianistes ont été proscrits. Tchou-hi mourut encore en pleine période de persécutions, et ce fut neuf ans plus tard, quand les idées eurent changé, qu'il reçut le titre posthume de Wen-koung (duc de la culture). Sa tablette fut placée dans le temple de Confucius et entourée, ensuite, des tablettes des autres chefs de l'école.

Cette école est importante, parce qu'elle résume toute la civilisation chinoise. Elle est inspirée de toutes les influences intellectuelles et sociales qui ont agi sur le développement de la Chine et elle fait saisir la beauté et la grâce de l'art des Soung. Épanouissement d'une fleur cultivée pendant des millénaires, elle marque la fin de l'ancienne Chine. Elle est remplacée par une Chine nouvelle, de nos jours encore en pleine formation.

CHAPITRE X

FORMATION D'UNE CHINE NOUVELLE

DYNASTIES DES YUAN (1280-1368), DES MING (1368-1644) ET DES TS'ING (1644-1911)

Les Mongols déferlèrent sur la Chine comme des vagues soulevées par la tempête. Leurs hordes féroces détruisaient de la façon la plus barbare tout ce qu'elles rencontraient devant elles et, sous le Grand Khan, les piles de têtes coupées indiquaient leur passage.

Courant de la mer Jaune en orient aux frontières orientales de l'Europe en occident, elles créèrent le plus grand empire connu. Elles ne tardèrent pas à perdre leurs coutumes grossières, surtout au contact de la civilisation chinoise. Au début, les proclamations des Mongols étaient rédigées en un jargon chinois à peu près incompréhensible. Les Chinois entrèrent ensuite au service des envahisseurs et organisèrent l'administration. Le khan Koubilaï, d'ailleurs, a été un sage souverain qui s'inspirait des principes confuciens. En réalité, l'assimilation de ces fils du désert a été trop rapide. Ils ont tenu la Chine sous leur domination durant moins d'un siècle et, au moment de leur chute, ils avaient perdu toute leur énergie au contact de la civilisation chinoise.

La Chine n'en a pas moins fait de grands progrès sous la dynastie mongole. C'est à partir de cette époque que, cessant d'être un lointain pays de légende, elle a été connue par les récits des voyageurs qui l'avaient visitée.

Jean de Montcorvin, qui se rendit à Péking (Khan-Baliq) sur l'ordre du pape Nicolas IV en 1289, a été le premier missionnaire catholique de la Chine, sans tenir compte, bien entendu, des ambassades particulières des papes et des voyageurs qui étaient venus dans le pays auparavant. Au cours d'un voyage qu'il faisait en orient avec son père et son oncle, le Vénitien Marco-Polo se rendit en Chine en 1275 et fut bien reçu par Koubilaï. Longtemps attaché à la personne du Grand Khan, il a rempli des missions importantes.

Les récits de ces voyageurs montrent que la civilisation de la Chine était alors de beaucoup supérieure à celle de l'Europe. C'est de la Chine que l'invention du papier et celles de l'imprimerie, de la boussole et de la poudre à canon avaient pénétré dans les régions occidentales et de là en Europe. Disons en passant que la Chine connaissait depuis longtemps déjà le papier-monnaie et l'inflation. Elle était le centre d'un commerce qui s'étendait sur tout le monde connu à cette époque. La conquête d'immenses territoires étrangers par les armées mongoles avait rompu les barrières qui séparaient la Chine de l'occident et les nombreux voyageurs étrangers, qui étaient toujours fort bien traités à la cour du Grand Khan, louaient sa somptuosité et l'hospitalité qu'ils y avaient reçue.

Les massacres ordonnés par les premiers conquérants mongols avaient eu pour conséquence une diminution rapide de la population, de telle sorte que chacun des habitants eut une plus grande étendue de terres à cultiver. En général, on appliquait aux terres la réglementation de Wang-an-che sous la forme modifiée que lui avaient donnée les Soung. Les principes d'éducation étaient également ceux introduits par cette dynastie. Les Yuan ont été les imitateurs serviles de leurs prédécesseurs. Leurs seules innovations ont été les formes nouvelles données au roman et au drame. Les peuples étrangers introduisirent en Chine les instruments à cordes qui révolutionnèrent la musique chinoise et un nouveau genre de chant ou, mieux, d'airs (k'iu) qui devint bientôt populaire.

L'histoire rapporte que les Mongols exigeaient des candidats aux examens officiels la composition musicale, et il est plus que probable que la cour organisait des concours à ce sujet. Le rythme et la tonalité des chants nouveaux étaient en rapport avec les transformations que les langues du nord ont imprimées à la langue chinoise. La langue chinoise du nord qui s'est créée à cette époque, puis devint la langue obligatoire des fonctionnaires dans leurs relations officielles, est essentiellement différente de la langue chinoise de l'antiquité. Elle a perdu certaines consonances ; de plus, toutes les consonnes finales, sauf l'*n* et le *ng*, se sont adoucies et il s'est formé peu à peu un son intermédiaire entre l' *r* et l'*l*.

Les airs dont nous avons parlé sont devenus l'élément principal de la musique de théâtre. Déjà sous les Kin, les chants exécutés au son du luth avaient été l'origine de pièces de théâtre accompagnées par le même instrument. Puis, l'orchestre à cordes s'augmenta d'instruments à vent en bois. Les mimes costumés jouaient sur la scène, pendant qu'un artiste chantait les paroles. Avec le temps, le jeu de scène se modifia : les mimes chantèrent et parlèrent. On composa alors des « pièces mélangées » (tsa-hi) et, sous les Yuan, « des pièces historiques » (tchouan-k'i). Le nombre des actes qui, au début, était de quatre dans le drame, s'éleva à quarante ou cinquante dans les pièces historiques. L'art du théâtre a atteint un haut degré de perfection sous la dynastie mongole. Les cent meilleures pièces de cette époque sont les modèles du genre dramatique et, pour la plupart, ont été traduites dans des langues européennes. Cependant le drame n'a pas joué en Chine le même rôle littéraire qu'en Grèce. Les auteurs dramatiques n'étaient pas classés au nombre des poètes classiques. Souvent même, ils étaient des inconnus perdus dans la masse du peuple et leurs œuvres n'ont jamais fait officiellement partie de la littérature. Le théâtre n'en a pas moins exercé une très grande influence en Chine. Il est très apprécié par les différentes classes de la société, et c'est lui, surtout, qui perpétue le souvenir des héros de l'antiquité.

Aux Mongols, dont la domination marque une période d'expansion, succéda la dynastie des Ming. Celle-ci fut fondée par un ancien moine bouddhiste qui s'était mis à la tête des bandes errantes, dans le but de chasser du pays les étrangers. Parti du sud, il s'avança vers les Yang-tse et établit sa capitale à Kin-ling, aujourd'hui Nanking. On constate nettement ici un coup de pendule qui, venu du sud, neutralise le mouvement contraire qui avait amené l'invasion mongole. Il devint bientôt évident que la dynastie ne pourrait se maintenir sur le trône qu'en transférant la capitale dans une ville plus proche de la frontière du nord. C'est pourquoi le troisième empereur des Ming transporta, pendant la période Young-lo, la capitale à Péking. Il fit également restaurer et prolonger la Grande Muraille et dut, malgré cela, livrer de durs combats aux peuplades établies au nord de la Chine.

La dynastie des Ming s'est signalée dès le début par les procédés cruels dont elle s'est servie pour établir la monarchie absolue dans le pays. Des familles entières étaient mises à mort sur un simple soupçon. Les exécutions faisaient souvent des dizaines de milliers de victimes. Le peuple, qui s'était rangé du côté des Ming, parce qu'ils l'avaient délivré de l'odieuse domination étrangère, sentit bientôt le poids de l'absolutisme peser sur ses épaules. Les gigantesques constructions de cette époque : la Grande Muraille, les murs et les palais de Péking, ainsi que les tombeaux des empereurs qui occupent des vallées entières, sont des travaux qui ont dû coûter au peuple bien des souffrances.

L'empereur se méfiait des fonctionnaires qui avaient obtenu des charges à la suite des examens réglementaires. Il nomma princes les membres de sa famille et leur conféra des fiefs importants. Cette mesure de l'empereur fournit à Tch'eng-tsoung l'occasion d'usurper le trône et, à partir de ce moment, les princes inféodés furent strictement surveillés.

Quand le pouvoir eut passé des mains des fonctionnaires à celles des eunuques et des favoris, la dynastie donna des signes d'affaiblissement. On vit des faits inouïs. L'eunuque Wei-tchoung-hien fut élevé au même rang que Confucius. Il se fit construire un mausolée magnifique dans le monastère de Pi-yun-se, situé dans les montagnes qui environnent Péking. Mais la tombe resta vide, car, livré au bourreau, l'eunuque périt d'une mort ignominieuse et fut privé de sépulture.

La délicatesse et la légèreté sont les caractéristiques des arts décoratifs des Ming. Les fines et gracieuses porcelaines de l'époque, composées d'une pâte mince et sonore et ornées soit de dessins bleus sous couverte, soit d'émaux de couleurs différentes[142] sur couverte, ont fait la renommée des porcelaines chinoises. En peinture, T'ang-ying et K'iou-che-tcheou ont faite leur la technique des Soung et produit des chefs-d'œuvre.

La philosophie de Wang-yang-ming appartient aussi à l'époque des Ming. Elle porte l'empreinte du génie de son auteur. Mais les disciples du philosophe n'ont pas su conserver à ses doctrines le sens élevé qu'il leur avait donné, de sorte que sa philosophie est devenue une suite de dissertations brillantes et sans profondeur. D'ailleurs, la composition en huit parties que l'on exigeait alors dans les examens officiels ne permettait guère aux candidats d'exposer des idées personnelles.

Vers la fin de la dynastie des Ming, les Jésuites arrivèrent en Chine. Ils obtinrent un grand succès à la cour impériale et même baptisèrent le dernier empereur et sa mère. Non contents de porter en Chine la science occidentale, ils ont fait connaître ce pays et sa sagesse à l'Europe, au point que des savants éminents comme Leibnitz ont étudié la philosophie chinoise.

Il convient aussi de noter le grand mouvement d'expansion vers l'archipel du sud-est où les Chinois se trouvèrent, dès le

---

142 Ces émaux étaient peut-être une imitation des cloisonnés qui avaient une origine persane.

début, en conflit avec les colons européens qui venaient d'arriver. Les Chinois ne furent pas soutenus par les Ming qui avaient renoncé à leurs colonies de ce côté — et même du côté de l'ouest — et punissaient l'émigration comme un crime.

Dans le domaine de la littérature, le conte et le roman, dont les origines remontent beaucoup plus haut, sont, dès ce moment, composés d'après des règles fixes. Ces genres littéraires, dont le style se rapproche généralement du langage courant, ne sont pas reconnus officiellement. Mais tous les Chinois instruits les lisent et généralement les apprécient. A côté du roman historique comme l'*Histoire des Trois Royaumes* ou *les Cent huit conjurés du Mont Liang* (Choui-hou), il existe un roman de mœurs qui a pris un grand développement dans la suite et est représenté, entre autres, par *Le Voyage des pèlerins dans les contrées occidentales, Le Songe de la maison rouge* (Houng leou moung) et l'*Histoire secrète des lettrés* (*Jou-lin wai-che*).

Tout cela n'a pas empêché la dynastie de s'effondrer au milieu des révolutions. Elle a eu pour successeurs, une fois encore, des barbares du nord, les Mandchoux qui se disaient descendants des Kin. Sous ces nouveaux maîtres (dont le nom dynastique est Ta-ts'ing), la Chine a pris une grande extension territoriale. Ses États tributaires se composaient de la Mongolie, de la Mandchourie, et de la Corée ; puis, plus tard, du Turkestan, du Tibet, de l'Annam et de la Cochinchine. K'ang-hi et K'ien-loung ont gouverné l'empire dans le plus pur esprit chinois et comptent parmi les meilleurs souverains de la Chine.

L'activité spirituelle de la Chine ne s'est pas muée en léthargie. Grâce à elle, au contraire, les Chinois ont obtenu des résultats remarquables dans le domaine de la philologie et de la critique historique des textes. Mais notre tâche s'arrête ici. L'Europe entre en effet en scène et va exercer sur la Chine des influences essentiellement différentes de celles que ce pays avait subies auparavant. Leurs résultats ne sont pas encore définitifs.

L'histoire de la civilisation chinoise se confond dès lors avec celle de l'humanité qui intéresse tous les hommes.

TABLEAU CHRONOLOGIQUE

TEMPS PRÉHISTORIQUES ET LÉGENDAIRES

FOU-HI. Invention des filets pour la pêche et des pièges pour la chasse. Division du pays en clans. Domestication des six animaux. Les huit diagrammes.

CHEN-NOUNG. Invention de la charrue. Marchés. Les cinq céréales. Propriétés curatives des plantes.

HOUANG-TI. Invention des chars et des barques. Claquette des veilleurs de nuit, mortier, arc et flèches, construction des maisons, Rites funéraires. Institution du cycle sexagésimal. Ecriture, douze tons musicaux. Division du pays en provinces. Système du puits. Sériciculture.

YAO. Détermination astronomique des saisons et des mois. Combat avec les Miao. Institution des cinq châtiments.

CHOUN. Organisation administrative du pays. Musique de Chao.

YU. Régularisation du cours des fleuves. Fonte d'un trépied de bronze pour chacune des neuf provinces.

TEMPS SUR LESQUELS ON EST RENSEIGNÉ EN PARTIE PAR DES FOUILLES

2200-1766. Dynastie Hia. D'élective la souveraineté devient héréditaire. Calendrier Hia. Découverte de céramiques antiques.

1766-1150. Dynastie Chang. Découverte d'os gravés et de bronzes. Parties les plus anciennes du *Livre des Odes* et du *Livre des Annales.* Le roi Wen compose dans sa prison les explications des 64 diagrammes du *Livre des Changements.*

DÉBUT DES TEMPS HISTORIQUES

1150 — 249	Dynastie des Tcheou. Époque patriarcale et féodale.
1150 — 722	Dynastie des Tcheou occidentaux.
1150	Le roi Wou.
1115	Régence du due Tan (Tcheou-koung). Époque de la littérature classique : antiques chants populaires du *Che-king* ; *Yi-king* ; parties de *Chou-king*.
776	Une éclipse de soleil est enregistrée pour la première fois.

DYNASTIE DES TCHEOU ORIENTAUX

770	Transfert de la capitale à Lo-yang.
772 — 481	Époque du *Printemps et de l'Automne* (*Tch'ouen-ts'iou*). Les hégémons. Lao-tse.
552 — 479	Confucius.
491 — 221	Les Royaumes Combattants. Les grands États.
470 — 380	Mei-ti.
372 — 289	Mong-k'o.
350	Abolition de l'ancien système agraire dans la principauté de Ts'in.
335 — 275	Tchouang-tse.
332 — 295	Kiu-yuan.
310 — 230	Siun-k'ing.
233	Mort de Han-fei-tse.

L'IMPÉRIALISME

221	Ts'in Che-houang-ti unifie l'empire et prend le titre d'empereur. Construction de la Grande Muraille. Li-se modifie l'écriture et Mong-t'ien invente le pinceau. Commerce de la soie.
215	Guerre avec les Huns.
213	Édit prescrivant l'incinération des livres.
210	Mort de Ts'in Che-houang-ti.

L'ÉPOQUE HAN

206 — 9	Dynastie des Han occidentaux. Première Renaissance. Extension de l'empire. Commerce par caravanes avec l'occident. Introduction en Chine de la vigne. Débuts de la sculpture sur pierre. Se-ma-ts'ien (auteur du Che-ki).
167	Abolition de la peine de la mutilation.
163	Institution des périodes de règne (nien-hao).
130	Réforme des lois pénales.
122	Voyage de Tchang-k'ien en occident.
104	Réforme de la chronologie.
9 av.- 25 ap.	Wang-mang. Interdiction de vendre ou d'acheter terrains, maisons et esclaves.
25-220	Dynastie des Han orientaux. Débuts du bouddhisme. Construction d'un monastère.
68	Réception d'envoyés de l'Inde.
79	Réunion au Po-hou-kouan des lettrés chargés d'établir le texte officiel des livres classiques.
105	Invention du papier par T'ai-loua.
166	Arrivée d'une ambassade romaine à Lo-yang.

LES TROIS ROYAUMES — L'AGE HÉROIQUE

220 — 264	Dynastie des Wei.
221 — 264	Petite dynastie des Han.
222 — 280	Dynastie des Wou.

L'ÉPOQUE TSIN

265 — 316	Dynastie des Tsin occidentaux.
317 — 420	Dynastie des Tsin orientaux. Première mention du thé.
375	Invasion de l'Europe par les Huns.

SÉCESSION ENTRE LE NORD ET LE SUD

	NORD
386 — 535	Dynastie des Wei septentrionaux. (Dynastie Toba).
534 — 543	Dynastie des Wei orientaux.
535 — 557	Dynastie des Wei occidentaux.
550 — 589	Dynastie des Ts'i septentrionaux.
557 — 589	Dynastie des Tcheou septentrionaux.
	SUD
420 — 479	Dynastie des Soung antérieurs.
479 — 502	Dynastie des Ts'i.
502 — 557	Dynastie des Liang.
557 — 589	Dynastie des Tch'en. Au nord, le bouddhisme exerce une forte influence sur la sculpture chinoise. Première mention de la boussole. Le peintre Kou-k'ai-tche.
446	Persécutions contre les bouddhistes dans la principauté de Wei.
527	Arrivée de Ta-mo (Bodhidharma) à Canton.

RECONSTITUTION DE L'EMPIRE UNIFIÉ

589 — 618	Dynastie des Souei. Unification de l'empire. Construction du canal impérial.
618 — 907	Dynastie des T'ang. Seconde Renaissance. Débuts de l'imprimerie. Les premières porcelaines. Emploi de la poudre pour feux d'artifice. Commerce avec l'Arabie et la Perse. Introduction en occident des œufs de vers à soie et du papier. Le manichéisme, le parsisme, le mahométisme, les juifs et les nestoriens. Prospérité du bouddhisme. Éclat de la peinture et de la poésie.
733	Division de l'empire en 15 tao (provinces).
781	Érection de la stèle nestorienne de Si-an-fou.
845	Persécutions contre les bouddhistes et destruction des monastères.

LES CINQ DYNASTIES

907 — 923	Dynastie des Liang postérieurs.
923 — 936	Dynastie des T'ang postérieurs.
936 — 946	Dynastie des Tsin postérieurs.
947 — 950	Dynastie des Han postérieurs.
951 — 959	Dynastie des Tcheou postérieurs.
953	Impression des neuf ouvrages classiques.

L'ÉPOQUE SOUNG

960 - 1127	Dynastie des Soung septentrionaux.
1125 - 1268	Dynastie des Soung méridionaux. Le nord est occupé par les dynasties barbares.
907 - 1125	Dynastie des Liao (K'i-tan),
1125 - 1268	Dynastie des Liao occidentaux,
1125 - 1234	Dynastie des Kin (Jou-tchen, Tatares). Apogée de la peinture. Néo-confucianisme. Philosophie et recherches historiques. Invention des caractères mobiles d'imprimerie. Premières armes à feu. Porcelaine. Introduction en Europe du papier et de la boussole.
984	Recherche méthodique des anciens ouvrages.
997	Division de l'empire en 15 provinces (fou).
1036	Interdiction des discussions politiques.
1055	Le titre de duc est conféré aux descendants de Confucius.
1068	Wang-an-che est nommé premier ministre.
1072	Promulgation de ses réformes.
1086	Suspension de la réforme des impôts.
1094	Reprise des réformes.
1130 - 1200	Tchou-hi.
1183	Interdiction du taoïsme.
1202	La rédaction de l'histoire est réservée aux historiographes officiels.
1206	Gengis-khan est acclamé Grand Khan des Mongols.
1215	Prise de Péking par les Mongols.
1227	Mort de Gengis-khan.
1271	Marco Polo part pour l'Orient.

L'ÉPOQUE MODERNE

1277 - 1368	Dynastie Yuan (mongole). L'empire atteint sa plus grande extension. Le drame et le roman. Introduction de la sériciculture en Europe.
1281	Condamnation au feu des livres taoïstes.
1368 - 1644	Dynastie des Ming. Réaction nationale. Fin des relations avec l'étranger. Technique parfaite de la porcelaine et du cloisonné.
1380	Création des six ministères.
1472 - 1528	Wang-yang-ming.
1412	Remise en état de navigabilité du canal impérial.
1421	Transfert de la capitale de Nanking à Péking.
1517	Arrivée des premiers navires portugais à Canton.
1530	Confucius est canonisé et reçoit le titre de Tche-cheng-hien-che.
1557	Occupation de Macao par les Portugais.
1575	Arrivée des premiers navires japonais à Canton.
1592 - 1598	Occupation de la Corée par les Japonais.
1601	Arrivée du Père Ricci S. J. à Péking.
1604	Arrivée des premiers navires hollandais à Canton.
1622	Soulèvement des adeptes du Lotus blanc au Chan-toung.
1624 - 1662	Occupation de Formose par les Hollandais.
1637	Arrivée à Canton des premiers navires britanniques.
1644 - 1911	Dynastie des Ts'ing (Mandchous). Extension de l'empire à l'ouest. Époque de l'humanisme et de la philosophie. Arrivée des Européens.
1644 - 1661	Choun-tche.
1655	Arrivée à Péking d'ambassades russe et hollandaise.
1662 - 1722	K'ang-hi. Apogée de l'industrie de la porcelaine.
1680	Convention commerciale avec la Compagnie des Indes Orientales.
1689	Traité de Nertschinsk. Délimitation de la frontière sino-russe.
1699	Leibnitz. *Novissima Sinica.*
1715	Première factorerie anglaise à Canton.
1722 - 1777	Tai-tchen, philosophe.
1723 - 1735	Young-tcheng.
1724	Expulsion des missionnaires catholiques.
1726	Réorganisation de l'impôt foncier.
1727	Traité de Kiakta avec la Russie.
1729	Premier édit contre l'opium.
1736 - 1795	K'ien-loung.
1757	Canton, seule ville ouverte au commerce étranger.
1758 - 1781	Révolte des musulmans en Asie centrale.
1773	Réunion d'une commission chargée de cataloguer les livres de la

	bibliothèque impériale.
1780	Arrivée de Panchen-lama à la cour.
1792 - 1795	Ambassade de Lord Macartney.
1793	Nouveau soulèvement des adeptes du Lotus Blanc.
1796 - 1820	Kia-k'ing.
	Ambassade de Lord Amherst.
1820 - 1850	Tao-kouang.
1831	Yuan-yuan propose l'interdiction du commerce de l'opium.
1823	Le dernier Père Jésuite quitte Péking.
1833	Abolition du monopole de la Compagnie des Indes Orientales.
1839	Destruction des réserves d'opium à Canton.
1840 - 1842	Guerre de l'opium (Angleterre).
1842	Traité de Nanking.
1843	Débuts du commerce étranger à Changhai.
1844	Traité de commerce américain de Wanghia. Traité de commerce français de Wampoa (Houang-pou).
1850 - 1864	Soulèvement des T'ai-ping.
1851 - 1861	Hien-foung.
1854	Création du Service des Douanes Maritimes chinoises à Changhai.
1855	Le Fleuve Jaune se déplace et se jette dans le golfe de Peitchel.
1857 - 1860	Expédition franco-anglaise.
1858	Traité de Tientsin.
1860	Fuite de l'empereur à Jéhol.
1859 - 1862	Expédition prussienne en Extrême-Orient.
1861	Premier coup d'Etat de l'impératrice douairière.
1861 - 1875	T'oung-tche.
1862	Traité prussien de Tientsin.
1867 - 1878	Soulèvements musulmans.
1868 - 1872	Voyages en Chine de Richthofen.
1869	Arrivée d'une ambassade japonaise. Traité de commerce russe.
1871	Conclusion du premier traité sino-japonais.
1873	Première réception par l'empereur des ministres des nations étrangères.
1875	Second coup d'Etat de l'impératrice douairière.
1875 - 1908	Kouang-siu.
1876	Convention de Tchefou. Construction, puis destruction de la première voie ferrée (Chang-hai à Wou-soung). Le Japon obtient l'ouverture de la Corée.
1881	Traité de Saint-Pétersbourg.
1882	Occupation du Tonkin par la France.
1886	Occupation de la Birmanie par la Grande-Bretagne.
1889	Gouvernement personnel de Kouang-siu.
1894 - 1895	Guerre sino-japonaise.

1897	Concessions à bail aux puissances étrangères.
1898	Édits de réformes. K'ang-you-wei. Liang-k'i-tch'ao. Signature du traité de Kiao-tcheou.
1900 - 1901	Soulèvement des Boxeurs.
1901	Protocole international.
1902	Retour de la cour à Péking. Modernisation des institutions chinoises.
1904 - 1905	Guerre russo-japonaise.
1904	Expédition anglaise au Tibet. Traité de Lhassa.
1905	Suppression de l'ancien mode d'examens.
1909 - 1911	Hiuan-t'oung.
1910	Convocation de l'Assemblée Nationale.
1919	La Révolution. La République chinoise.

BIBLIOGRAPHIE

OUVRAGES ÉTRANGERS

BLAND (J. O. P.) and BACKHOUSE (E.), *China unter der Kaiserin Witwe.* Ins Deutsche übertragen von F. von Rauch. Berlin, 1912.

BÖHME (K.), *Wirtschaftsanschauungen chinesischer Klassiker.* Hambourg, 1926.

BRUCE (I.P.), *Chu-hsi and his Masters.* An Introduction to Chu-hsi and the Sung School of Philosophy. Londres, 1923.

CARTER (Th. F.), *Periods of Chinese History.* Boston, New York, Chicago, Londres.

- *The Invention of Printing in China.* New York, 1925.

CHAVANNES (E.), *Les mémoires historiques de Se-ma Ts'ien,* traduits et annotés, 5 vol. Paris, 1898-1901.

CONRADY (A.), *Die chinesischen Handschriften und sonstigen Kleinfunde Sven Hedins in Lou-Lan.* Stockholm, 1920.

— *China.* Ullsteins Weltgeschichte, 1910.

CORDIER (H.), *Histoire Générale de la Chine et de ses Relations avec les pays étrangers,* 4 vol. Paris, 1920.

COUVREUR (S.), *Tch'ouen Ts'iou et Tso Tchonan.* Ho-kien fou, 1914.

— *Li Ki,* 2 vol. Ho-kien fou, 1899.

— *Chou King,* Hien-hien fou, 1916.

— *Cheu King,* Hien-hien fou, 1916.

— *Les Quatre Livres.* Ho-kien fou, 1895.

DURS (H. H.), *Hsüntze, the moulder of ancient Confucianism.* Londres, 1927.

ERKES (E.), *Chinesische Literatur.* Breslau, 1922.

FABER (E.), *Chronological Handbook of the History of China.* Shanghai, 1902.

FORKE (A.), *Wang Ch'ungs Lun Hêng, 2 vol.* Berlin, 1907 und 1911.

— *Mé Ti und seiner Schüler philosophische Werke.* Berlin, 1922.

— *Der Ursprung der Chinesen.* Hambourg, 1925.

— *Die Gedankenwelt des chinesischen Kulturkreises* (Handbuch der Philosophie). Munich, Berlin, 1927.

FRANKE (O.), *Der Ursprung der chinesischen Geschichtsschreibung.* Sitzungbericht der Preussischen Akademie der Wissenschaften, 1925.

— *Uber die chinesische Lehre von den Bezeichnungen.* Leyde, 1906.

— *Die prähistorischen Funde in Nordchina und die älteste chinesische Geschichte.* Mitteilungen des Seminars für Orientalische Sprachen, 1926.

— *Studien zur Geschichte des konfuzianischen Dogmas und der chinesischen Staatsreligion. Das Problem des Tsch'un-ts'iu und Tung Tschung-schu's Tsch'un-ts'iufan-lu.* Hambourg, 1920.

— *Die Chinesen* (im Lehrbuch der Religionsgeschichte von Chantepie de la Saussaye, 4. Aufl.). Tübingen, 1924.

— *Ackerbau und Seidengewinnung als ethische und religionsbildende Elemente in « Kêng tschi t'u ».* Hambourg, 1923.

— *Ostasiatische Neubildungen.* Hambourg, 1923.

— *Die Grofsmächte in Ostasien von* 1894-1914. Brunswick, Leipzig, 1923.

— *Die Rechtsverhältnisse am Grundeigentum in China.* Leipzig, 1903.

FRIES (S. von), *Abriss der Geschichte Chinas.* Hongkong, Vienne, Shanghai, 1884.

GILES (H. A.), *Chinese Biographical Dictionary.* Londres, Shanghai, 1898.

GRANET (M.), *La Religion des Chinois.* Paris, 1922.

— *Danses et légendes de la Chine ancienne*, 2 vol. Paris, 1926.

GROOT (J. J. M. de), *The Religious Systems of China* (unvollendet). Leyde, 1892-1912.

— *Universismus.* Berlin, 1918.

— *Die Hunnen in vorgeschichtlicher Zeit.* Berlin und Leipzig, 1921,

— *Chinesische Urkunden zur Geschichte Asiens.* Berlin und Leipzig, 1926.

GRUBE (W.), *Die chinesische Volksreligion und ihre Beeinflussung durch den Buddhismus,* 1893.

— *Geschichte der chinesischen Literatur.* Leipzig, 1909.

— *Religion und Kultus der Chinesen.* Leipzig, 1910.

HACKMANN (H.), *Der Buddhismus.* Halle, 1906.

— *Laienbuddhismus in China.* 1924.

— *Chinesische Philosophie.* Munich, 1927.

HENKE (F. G.), *The philosophy of Wang Yang-Ming.* Londres, Chicago. 1916.

HERMANN (H.), *Chinesische Geschichte.* Stuttgart, 1912.

HIRTH (F.), *The Ancient History of China.* New-York, 1923.

— *Chinesische Studien.* Munich et Leipzig, 1890.

Hu SHIH, *The Development of the Logical Method in Ancient China.* Shanghai, 1922.

KRAUSE (F. E. A.), *Geschichte Ostasiens.* Göttingen, 1925.

- *Ju Tao Fo, die religiösen und philosophischen Systeme Ostasiens.* Munich, 1924.

Ku HUNG MING, *Chinas Verteidigung gegen europäische Ideen.* Iéna, 1911.

Ku HUNG MING, *Der Geist des chinesischen Volkes.* Iéna, 1924.

LEGGE (J.), *The Sacred Books of China, The Texts of Taoism,* I. XII, vol. XXXIX. Oxford, 1891.

— *The Chinese Classics,* vol. I-V. Oxford, 1893.

MASPÉRO (G.), *La Chine.* Paris, 1925.

MASPÉRO (H.), *La Chine antique.* Paris, 1927.

McGOVERN (W. W.), *A Manual of Buddhist Philosophy.* Londres, New-York, 1923.

MUSSO (G. D.), *La Cina ed i Cinesi,* 2 vol. Milan, 1926.

PUINI (C.), *Le origini della civiltà secondo la tradizione e la storia dell'Estremo Oriente.* Contributo allo studio dei tempi primitivi del genere umano. Firenze, 1891.

REICHWEIN (A.), *China und Europa. Geistige und künstlerische Beziehungen im 18, Jahrhundert.* Berlin, 1923.

ROSTHORN (A.), *Geschichte Chinas.* Stuttgart-Gotha, 1923.

RUSSELL (B.), *China und das Problem des Fernen Ostens.* Munich, 1925.

SHEN YI UND STADELMANN, *China und sein Weltprogramm.* Dresde, 1925.

SUN YAT-SEN, *The International Development of China.* New-York et Londres, 1922.

SCHINDLER (B.), *Das Priestertum im alten China.* Leipzig, 1919.

SCHÜLER (W.), *Geschichte Chinas.* Berlin, 1912.

WAN, TSAN, *Sun Yat-Sen. Die Grundlehren vom. Volkstum.* Berlin, 1927.

WANG, KING KY, *La voix de la Chine.* Bruxelles, 1927.

WIEGER (L.), *Textes historiques, Histoire politique de la Chine depuis l'origine jusqu'en* 1912, 2 vol. Hien hien, 1922-23.

— *La Chine à travers les âges.* Hien hien, 1924.

— *Histoire des Croyances religieuses et des Opinions philosophiques en Chine.* Paris, 1922.

WILHELM (R.), *Chinesische Lebensweisheit.* Darmstadt.

— *Die Religion und Philosophie Chinas,* Iéna. Bisher erschienen : I Ging, *Das Buch der Wandlungen,* 2 vol., 1924 ; *Kungfutse, Gespräche* (Lun Yü), 1910 ; *Mong Dsï* (Mong Ko), 1916 ; *Laotse, Das Buch des Alten vom Sinn und Leben,* 1923 ; *Liä Dsï, Das wahre Buch vom quellenden Urgrund,* 1911 ; *Dschuang Dsï, Das wahre Buch vom südlichen Blütenland* 1923, *Frühling und Herbst des Lü Bu We,* 1928.

— *Die Seele Chinas.* Berlin, 1925.

— *Chinesische Literatur.* Wildpark-Potsdam, 1925-27.

— *Ostasien, Werden und Wandel des chinesischen Kulturkreises.* Potsdam, 1928.

— *Lao Tse und der Taoismus.* Stuttgart, 1925.

— *Kung Tse, Leben und Werk.* Stuttgart, 1925.

— *Konfuzius und der Kontuzianismus.* Sammlung Göschen, 1928.

ZENKER (E. V.), *Geschichte der chinesischen Philosophie.* 2 vol. Reichenberg, 1926.

OUVRAGES CHINOIS

HOU-CHE, *Ts'e-ti-k'i-yuan.* Étude de ts'e (genre de poésie). Ts'ing-houa-pao, Péking, vol. 1, cahier 2.

Tchoung-kouo-tche-hio-che-ta-kang. Abrégé d'histoire de la philosophie chinoise. Shanghai, 1919.

KOU-KIE-KANG et WANG-TCHOUNG-KI, *Pen-kouo-che.* Histoire de la Chine. Shanghaï, 1926.

KOU-KIE-KANG, *Kou-che-pien.* Étude sur les anciens ouvrages historiques chinois. Péking, 1926.

LI-KI-HOUANG, *Kou-chou-yuan-lou.* Sources des livres classiques chinois. Shanghaï, Commercial Press, 1926.

LIANG-K'I-TCH'AO, *Tchoung-kouo-li-che-yen-kiou-fa.* Méthode de recherches historiques. Shanghaï, 1926.

Ts'ing-tai-hio-chou-kai-loun. La science sous les Ts'ing, Shanghaï, 1921.

LI-T'AI-FEN, *Tchoung-kouo-che-kang.* Éléments d'histoire de Chine. Péking.

LIOU-TA-KIUN, *Tchoung-kouo-kou-lai-t'ien-tche-yen-kiou.* Études sur la culture des terres dans l'antiquité, Ts'ing-houa-pao, Pékin-, vol. IV, 2.

LOU-MAO-TE, *Tchoung-kouo-ti-yi-p'ien-kou-che-che-tai-k'ao.* Études relatives à l'antiquité chinoise. Ts'ing-houa-pao, Péking, vol. IV, 2.

You-kia-kou-wen-k'ao-kien-chan-tai-tche-wen-houa. La culture des Chang d'après les inscriptions sur os. Ts'ing-houa-pao, Péking, vol. IV, 2.

TING-WEN-KIANG, *Li-che-jen-wou-yu-ti-li-ti-kouan-hi.* Les personnages historiques et la géographie. Science, vol. VIII, 1.

TCHANG-T'AI-YEN, *Kouo-hio-kiang-yen-tsi.* Conférences sinologiques. Shanghaï, 1923.

TCHANG-YIN-LING, *Ming-ts'ing-tche-tsi-sihio-chou-jou-tchoung-kouo-k'ao-lio.* La science européenne en Chine sous les Ming et les Ts'ing. Ts'ing-houo-pao, Péking, vol. I, 1.

TCHAO-WEN-JOUEI, *T'ang-t'ai-chang-ye-tche-te-tien.* Particularités du commerce sous les T'ang. Ts'ing-houa-pao, Pékin-, vol. III, 2.

TCH'EN-WEN-PO, *Tchoung-kouo-kou-t'ai-tiao-wou-che.* Histoire de la danse dans la Chine antique. Ts'ing-houa-pao, Péking, vol. II, 1.

TCH'EN-YUAN, *Houo-yao-kiao-jou-tchoung-kouo-k'ao.* Histoire du zoroastrisme en Chine. Kouo-hio-ki-k'an, Pékin-, vol. I.

Mo-nikiao-jou-tchoung-kouo-k'ao. Histoire du manichéisme en Chine, *ibid.* *Yuan-si-yu-jen-houa-houa-k'ao.* Etudes sur la sinisation des peuplades occidentales sous les Yuan, *ibid.*

TCHOU-HI-TSOU, *Tchoung-kouo-che-hio-tche-k'i-yuan.* Origines de la science historique chinoise. Social Science Quarterly, vol. 1, 1.

Wen-tse-hio-chang-tche-tchoung-kouo-jen-tchung-kouan-tch'a. Études philosophiques sur l'origine des Chinois, *ibid.*

TCHOU-CHE, *Tchoung-kouo-k'ao-che-tche-tou.* Les examens en Chine. Eastern Miscellany, vol. KXIV.

WANG-KOUO-WEI, *Ta-ta-k'ao.* Étude sur les Tartares. Ts'ing-houa-pao, Péking, vol. III,1.

YOUNG-KENG, *Kia-kou-wen-tse-tche-fa-kien-k'i-k'ao-che.* Découverte et déchiffrement des inscriptions gravées sur os. Kouo-hio-ki-k'an, Péking, vol. 1. 4.

TSOUI-KIN-TCHE-WOU-CHE-NIEN, Les cinquante dernières années. Shanghaï Chen-pao.